Stephan Lobert

ABITUR WISSEN

Französische Revolution

Ernst Klett Verlag
Stuttgart Düsseldorf Leipzig

Der Verlag hat sich nach bestem Wissen und Gewissen bemüht, alle Inhaber von Urheberrechten an Texten und Abbildungen zu diesem Werk ausfindig zu machen. Sollte das in irgendeinem Fall nicht korrekt geschehen sein, bitten wir um Entschuldigung und bieten an, gegebenenfalls in einer nachfolgenden Auflage einen korrigierten Quellennachweis zu bringen.

Die Deutsche Bibliothek – CIP-Einheitsaufnahme

Ein Titelsatz für diese Publikation ist bei
Der Deutschen Bibliothek erhältlich

Auflage 7. 6. 5. | 2005 2004 2003
Die letzten Zahlen bezeichnen jeweils die Auflage und das Jahr des Druckes

Internetadresse: http://klett-lerntraining.de
E-Mail: klett-kundenservice@klett-mail.de
Einbandgestaltung: Bayerl & Ost, Frankfurt a.M.
DTP: Kirsten Brückmann, Stuttgart
Druck: Medien Druck Unterland, Flein
ISBN 3-12-929549-6

9 783129 295496

Inhalt

Vorgeschichte und Ursachen der Revolution: abgewirtschaftetes Ancien Régime

1

Die Diskussion über Ursachen und Anlässe der Revolution in der spätabsolutistischen französischen Feudalmonarchie des 18. Jahrhunderts hält seit 1789 an.

Doyle, a.a.O.

Die Ursachenkomplexe der so genannten „Krise des Ancien Régime“ vor 1789 sind eng verflochten. Folgende Komplexe sind zu unterscheiden:

Zur Diskussion um „Anlässe und langfristige Ursachen“ vgl. die Beiträge in Schmitt (Hg.), a.a.O.

- die Systemkrise der feudalabsolutistischen Monarchie;
- die mentale Krise besonders durch die Aufklärung;
- die ökonomische Krise besonders im Agrarsektor;
- die Finanzkrise: Budget-Defizit und Staatsschulden;
- die politische Krise in der „Pré-Révolution“.

„Ancien Régime“: Alte Ordnung vor 1789; der Begriff wurde von den Revolutionären 1790 geprägt.

Erst in ihrem Zusammenwirken erklären sie den „sozialen Wandel“, der zum Zusammenbruch des jahrhundertelang stabilen Ancien Régime führte. Einige Bedingungsfaktoren der Entwicklung erläutern die Ursachenkomplexe näher:

Zu Frankreich im 18. Jh. vgl. Siegburg, a.a.O., S. 130–149

1. langfristige (seit ca. 1730):
Demographische: Bevölkerungszuwachs;
mentale: Aufklärung und Säkularisierung;
politisch-soziale: wachsende Opposition verarmender oder aufstiegsorientierter Nichtprivilegierter gegen die Privilegierten; korrupte Bürokratien und Ämterkäuflichkeit; drückendes Abgaben- und Steuersystem zugunsten von 2% der Bevölkerung;
wirtschaftliche: rasch, z.B. nach Missernten rezessive, zyklische „Produktionskrisen“ in der landwirtschaftlich geprägten Ökonomie mit Inflation und Hunger.

Erbe, a.a.O., S. 11–24

Vovelle, a.a.O.

Tocqueville, a.a.O.
Hinrichs, a.a.O., S. 63–80 u. S. 81–98

Labrousse, a.a.O., S. 23ff.

Zum „Charakter des französischen Staates bei Revolutionsbeginn“ vgl. Mousnier, in: Schmitt/Reichardt (Hg.), a.a.O., Bd. 1, S. 107–120

2. mittelfristige (seit ca. 1774):
Die immer härter um Sozialprestige und Machtchancen rivalisierenden führenden Schichten blockierten Lösungen fundamentaler gesellschaftlicher Konflikte. Das rasant ansteigende Defizit im Staatshaushalt geriet außer Kontrolle. Es drohte der Staatsbankrott.

3. kurzfristige (seit 1787 bis Frühjahr 1789):
Die Krone bekam die Finanzkrise im Rahmen der bestehenden Ordnung nicht in den Griff. Verspätete Reformversuche scheiterten am Widerstand der Privilegierten. Der 3. Stand, unterstützt von der „aufgeklärten Propa-

s. S. 24f.

„Pré-Révolution" vgl. Egret, a.a.O.

ganda", zielte in der „Pré-Révolution" auf eine politische Reform des Staatswesens.

1 Die feudalabsolutistische Ständegesellschaft

Ungefähre Bevölkerungsverteilung in Frankreich um 1789 nach Ständen		
Stand	**Anzahl**	**in %**
Adel	350 000	1,5
Klerus	150 000	0,5
Tiers Etat	24,5 Mio.	98

Schätzungen je nach eingerechneter Familiengröße, z. B. Adel: 110 000–400 000 Standesangehörige = 0,5–1,4% der Gesamtbevölkerung, die um 1770 zwischen mind. 25 Mio. und max. 28 Mio. lag.

Durchschnittswerte nach Markov/Soboul, a.a.O., S. 11–38, Schulin, a.a.O., S. 141–149, Reichardt (Hg.), a.a.O., S. 8–13

Frankreich als am dichtesten besiedelter und bevölkerungsreichster Staat Europas hatte um 1789 ca. 25 Mio. Einwohner. 75% waren unter 40 Jahre alt, etwa 57% der Männer und 73% der Frauen Analphabeten. Die durchschnittliche Lebenserwartung betrug ca. 30 Jahre.
85% (ca. 22 Mio.) der Bevölkerung lebten auf dem Land; die städtische konzentrierte sich um Handelszentren und Seehäfen wie Marseille, Bordeaux, Nantes, Rouen, Lyon, Orléans oder Straßburg und Paris (ca. 600 000 Einwohner).
Die Bevölkerung gliederte sich in die seit dem Mittelalter zu einer Art unantastbaren Grundordnung gewachsenen, nicht etwa mit Klassen gleichzusetzenden drei Stände: Klerus (1. Stand), Adel (2. Stand) und den Rest der Bevölkerung (3. Stand).
Diese drei Stände waren nicht homogen. Im Gegenteil: Verächtliche Abgrenzung und erhebliche soziale Unterschiede kennzeichneten das Verhältnis der Standesgruppen zueinander. Zumal innerhalb der Stände, besonders im Adel und Tiers, gab es die unterschiedlichsten Einkommen, Schichtungen, Interessenlagen und politischen Wertvorstellungen.

Tiers Etat (kurz: „Tiers", frz.): Dritter Stand

So gehörten der ostfranzösische Landarbeiter und ein Pariser Wasserträger ebenso zum dritten Stand wie der vermögende Pariser Tapetenmanufaktur-Besitzer Réveillon, Rechtsanwalt Robespierre aus Arras, ein Geselle aus Lyon oder ein Matrose in Le Havre.
Im Adel lagen Welten zwischen dem älteren Bruder des Königs, dem 1789 mit gut 16 Mio. Livres verschuldeten Grafen Artois, und der verarmten Gräfin Lamothe, die sich 1785 in der „Halsbandaffaire" gezwungen sah, unlautere Mittel zur Einkommensaufbesserung zu ergreifen. Und wenn der König 10 Mio. Livres für Schloss Rambouillet, 6 Mio. für Schloss St. Cloud, ein Geschenk an die Gemahlin, ausgab, so waren das unerschwingliche Mittel und Objekte für die allermeisten seiner Standesgenossen, erst recht aber z. B. für einen städtischen Tagelöhner mit durchschnittlich 4-köpfiger Familie.

Die „Halsbandaffaire" 1785 blamierte die Krone in ganz Europa: Gräfin Lamothe arrangierte als Vermittlerin, dass der vom Hof entfernte Kardinal Rohan für seine Wiederzulassung ein Collier im Wert von 1,6 Mio. Livres als Geschenk – angeblich – für die Königin bezahlte. Doch verschwand die Gräfin mit dem Collier nach London. 1786 wurden die Beteiligten verhaftet. – Der Kardinal hatte seine Kreditraten nicht begleichen können. Goethe gestaltete den Stoff 1791 in einem Lustspiel: „Der Groß-Cophta".

Basis der sozialen Verhältnisse und Hierarchien in der Feudalgesellschaft war der Besitz an Grund und Boden einschließlich der damit verbundenen Vorrechte und Einkommen bzw. Pflichten.
Etwa 2% der Bevölkerung (Adlige ca. 25%, Klerus ca. 15%) besaßen – mit erheblichen regionalen Unterschieden – ca. 1/3 bis zur Hälfte des besseren, fruchtbareren Landes. Den Rest teilten sich zu je 1/4 bis zu 1/3 Land besitzende Bürger (besonders in Stadtnähe) aus dem 3. Stand und die etwa 2 Mio. Wein-, Vieh- und Ackerbauernfamilien, die – anders als die erbuntertänigen oder leibeigenen mittel- und osteuropäischen Bauern – Eigentum besitzen konnten, jedoch zumeist nur kleinparzellierte, wenig ertragreiche Böden.

Ein Tagelöhner konnte für einen Tagesverdienst (bei 111 arbeitslosen Tagen jährlich) von durchschnittlich 15 Sous in guten Zeiten zwei Vierpfünder-Brote kaufen, nach der Missernte im Sommer 1789 jedoch nur eins. Für die Miete (1–5 Sous täglich) blieb da kaum noch etwas.

1.1 Standesprivilegien sichern! – Der Adel

Monarch und Regierung

LudwigXVI., in seinen Urkunden betitelt „von Gottes Gnaden König von Frankreich und Navarra", Enkel Ludwigs XV. (1715–1774), verheiratet seit 1770 mit Marie-Antoinette, einer Tochter der österreichischen Kaiserin Maria-Theresia, personifizierte seit seiner Thronbesteigung 1774 die oberste Autorität im Lande. Die Stellung des Königs im Ancien Régime ist überragend.

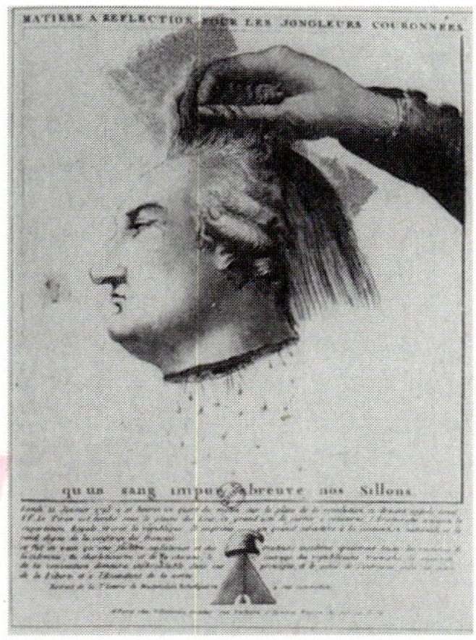

Ludwig XVI. (1774–1792), enthauptet am 21. Januar 1793
vgl. S. 112 ff.

Der in Reims gekrönte, „allerchristlichste" König ist:
- das Gesetz (d.h. Quelle aller Rechtsprechung und oberster Gerichtsherr, so erscheint er auf seinem Siegel);
- Zentralinstanz der Verwaltung, die seine Agenten für ihn erledigen;
- der Oberbefehlshaber der königlichen Armeen;
- keinem – außer Gott, worauf seine Herrschaft ihre Legitimität gründet – rechenschaftspflichtig;
- die sakrosankte, nationale Vaterfigur;
- der Souverän.

Der absolute Monarch:

Biografie Ludwigs XVI.: Lever, E.: LudwigXVI. Stuttgart 1988

- besetzt Stellen, verleiht Ämter, Titel und Ränge;
- erhebt Steuern für die Bedürfnisse „Seines" Staates und beschließt allein über deren Verwendung;
- entscheidet in letzter Instanz über Krieg und Frieden und definiert nach Gutdünken die Staatsraison in Diplomatie und Außenpolitik;
- schwört, mit seinen uneingeschränkten Machtbefugnissen die Grundgesetze des Reiches zu wahren: dynasti-

a legibus absolutus (lat.): von den Gesetzen gelöst
Monarch (altgriech.): Alleinherrscher

Kompetenzbereiche der wichtigsten Regierungsbeamten am Versailler Hof	
Ressort	**auch zuständig für**
Kanzler	Justizangelegenheiten
Staatssekretäre	
für Krieg	Verwaltung der Grenzprovinzen
für den Hof	Klerus, Protestanten, Stadt Paris
für Marine	Kolonien
für Auswärtiges	berichtet im Staatsrat
Generalkontrolleur der Finanzen	
	Innere Verwaltung, Landwirtschaft Industrie, Handel, Straßen

Besonders zwischen den königlichen Intendanten und den Provinzialgewalten

Die Generalkontrolleure der Finanzen von 1774–1793

1774	Turgot
1776–1781	Necker
1783–1787	Calonne
1787–1788	de Brienne
26.8.1788–11.7.1789	Necker
16.7.1789–4.9.1789	Necker
ab 4.9.1790	Lambert
	Delessert
1791	Tarbé
ab 23.3.1792	Clavière
	Beaulieu
	Leroux de Laville
ab 10.8.1792	Clavière
ab 13.6.1793	Destournelles

sche Erbfolge, Rechtlichkeit und Barmherzigkeit walten zu lassen, seine Untertanen bei der katholischen Kirche zu halten und alle Landesfeinde abzuwehren.

Regierung und Verwaltung in Versailles: Von Versailles aus regierte Frankreich unter der Führung des Königs ein Ministerium voneinander unabhängiger, oberster Staatsbeamter ohne einen offiziellen Premierminister. Jeder von ihnen verfügte über eine eigene Kanzlei, die die Beschlüsse administrativ umsetzte.
Die Zuständigkeitsbereiche waren nicht eindeutig voneinander getrennt. Neben den klassischen Aufgaben seines Ressorts übte jeder Minister weitreichende Kontrollfunktionen aus.
Nicht selten kam es deswegen zu Kompetenzstreitigkeiten zwischen der schwerfälligen Zentralregierung, König und Ministerialbeamten am Versailler Hof und den in vielen Bereichen nach lokalem Recht regierenden Provinz- und Lokalautoritäten.
Starker Mann der adligen Minister-Regierung war aufgrund seiner zahlreichen Kompetenzbereiche der Generalkontrolleur der Finanzen.
Neben den Staatssekretären, den Verbindungsbeamten des Königs zu den Korporationen, Städten, Provinzen und Ständen, berieten und entschieden die einflussreichen königlichen Räte in wichtigen Angelegenheiten mit. Der Staatsrat oder Hohe Rat klärte mit dem König die großen Fragen der Staatspolitik: Krieg, Frieden, Bündnisse. Der Rat für Depechen kontrollierte die einheitliche administrative Umsetzung der Erlasse und Dekrete in den Ministerialbüros. Der Rat für Finanzen verwaltete die Staatserträge und teilte die Hauptsteuer ein. Für jede Sitzung berief der König fünf bis sechs Räte als „Staatsminister".
Regierung und Verwaltung in den Provinzen: Erhebliche regionale und lokale Unterschiede nach Sprache, Sitten, Traditionen und Recht herrschten in den Provinzen vor. Die provençalische oder die bretonische „Nation" z.B. hatten eigene Gesetze und als Verkehrssprache anerkannte Dialekte.
Die administrative Einteilung war selbst für die Zentralregierung unübersichtlich. Neben den katholischen Bistümern, die auf gallische Verwaltungsbezirke zurückgingen, existierten die Gerichtssprengel aus dem 13., die „gouvernements" (Militärbezirke) aus dem 16. und die „Generalitäten" (Steuerbezirke) aus dem 17. Jh., die sich mit den Provinz- oder „Staaten"grenzen („pays") überschnitten.

Nicht einmal die Grenzen des Königreichs waren genau definiert.

Mächtige Stellvertreter der königlichen Zentralgewalt auf Provinzebene – mit einem eigenen Verwaltungsapparat – waren die rund 30 zumeist amtsadligen Intendanten der Justiz, der Polizei und der Finanzen, die bestgehassten Männer im Land. Sie kontrollierten in oberster Instanz Rechtsprechung, Stadtverwaltungen, Handel, Landwirtschaft, Gewerbe sowie einen Großteil der amtlichen Steuergeschäfte.

Die Provinzialstände und ihre periodisch einberufenen, nach Ständen abstimmenden Versammlungen besaßen nach altem Recht für ihr Gebiet u.a. das wichtige Recht der Steuerbewilligung. In diesen oligarchischen Organen fand die anti-absolutistische Opposition der führend vertretenen Stadtbürger aus dem 3. Stand in der Phase der Pré-Révolution seit 1787 ihr entscheidendes Forum.

Zur Rolle der Provinzialstände in der Pré-Révolution vgl. S. 30

Oligarchie (altgriech.): Herrschaft einiger weniger

Provinzialstände wie auch andere Lokalautoritäten waren im Verlauf des 18. Jh. durch den „ministeriellen Despotismus“ der Zentralregierung und die Intendanturen politisch so gut wie kaltgestellt.

Standesgliederung

Der Adel war der politisch führende, tonangebende Stand im Staat. Aus seinen Reihen rekrutierten sich die wichtigsten Entscheidungsträger in der Regierungszentrale am Versailler Hof, trotz scharfer bürgerlicher Konkurrenz auch in den Provinzverwaltungen und besonders in der Armee.

Adelsprivilegien (vgl. S. 22): von den Hauptsteuern, der Einquartierung und den Spanndiensten befreit; juristische Vorrechte: Tragen des Degens, gesonderte Kirchenbank, Enthauptung statt gehenkt zu werden; ausschließliches Jagdrecht und Recht, Taubenschläge zu halten; Monopol des Zugangs zu höchsten Posten und Ämtern in Armee, Verwaltung, Justiz, Kirche sowie der Zulassung bei Hofe; grundherrliche Rechte als Landbesitzer.

Schichtung des 2. Standes vor 1789

ca. 350 000 Adlige	Anzahl	in %
Schwertadel (noblesse d'epée)	**240 000**	**68,6%**
Hofadlige	20 000	5,7%
begüterter Provinzadel	90 000	25,7%
verarmter Provinzadel	130 000	37,2%
Amtsadel (noblesse de robe) bzw. Dienstadel – Robins	**100 000**	**28,6%**
im 18. Jh. nobilitiert	**10 000**	**2,8%**

Diese Angaben aufgrund ungefährer Schätzungen nach Schulin, a.a.O., S. 141, Siegburg, a.a.O., S. 148, Fehrenbach, a.a.O., S. 21

Die frz. Königshäuser seit dem Erwerb der Krone durch Hugo Capet 987	
seit 987	Capetinger
1328	Valois
1498	Orléans und Angoulême
1598–1792	Bourbonen
1814–1830	Bourbonen
1830	Orléans

Seine Vormachtstellung dokumentierte sich in den standesgemäßen Ehren-, Dienst- und vor allem Steuerprivilegien. Betont offensiv verteidigten die Adligen ihre Vorrechte in der Pflege ihres aufwendigen Lebensstils, des „vivre noblement", besonders gegenüber neu geadelten großbürgerlichen Aufsteigern, die ihn nach Kräften kopierten.

Die Nähe zur Zentralmacht, dem König am Hof, gehörte zu den obersten Zielen dieses seit den misslungenen „Fronde"aufständen (1647–1653) politisch als Stütze und langer Arm der Krone eingebundenen alten Kriegerstandes.

Studie einer nobilitierten Familie vgl. Forster, in: Schmitt/Reichardt (Hg.), a.a.O., Bd. 2, S. 79–99

Bei Hofe „zugelassen" zu sein, dort eines der vielen mit Pensionen und Vergünstigungen verbundenen Ämter zu versehen, garantierte zahlreichen Adligen die Sicherung ihres Lebensstils, vielen die standesgemäße Existenz.

Grundsätzlich entschied in der Adelshierarchie über soziale Stellung, Macht- und Einkommenschancen:

1. Adlig oder geadelt?
2. In der wievielten Generation adlig bzw. geadelt?

Adlig war man von Geburt. Zu adeln („nobilitieren") war das Exklusiv-Privileg des Königs, dessen Haus das höchste Traditionsprestige besaß.

1781: Königliches Dekret von Kriegsminister Ségur: Offizier wird nur noch, wer mind. vier adlige Vorfahren nachweisen kann.

Die ca. 350 000 Adligen bildeten keine in sich geschlossene, homogene Gruppe. Aufgeklärte Hofadlige verachteten den Provinzadligen, dieser den nobilitierten Minister, dieser jüngst geadelte bürgerliche „Parvenüs", alle zusammen einträchtig die „canaille", das „Volk".

„épée" (frz.): Schwert

„robe" (frz.): Amtstracht

Fronten verliefen seit dem 17. Jh. mit wachsenden Gegensätzen zwischen der noblesse d'épée, den alteingesessenen Schwert- oder Geblütsadligen, und der noblesse de robe, den infolge der Erweiterung des Justiz- und Verwaltungsapparates seit dem 16. Jh. aus dem vermögenden Bürgertum hervorgegangenen Amtsadligen, den „Robins".

Ein Regiment z. B. kostete 20500–50000 Livres

Die 13 „parlements" sprachen im Namen des Königs Recht in letzter Instanz.
Das Pariser Parlement prüfte zudem die königlichen Gesetze, bevor sie „eingetragen", d. h. rechtswirksam wurden. Das mit diesem „Registrierung"srecht verbundene Recht zur

Die erfolgreichsten Vertreter des Amtsadels (Noblesse de robe) drängten seit Anfang des Jahrhunderts weiterhin offensiv in die Chargen der Erbaristokratie. Gekaufte Positionen und damit verbundene Nobilitierungen waren seit 1522 legal erblich. Die Nobilitierten saßen mit erheblichem politischen Ehrgeiz und sorgfältig benutzten Kontroll- und Einflussrechten ausgestattet in Relaisstellen der Staats- und Finanzverwaltung, besonders einflussreich in den Parlements, den souveränen königlichen Gerichtshöfen.

Die Obstruktionspolitik des Parlements in den 80er Jahren gegenüber der finanziell chronisch geschwächten Krone und ihren Plänen zur Budget-Sanierung zu Lasten der Einkommen, Privilegien und politischen Partizipations- und Freihandelsrechte dieser Parlements- und Finanzaristokratie markiert den politischen Hauptkonflikt, mit dem die „Pré-Révolution" 1788 in die heiße Phase eintritt.

„Remonstranz", der Zurückweisung der Eintragung, konnte der König im feierlichen „lit de justice" – persönlich zugegen – zwar übergehen. Es wurde jedoch zur politischen Trumpfkarte der Parlementsadligen gegen Allmacht und Reformpläne der Krone in der Pré-Révolution, vgl. S. 30

Im Schwertadel (Noblesse d'épée) gerieten besonders Angehörige des kleinen Provinzadels in den zunehmenden gesellschaftlichen und wirtschaftlichen Krisenerscheinungen unter starken Druck.

Manche seiner land- und traditionsverbundenen, nicht gerade reformfreudigen Vertreter lebten als „Krautjunker" in ihren verfallenden Herrenhäusern oft nicht viel besser als ihre bäuerlichen Einkommenslieferanten. Seit 1750 versuchten sie immer strikter, ihre grundherrlichen Rechte bei den Bauern durchzusetzen.

Zu dieser „aristokratischen Reaktion" vgl. Markov/Soboul, a.a.O., S. 36 f.

Der Hofadel schloss sich ab. Einige Familien hatten sich hoch verschuldet, um den kostspieligen Verpflichtungen des Hoflebens nachkommen zu können; dazu gehörten Dienerschaft, Kleider, Glückspiel, Liebschaften, Empfänge, Jagden, Mäzenatentum und Feste. Sein Einkommen bezog der Hofadel aus königlichen Pensionen, Schenkungen, Hofämtern, Abteien und den Grundbesitzerträgen. Viele Angehörige des Hochadels hatten sich zudem durch Heiraten oder Umsatteln auf großbürgerliche Geschäfte und Beziehungen abgesichert.

Interna des Hoflebens unter Ludwig XVI. von Louis de Rouvroy, Herzog von Saint-Simon: Erinnerungen. Stuttgart 1988

Allein der Herzog von Polignac bezog steuer- und gegenleistungsfrei eine Pension von 500 000 Livres jährlich.

Entwicklungstendenzen vor 1789

Folgende Tendenzen bestimmten Interessenlage und politisches Verhalten des Adels vor 1789:

- Verbürgerlichung breiter Adelschichten (bzw. Nobilitierung großbürgerlicher Kreise), vor allem des niederen Adels, aber auch einiger Vertreter des Hofadels durch Heiraten oder Erfolge in klassisch bürgerlichen Domänen wie Industrie und (Fern- und Kolonial-) Handel.
- Eindringen bürgerlicher Werte wie Verdienst, Leistung („freie Bahn dem Tüchtigen") und von aufgeklärtem Gedankengut in aufgeschlossene Adelskreise (Hofadel, kaum der kleinere Provinzadel). Liberalere, aufgeklärte Adlige (z.B. Mirabeau, La Fayette) spielen eine wichtige Vermittlerrolle in der Anfangsphase der Revolution.
- These der „aristokratischen Reaktion" (Furet u.a.): Besonders der niedere Landadel antwortet zur Verteidigung seiner bedrohten sozialen Stellung mit einer ex-

Zum Adel im 18. Jh. vgl. Guy de Chaussinand-Nogaret, a.a.O.; er teilt den Adel nach dem Jahreseinkommen in fünf Gruppen ein:

1. *über 50 000 Livres:*
   die ca. 160 führenden u. ca. 250 Familien von Finanzpächtern u.a. in Paris und Versailles;
2. *10 000–50 000 Livres:*
   3 500 Familien, meist führender Provinzadel;
3. *4 000–10 000 Livres:*
   7 000 Familien, meist des Landadels;
4. *unter 4 000 Livres:*
   11 000 Familien, nicht mehr als ein Diener;
5. *unter 1 000 Livres:*
   5 000 Familien, leben am Rande des adligen Existenzminimums.

tensiven Wahrnehmung seiner althergebrachten Rechte und Privilegien.

Fazit: Seit 1770 wächst die „aristokratische Opposition“: Amts- und Schwertadel machen auf der Basis ihrer Hausmacht (souveräne Höfe, populäre Provinzialstände) im Namen der Freiheit (= Privilegiensicherung) gemeinsame Sache gegen die königlichen Zentralgewalten.

Ludwig XVI. hatte die 1771 aufgelösten Parlements 1774 nach seiner Thronbesteigung umgehend wieder eingesetzt und den Kanzler Maupeau entlassen.

Die Auseinandersetzungen mit der Krone verschärfen sich in den 1780er Jahren: Finanzminister Calonnes Budgetsanierungsplan vom 20.8.1786 zur Rettung des fast bankrotten Staates zuzustimmen, hätte die „Adelsplebs“ (Mathiez) auf dem Land besonders hart getroffen. Die Parlements-Gerichtshöfe steuern seit 1771 Kollisionskurs gegen „ministeriellen Despotismus“ und die königlichen Intendanturen.

Diese „Adelsrevolte“ (Mathiez) steigerte sich in den Auseinandersetzungen von 1787/88 in den Provinzialstände- und Notablenversammlungen zu einer „aristokratischen Revolution“ (Lefebvre), die sich der 3. Stand für „seine“ Revolution zu Nutze machte.

Pré-Révolution, vgl. S. 30

1.2 Staat im Staate – der Klerus

Zu „Klerus, Kirche und Religion“ vgl. Reichardt (Hg.), a.a.O., S. 172–185

Kirche und Staat waren in Frankreich erst seit 1795 getrennt. Vor der Revolution herrschte die seit 1516 offizielle katholische Staatsreligion mit ihren besonders auf dem Land ausgeprägten kirchlichen Organisationsstrukturen. Die französische Staatskirche bildete als heimliche Regentin eine eigene, einflussreiche Macht im Ancien Régime.

Im Alltagsleben der Franzosen, im Erscheinungsbild der Städte und Dörfer war sie ständig präsent.

Allein in Amiens kamen auf 35 000 Einwohner 1200 Geistliche. Die Kirchenglocken regelten den Tagesablauf. Kirchgang war Pflicht. Bibel und Katechismus, zahlreiche Fest- und Feiertage und die Riten der Volksfrömmigkeit prägten Bewusstsein und Lebensrhythmus der Menschen, besonders auf dem Land. Nicht nur bei einer Insektenplage, die die Arbeit eines Jahres vernichten konnte, ging der Bauer zum Pfarrer als Autorität und Retter in der Not.

ca. 37 000 Pfarreien, 1 000 Klöster; Paris: 50 Pfarrkirchen auf 600 000 Einwohner; 1/4 des Stadtgebietes in Klosterbesitz

Die kirchlichen Schriften prägten besonders die vielen einfachen Leute von Kindheit an. Die Gesamtzahl der kirchlichen Schriften übertraf die der Aufklärung.

Die Staatskirche (seit Ludwig XIV.) besaß ihre eigene Verwaltung und Gerichtsbarkeit sowie ein eigenes Finanzsystem zur Erhebung und Verteilung der ihr zustehenden Abgaben aus Grundbesitz und dem Zehnten. Von Zwangssteuern seit dem Konkordat von 1516 befreit, leistete sie lediglich freiwillige Abgaben.

Konkordat: Vertrag zwischen Kirche und Staat

Der Klerus verfügte traditionell über weitreichende Erfahrungen auf nahezu allen Gebieten des Staatswesens und war mit seinen eingespielten Strukturen und Hierarchien von den drei Ständen politisch am besten organisiert: Alle fünf Jahre tagten Klerusversammlungen, die u.a. über die Höhe der freiwilligen Abgaben an den Staat entschieden. In Versailles wahrte eine eigene Generalagentur mit Schreibern die kirchlichen Interessen.

Wohlhabende Kirche: Die Einkünfte aus weltlichem, zumeist verpachtetem Grundbesitz und dem Zehnten erbrachten laut Finanzminister Neckers Rechenschaftsbericht 1781 jeweils ca. 120 Mio., zusammen 240 Mio. Livres jährlich, von denen der Löwenanteil an die hohe Geistlichkeit, Kapitel und Klöster ging. 3,5 Mio. Livres z.B. – ebenso viel wie in die Staatskasse abgeführt wurde – standen allein den 90 Kapitelmitgliedern in Chartres zur Verfügung.

s. S. 25

Wichtige Funktionen im Staatswesen oblagen ihr: Erziehungswesen (Schulen, Universitäten), Armenfürsorge, Krankenhäuser und das alleinige Recht zur Registrierung von Taufen, Heiraten und Sterbefällen.

Standesgliederung

So geschlossen dieser Stand – im Gegensatz zum dritten – auch auftrat, differenzierte er sich doch. Die Mitglieder – Privilegierte aus dem Adel und Nichtprivilegierte des Tiers – kamen aus den verschiedensten Bevölkerungsschichten. Markante soziale Unterschiede herrschten auch innerhalb

Schichtung des 1. Standes im Jahr 1790

ca. 150 000 Kleriker	Anzahl	in %
Hoher Klerus	**8 000**	**5%**
(Bischöfe, Äbte, Domkapitulare), davon 1789 residierende Bischöfe	139	0,1%
Niederer Klerus	**82 000**	**55%**
Pfarrer	39 000	26%
Vikare	18 000	12%
Säkulargeistliche	25 000	17%
Ordensklerus	**60 000**	**40%**
Mönche	20 000	13%
Nonnen	40 000	27%

Auch für den Klerus schwanken die Angaben über die Anzahl der Mitglieder zwischen 120 000 und 170 000.
Angaben nach:
Reichardt (Hg.), a.a.O., S. 174,
Markov/Soboul, a.a.O., S. 17,
Kirchberger, a.a.O., S. 26

Vgl. Anm. S. 6 (Randspalte)

dieses Standes: Wenig miteinander gemein hatten der in der „Halsbandaffaire" verhaftete Fürstbischof von Straßburg, Kardinal Rohan mit einem Jahreseinkommen von 400 000 Livres, und der zwischen Bauer und Grundherrn in Sachen einer überfälligen Naturalabgabe verhandelnde, selbst auf das spärliche Gehalt von seinem aristokratischen Pfründebesitzer wartende, überlastete Dorfpfarrer.

Die Posten in der hohen Geistlichkeit waren fast ausnahmslos für alteingesessene Adelsfamilien reserviert. Alle 139 im Jahre 1789 residierenden Bischöfe waren adlig. Von den 740 um 1789 in Frankreich existierenden Abteien waren über 670 als reine Versorgungspfründe ohne die Pflicht zur Wahrnehmung der mit dem Posten verbundenen Amtspflichten vergeben.

Die Ämterverquickung kirchlicher Würdenträger als Hofbeamte und Grundherren führte zu heftigen Interessenkonflikten innerhalb des Standes.

Der besonders in ländlichen Gegenden sehr einflussreiche niedere Klerus mit seinen respektierten Pfarrern, Vikaren und Helfern leistete in seinen Sprengeln und Gemeinden in allen Bereichen der kirchlichen Zuständigkeiten vielfältige „Basisarbeit".

Ihr weltlicher Lohn dafür war gering. Inflation und Teuerung hatten ihre ohnehin bescheidene materielle Situation seit 1750 noch verschlechtert.

In kirchlichen Gremien waren sie nicht vertreten, mithin ohne Lobby. In zahlreichen Eingaben und Flugschriften machten sie – unter den ersten Pfarrer aus der südostfranzösischen Provinz Dauphiné – Reformforderungen publik. Ein kirchlicher Reformansatz 1786 verbesserte ihre Existenzgrundlage nur wenig.

Aus dieser Standesgruppe kamen wichtige Impulse, zahlreiche Anhänger und entscheidende Stimmen für die Revolution des 3. Standes, z. B. bei der Abfassung der Beschwerdehefte im Frühjahr 1789.

s. S. 33

In Frankreich gab es um 1789 fast 1000 Klöster für die Ordensgeistlichkeit. Die meisten waren als Pfründe vergeben, deren Erträge an nicht selten extern residierende, zumeist adlige Äbte gingen. Viele Klöster standen leer und verfielen.

Die hauptsächlich Erziehungsaufgaben und karitativen Zwecken gewidmete Arbeit der Frauengemeinschaften verzeichnete einen regen Zulauf. Dagegen machten sich in den Mönchskongregationen Krisensymptome der Staatskirche bemerkbar. Seit 1770 sank in allen männlichen Orden die Zahl der Novizen um bis zur Hälfte.

Die Moral mancher Kleriker ließ zu wünschen übrig: Es war auch im „einfachen Volk“ bekannt, dass der Generalkontrolleur der Finanzen von 1787/88, Erzbischof Loménie de Brienne von Toulouse, nicht als einziger seines Standes an der „galanten Krankheit“ litt.
Eine Reform zwischen 1766 und 1768, die strengere Auflagen erteilt und 426 Klöster aufgehoben hatte, half wenig. Viele Ordensgeistliche verließen ihre Gemeinschaften und predigten kritische, aufgeklärte Ideen. Aus ihren Reihen kam ab 1790 ein Großteil der „verfassungstreuen“ Kleriker.

s. S. 72

Entwicklungstendenzen vor 1789

Vgl. Erbe, a.a.O., S. 154–163

Folgende Entwicklungen lassen sich im politischen Verhalten des Klerus vor 1789 feststellen:
Seit 1770 machen sich Verluste der Religion gegenüber der Aufklärung, besonders in Städten und im Süden Frankreichs verstärkt bemerkbar: Säkularisierung.
Interessen- und Ämterverquickung des hohen Klerus mit Adel und Staat verursachen Auseinandersetzungen im 1. Stand, die besonders von den materiell benachteiligten niederen Klerikern zunehmend öffentlich geführt werden.
Der kircheninterne Streit zwischen Gallikanern (Angehörige der französischen Staatskirche) und Jansenisten (religiöse Opposition, die sich politisch einfärbt) schwächt die Staatskirche zusätzlich.
Der Niedergang der Ordens- und Klösterkultur lässt sich durch kleinere Reformen nicht aufhalten.
1787/88: Die Kirchenversammlungen weigern sich, zur finanziellen Entlastung der Krone auf Privilegien zu verzichten oder Sonderopfer zu erbringen.

1.3 98% der Franzosen – der Dritte Stand

Wer nicht dem 1. oder 2. Stand angehörte, gehörte zum 3. Stand, dem „Rest“ (98% gleich ca. 24, 5 Mio.) der Bevölkerung.
In seiner programmatischen Propaganda-Schrift vom Januar 1789 brachte ein „Theoretiker der Revolution“, der Abbé de Sieyès, die Stellung des Tiers im Ancien Régime auf den Punkt:
„1. Was ist der dritte Stand? ALLES.
2. Was ist er bis jetzt in der politischen Ordnung gewesen? NICHTS.
3. Was verlangt er? ETWAS ZU SEIN.“

Abbé Emmanuel-Joseph (seit 1809 Graf de) Sieyès (1748–1836) Führender Abgeordneter des 3. Standes 1789, Mitarbeiter an der Verfassung von 1791, bis 1798 Botschafter in Berlin, 1799 Direktor, nach dem mit Napoleon verabredeten Staatsstreich 2. Konsul (s. S. 159 ff.), 1815 als „Königsmörder“ ins Exil, 1830 Rückkehr nach Paris. Vgl. „Was ist der 3. Stand?“, in: Lautemann/Schlenke (Hg.), a.a.O., Bd. IV, S. 163–166

„Alles“ – „Nichts“ – „Etwas“ verwies pointiert-provokant auf die, gemessen am Bevölkerungsanteil, eklatant disproportional verteilten Rechte und Machtchancen für den 3. Stand.
Die gegen diesen Widerspruch selbstbewusst formulierte Forderung nach politischen Rechten und Repräsentation setzte der Tiers mit dem Abbé als „Fraktions“führer unter der Parole „3. Stand gleich die Nation“ am 17.6.1789 auf der Generalständeversammlung in Versailles durch.

s. S. 35

Standesgliederung

In der Zusammensetzung heterogen nach Herkunft, Karriere, Bildung, Wertvorstellungen, Beruf, Einkommen, Positionen und Beziehungen, zumal in der standesinternen Sozialordnung – so zeigt sich das Bild des 3. Standes vor 1789.
Mehrere Großgruppen lassen sich in einer groben, fließenden sozialen Schichtung des Tiers differenzieren.
Städtische Bourgeoisien und Unterschichten: Nur 15% der Bevölkerung lebte in Städten, die im 18. Jh. infolge der Wanderungsgewinne vom Land wuchsen.
In den größeren Städten (Mühlhausen/Elsass 1801: 6600 – Lyon, Marseille, Bordeaux 1801: 100000 Einwohner) waren fast alle gesellschaftlichen Gruppen vertreten. Führungs- und Unterschichten konzentrierten sich in Paris besonders stark.
Das städtische Bürgertum bildete mit durchschnittlich 8% (Paris: über 50%) der Gesamtbevölkerung die größte gesellschaftliche Gruppe neben den Bauern. Es gliederte sich in drei größere, binnendifferenzierte Schichten: Großbürgertum, Mittelschicht und Kleinbürgertum.

Die Kategorie „Bourgeoisie“ (von frz.: bourgs = Orte mit Stadtrecht), die in der Revolution die Bedeutung „Besitz-Bürgertum“ und im 19. Jh. die einer „Klasse“ assoziierte, war am Ende des 18. Jh. nicht mehr als ein Sammelbegriff für alle, die außerhalb der Landwirtschaft Vermögen aus beweglichen Gütern erwirtschaftet hatten.
Daher kennzeichnet „Bourgeoisien“ (Reichardt, a.a.O.) die Vielschichtigkeit dieser gesellschaftlichen Gruppe im 18. Jh. treffender (vgl. Taylor, in: Schmitt/Reichardt [Hg.], a.a.O., Bd. 1, S. 41–61)

Großbürgertum: Kaum 1% der Stadtbewohner zählte zur Oberschicht: Fabrikanten im Manufaktur- und Verlagswesen, durch den Kolonial- und Fernhandel reich und einflussreich gewordene Großhändler, die Finanzbourgeoisie der Steuerpächter und Bankiers sowie die Rentiers (ca. 10% dieser Schicht), die von ihren Einkünften aus Großgrundbesitz und Kapitalzinsen lebten.
Als Hauptkreditgeber der bedürftigen Krone verfolgten die Großbürger systemkonforme politische Ziele: Reformen ja, aber nur insoweit sie ihre Einkünfte und Geschäfte nicht schmälerten, sondern förderten (Bürokratie-, Zollabbau, Rechtsvereinheitlichung, Budget-Sanierung).

Mittelschicht: Zur bürgerlichen Mittelschicht gehörten höhere staatliche und regionale Amtsinhaber, Juristen,

Kaufleute, Kleinrentiers, auch Ärzte, Notare und schreibende, freie Berufe. Aus diesen Kreisen kommt ein Großteil der Mitglieder der politischen Clubs vor und nach 1789, der Abgeordneten des Tiers auf der Generalständeversammlung und der meinungsführenden Parteiungen während der Revolution.

Der Schriftsteller Rabaut Saint-Etienne ist Tiers-Deputierter aus Nîmes in Versailles; Danton, Robespierre, Barnave, Cambacérès, der spätere Direktor Treilhard, die führenden Girondisten Gensonné, Vergniaud, Guadet waren z. T. hoch angesehene Juristen.

Ihre aufgeklärten politischen Ziele und Forderungen vertrat die aufstiegsorientierte Schicht zunehmend öffentlich: individuelle Freiheit, gesichertes Eigentum, geistige und religiöse Toleranz (gegen Zensur), gleiches Recht für alle, politische Repräsentation (zumindest in Form von regelmäßigen Versammlungen und Abstimmungen über die Steuern).

s. S. 34

Kleinbürgertum: Die vielen kleinen Händler, Ladenbesitzer, Gastwirte, heimarbeitenden, zunftgebundenen Handwerkermeister oder Kleinhändler u.a. machten mit durchschnittlich 75% das Gros des städtischen Kleinbürgertums aus.

Namhafte Revolutionäre wie Saint-Just, der Gastwirt-Sohn Brissot, Carnot oder Hanriot stammten aus dieser Schicht.

Die politischen Ziele dieser Kleinbürger spiegeln sich in den Forderungen der Sansculotten von 1792–1794 wider: behördliche Reglementierung der Wirtschaftsmechanismen (Preiskontrollen, Einkommensgarantien, Konkurrenzbarrieren), Umverteilung bzw. Einebnung der krassen Eigentumsunterschiede zu ihren Gunsten.

Zu „Anfängen einer revolutionären Gesinnung" in dieser Schicht vgl. Rudé, in: Schmitt/Reichardt (Hg.), a.a.O., Bd. 1, S. 29–39

Unterschichten: Die Arbeits- und Lebensbedingungen der Unterschichten waren hart. Bis zu 16 Stunden dauerte ein Arbeitstag, der die Familien oft nur knapp ernährte. Rund 80% ihres Lohns mussten ärmere Arbeiter z.B. 1789 allein für Brot ausgeben.

Zu dieser Schicht gehörten z. B. lohnabhängige Handwerker, Gesellen, Lehrlinge, Hauswirte, Buchbinder, gelernte oder ungelernte Manufaktur-, Garten-, Transport-, Straßen-, Bau- oder Hilfsarbeiter, Lastträger; Bedienstete: Kutscher, Lakaien, Köche u. a. m.

Am untersten Ende der Gesellschaftspyramide des Ancien Régime lebten oder vegetierten die „ehrbaren Armen": Witwen, Waisen, Arbeitslose, Gebrechliche, Kranke im sozialen Verdrängungswettbewerb zu den besonders in Paris zahlreichen gesellschaftlichen Außenseitern: Bettlern, Vagabunden, Prostituierten, Deserteuren und Kriminellen.

Konjunkturschwankungen, Rezessionen oder gar Missernten wie die von 1788 mit Inflation und Mangel trafen diese Leute unmittelbar und rasch. Gewerkschaften oder staatliche soziale Absicherungen existierten nicht: Wer seine Arbeit verlor, dem stand Hunger und Bettel für seine Familie vor der Tür.

Zum Vergleich: durchschnittlicher Tageslohn eines Facharbeiters mit 4-köpfiger Familie:
ca. 20 Sous gleich eine Livre
Preis für ein Pfund Brot in guten Jahren: zwei Sous
Kaufkraft eines Tageslohns: fünf Kilo Brot
(Angaben nach Markov/Soboul, a.a.O., S. 29)

Die Forderungen dieser Schichten diktierte demnach vor allem die Existenzsicherung: behördlich garantierte, stabile Grundnahrungsmittelpreise (Brot, Gemüse), Verhinderung von Spekulation (Höchstpreise, Beschlagnahme von

Die Gemüsehändlerin, um 1794, Lyon
(Jacques-Louis David)

Vorräten), Senkung der lokalen Steuern, Maßnahmen zur Verbesserung der Kaufkraft gegen Mangel und Teuerung. Damit standen sie z. T. in Widerspruch zu den Zielen besser gestellter Bürger. Das zeigte sich seit 1792: Zahlreiche Radikalrevolutionäre kommen aus diesen Unterschichten, z. B. Enragés um Jacques Roux oder Anhänger Babeufs.

s. S. 102

Bauern und ländliche Unterschichten: Die Landbevölkerung umfasste ca. 22 Mio. Bauern und Landarbeiter inklusive ihrer Familien. Der französische Grundbesitzer im 18. Jh. wirtschaftete selten selbst, sondern verpachtete kleinere, verstreute Landstücke oder -streifen als Pacht- oder Teilpachthof an bäuerliche Betreiber.

Im europäischen Vergleich war Frankreich das Land der freien, vielen kleinen Grundbesitzer; England das der freien Tagelöhner; Ost- und Mitteleuropa das der unfreien Fronbauern auf den riesigen Ländereien.

Die regional sehr unterschiedlich ausgeprägte ländliche Sozialstruktur mit ihren Dorfgemeinschaften, Sippen, Frömmigkeit, Folklore und traditionellen Denk- und Arbeitsgewohnheiten war insgesamt gekennzeichnet von Analphabetentum, dem lokalen Horizont und der landwirtschaftlichen, auf uraltem bäuerlichen Gemeinschaftsrecht basierenden Arbeitsroutine.

Anders als die Wein- oder Vieh- bauten z. B. die Ackerbauern Generation für Generation Getreide an für das Weißbrot der Reichen und das Schwarzbrot der Armen.

Auf dem Gemeindeland betrieb man Zwei-, meistens Dreifelderwirtschaft: Winterweizen – Hafer und Gerste im Frühjahr – Brache oder Viehweide.

Die äußerst naturabhängige, immer noch mit einfachsten Mitteln erzielte bäuerliche Produktivität war gering: Das Verhältnis Saatgut : Ernteerträge lag im 18. Jh. bei 1 : 6.

Agrarreformer wie die Physiokraten mit ihren staatswirtschaftlich orientierten Vorschlägen zur Änderung des Gemeinschaftsrechts, Einzellandwirtschaft, neuen Bearbeitungsmethoden, anderen Fruchtfolgen, Futterpflanzenanbau bewirkten im Vergleich zum fortschrittlicheren England wenig. (vgl. Hinrichs, a.a.O., S. 126–157) Beherrschend blieb der bäuerliche Familienbetrieb, der für die halbe Ernte oder einen Festbetrag gepachtet war.

Das alte, starre Feudalsystem mit seiner Abgabentrias: Königssteuer, Kirchenzehnter, Herrenrechte neben den persönlich-privaten, Eigentums- und Produktionsbeschränkungen ließ den meisten Bauern kaum einen über den Eigenbedarf hinausgehenden Überschuss zum freien Verkauf auf den Märkten.

Plagen – außer den natürlichen – wie vagabundierende Diebesbanden komplettierten das Elend vieler Landbewohner.

Die Forderungen – besonders der Kleinbauern, wie viele Beschwerdehefte von 1789 dokumentieren – lauteten: Aufteilung der großen Pachtgüter (möglichst viele sollten einen profitablen Anteil bekommen können), keine Zusammenlegungen, Milderung der Pachtkonditionen, Urbarmachung und Nutzung brachliegender Ländereien der Privilegierten, stabile Preise und Senkung der Belastungen.

s. S. 33

s. S. 32 f.

Großbauern: Der Anteil der unabhängigen, selbstständig Grund besitzenden oder pachtenden Großbauern („laboureurs"), die über den Eigenbedarf verkauften und sich mit Kapitalrücklagen einen mehr oder weniger bescheidenen Wohlstand leisten konnten, war überall gering.

Viele wurden im Verlauf der Revolution zu den großen „Gewinnern" als Käufer von „Nationalgütern".

s. S. 66

Kleinbauern: Die große Mehrheit der Kleinbauern („petits fermiers" = 2/3 aller Bauern) war Pächter, Halbpächter oder Kleinstbesitzer mit einem kleinen Streifen hinzugepachtetem, gemischt bewirtschaftetem Land. Die meisten Kleinbauern lebten in Lehmhäusern; viele mussten für die Ernährung ihrer Familien, besonders in schlechten Zeiten, als Heimarbeiter oder Tagelöhner dazuverdienen.

Landarbeiter, Tagelöhner: Die ländliche Unterschicht war am stärksten von den negativen wirtschaftlichen Faktoren im 18. Jh. bedroht: Bevölkerungswachstum, Grundbesitzkonzentration, zyklische Inflations- und Mangelkrisen nach Missernten. Zahllose flüchteten – für kaum ein besseres Los als zu betteln – in die größeren Städte.

Entwicklungstendenzen vor 1789

Vgl. Taylor, in: Schmitt/Reichardt (Hg.), a.a.O., Bd. 1, S. 41–62

Entsprechend der sozialen Heterogenität zeigten sich verschiedene Entwicklungstendenzen im 3. Stand vor 1789: Infolge einer langfristigen Wirtschaftsexpansion im 18. Jh. wachsen die Städte, wo verstärkt vermögende bürgerliche Oberschichten in die Adel und Klerus vorbehaltenen politischen Machtzonen drängen. Ihr Interesse an Reformen bleibt auf eine Liberalisierung der Wirtschaftsbedingungen sowie fiskalische Sanierungsmaßnahmen beschränkt.

s. S. 57, 87, 109; vgl. den Anteil der Juristen im aktuellen Parlament

Aus den dynamischen, politisch ambitionierten stadtbürgerlichen Mittelschichten kommt ein Großteil der politischen Vorkämpfer der Revolution, darunter bemerkenswert viele Juristen. Relative wirtschaftliche Prosperität im 18. Jh., verbesserte Bildungschancen, ein starker Bevölkerungsdruck von unten und besonders die geistig-mentalen Veränderungen der Aufklärung hatten diesen Schichten bessere Macht- und Aufstiegschancen eingeräumt, die ihnen die starre Privilegiertengesellschaft blockierte.

s. S. 25 f.

Im Namen der Aufklärung propagieren sie in Traktaten und Pamphleten zunehmend selbstbewusst, kompromisslos und publikumswirksam politische Forderungen nach Repräsentation, Einflussnahme und Steuergerechtigkeit.

In der politischen Agitation vor 1789 kooperieren sie – deren Eigeninteressen nutzend – mit der Opposition gegen die Krone: mit aufgeklärten Adligen und liberalen Großbürgerlichen, aber auch mit städtischen Kleinbürgern, deren Ziele sie teilweise programmatisch assimilieren.

s. S. 100 f.

Die vielen bedrohten Existenzen der städtischen Unterschichten haben vor 1789 weder Lobby noch politisches Sprachrohr, wie nach 1789 z. B. einen Marat. Ihre Reallöhne und Kaufkraft sinken vor 1789 erheblich.

Zu Marat s. S. 105

Vor 1789 verschaffen sie sich in Krisenzeiten – wie auch Teile der Landbevölkerung – mit kleinen Revolten Gehör. Ihre „große Zeit" wird die radikale Revolutionsphase 1793 bis zur Hinrichtung der Hébertisten im März 1794.

Vgl. Lefebvre, Die Französische Revolution und die Bauern, in: Hartig (Hg.), a.a.O., S. 136–170

Die Landbevölkerung von über 22 Mio., zumeist analphabetischen Bauern- und Tagelöhnern mit ihren Familien „trug die Last" der feudalabsolutistischen Privilegiertengesellschaft. Bevölkerungsdruck und die Agrarkrise verschlechtern ihre Lage im 18. Jh. Zahlreiche Tagelöhner wandern in die städtischen Unterschichten ab.

Das vor 1789 zunehmend restriktiv angewendete, drückende Abgaben- und Steuersystem radikalisiert die Bauern gegen Grundherren, Privilegierte und den „Agrar-

Die Bäuerin im Joch. „Man darf hoffen, dass das Spielchen bald ein Ende hat." (anonymer Stich)

Auf dem Rücken von 98 % der Bevölkerung, des 3. Standes, herrschen 2 % Privilegierte, die ca. 500 000 Adligen und Kleriker des 1. und 2., doch die Bauern tragen die Last.
So veranschaulichten zeitgenössische Karikaturen das Verhältnis zwischen Bevölkerungsanteil, Leistungen und politischen Rechten im Ancien Régime.

kapitalismus" (Schulin). Vielfach leisten sie passiven Widerstand: „vergessen" z. B. zu zahlen.

Reallöhne: – 50%
Lebenshaltungskosten: + 100 bis 200%

Forschungsergebnisse von Soboul, Lefebvre u.a. zeigen: Mit charakteristischen Aufständen und Protesten bis weit in die 1790er Jahre findet auf dem Lande nach 1789 eine spezifisch bäuerliche – innerhalb der „großen" Französischen – Revolution statt.

vgl. S. 42 unten

1.4 Das ungleiche Steuer- und Abgabensystem

Kennzeichnend für die Organisation des komplizierten Steuer- und Abgabensystems war die Ungleichheit zu Lasten des 3. Standes, insbesondere der Bauern.

Markov/Soboul, a.a.O., S. 50–53

Die zahlreichen, regional unterschiedlichen Steuern und Abgaben hatten verschiedene Rechtsgrundlagen und historische Hintergründe. Sie wurden mit einem enormen bürokratischen Aufwand erhoben und verwaltet.

Direkte und indirekte Steuern

Taille (allgemeine „Königssteuer", seit dem Mittelalter): Beispielhaft für das komplizierte System ist der Erhebungsmodus der Taille: Die für den König beanspruchte Gesamtsumme wurde jährlich vom Versailler Finanzrat für alle Steuerbezirke fest- und dann umgelegt: Ein Büro vor Ort schlüsselte die Gemeindequoten auf, die wiederum von gewählten „Aufteilern" auf die Köpfe umgerechnet wurden. Die Einnahme erfolgte mit üppigen Zwischenprofiten von unten nach oben durch Steuereintreiber, die zunächst an den Schatzmeister, dieser an den Generalsteuereinnehmer ablieferten.

Die Capitation („Kopfsteuer", seit 1701) bestand aus 22 Steuerklassen, die die entsprechend zu entrichtenden Beträge definierten: von 2000 Livres für den Thronfolger („Dauphin") bis zu einer Livre für Tagelöhner und Soldaten.

Diese Steuer blieb am 3. Stand hängen: Der Klerus kaufte sich 1710 für 24 Mio. Livres los. Der Adel zahlte nicht.

Allein für die Bauern stieg die Abgabenlast in den 1780er Jahren um 25%. Sie waren vom Steuer- und Abgabensystem am härtesten belastet: Neben den direkten und indirekten Steuern waren sie zu Hand- und Spanndiensten sowie zum Dienst in der lokalen Miliz verpflichtet. Darüber hinaus hatten sie den zahlreichen Verpflichtungen aus den grundherrlichen Rechten nachzukommen. Der Grundherr blieb Obereigentümer. Er war damit zugleich Gerichtsherr und konnte seine Rechte unmittelbar durchsetzen.

Die Gabelle (Salzsteuer, seit dem 14. Jh.) war bei den Armen besonders verhasst. Sie ist beispielhaft für die Ungerechtigkeit des Steuer- und Abgabensystems. Ganze Provinzen (Guyenne) hatten sich losgekauft oder waren freigestellt (Bretagne). „Länder mit kleiner Salzsteuer" zahlten nichts; in solchen mit der „großen" wurde der Kauf für alle außer für Beamte und karitative Einrichtungen besteuert. Der Schmuggel blühte.

Die Abgaben für das Krongut wurden Traites genannt. Für ihre Ländereien schrieb die Krone seit 1726 die zu erwartende bzw. benötigte Ertragspauschale Kosten sparend an zuletzt 60 dafür bürgende Generalsteuerpächter aus. Diese erhoben die Abgaben – für sie äußerst profitabel – mit einem eigenen Apparat. Lokale Erhebungen vor und während der Revolution gingen oft als erstes gegen die verhassten Steuerpächter und ihre Büros vor.

Daneben gab es die verschiedensten Verbrauchssteuern, Zölle, Mauten u. a. m.

Grundherrliche Abgaben und Rechte

Zu „Feudalität" bzw. „Seigneuralem System" in den Landgemeinden vgl. Lemarchand, in: Schmitt/Reichardt (Hg.), a.a.O., Bd. 1, S. 7–28

Der Grundherr besaß Monopolrechte auf Jagd und Fischfang, Taubenschläge, Brücken- und Wegegelder sowie Marktzölle.

Ferner konnte ein Bauer jederzeit persönlich zu Dienstleistungen für den Grundherrn herangezogen werden: mahlen, keltern, backen oder diese „Bannrechte" gegen Gebühr für eigene Zwecke nutzen.

Für die Nutzung des Landes zahlte ein Bauer dem Grundherrn eine Jahresabgabe in bar, den *cens,* sowie eine Ernteabgabe in Naturalien, die Kornsteuer oder *champart*. Da diese „dinglichen Rechte" land-, nicht an Personen gebunden waren, wurde bei Besitzerwechsel eine Kauf- oder Erbschaftssteuer an den Grundherrn fällig.

Kirchenzehnt (seit 779 bzw. 794)

Dem Zehnt war jeder Grundeigentümer, sogar adliger Boden oder privater von Klerikern, unterworfen. Netto hatte ein Bauer ca. 13% der Erträge in Naturalien abzuliefern, die die Kleriker auf eigene Rechnung verkauften.

Fazit

Insgesamt stiegen die Belastungen aus Steuern und Abgaben für den 3. Stand, insbesondere für die Bauern, vor 1789 erheblich.
Während die relativ enormen Erträge z.B. des 1. Standes (ca. 150000 Personen) aus Zehnt und als Landeigentümer (ca. 15% aller Flächen) sehr deutlich werden, ließen die vielfältigen Belastungen dagegen vielen Kleinpächtern selbst in ertragreichen Zeiten kaum mehr als das Nötigste. Aber auch wohlhabenderen Bauern blieb wenig für Investitionen, z.B. für innovatives Landwirtschaftsgerät.
Missbräuche und Willkürakte im Steuer- und Abgabensystem waren an der Tagesordnung und brachten die Betroffenen gegen die Grundherren, Privilegierten und Profiteure auf.

Die Beschwerdehefte (s. S. 32 f.) geben Einblick in die Auswirkungen im Alltagsleben: Lautemann / Schlenke (Hg.), a.a.O., Bd. IV, S. 148 f.

2 Die ökonomische Krise

Die soziale oder Systemkrise der feudalabsolutistischen Ständegesellschaft allein führte noch nicht zum Sturz des Ancien Régime. Die im Abgaben- und Steuersystem zementierten, extremen sozialen Unterschiede und Spannungen waren ungefähr so alt wie diese Gesellschaftsordnung selbst.
Zum eigentlichen Niedergang des Ancien Régime in der politischen Krise vor 1789 führte – neben der Aufklärung als langfristigem Wegbereiter der Revolution im Denken – die eskalierende ökonomische Krise. Beide motivierten und verschärften sich wechselseitig.

Vgl. Morineau, in: Schmitt/Reichardt (Hg.), a.a.O., Bd. 1, S. 139–181

2.1 Ökonomische Faktoren und gesellschaftliche Auswirkungen vor 1789

Die Wirtschaft des Ancien Régime beruhte auf der naturabhängigen Landwirtschaft. Wiederkehrende („zyklische") Produktionskrisen, besonders nach Missernten wie der verheerenden von 1788, schlugen unmittelbar auf andere Wirtschaftssektoren durch.

„Mehlkrieg" 1775

Paris 27./28.4.1789: Lohnarbeiter stürmen und plündern die Betriebe des Tapetenfabrikanten Réveillon.

s. S. 31

Entsprechend explosiv waren die gesellschaftlichen Folgen, besonders in Depressionsphasen. Am Ende einer typischen Rezessionskette standen vielfach gewalttätige lokale Unruhen: Nie war das Brot in Paris so teuer wie am 14. Juli 1789, dem Tag des Bastille-Sturms.

Insgesamt expandierte die französische Wirtschaft im 18. Jh. trotz der üblichen Depressionszyklen z.T. beträchtlich. In den Krisenzyklen verschärften sich die gesellschaftlichen Spannungen zunehmend. Besonders die hart Betroffenen radikalisierten sich. Wirksame Reformen blieben aus, während Budget-Defizit und Staatsschulden in exorbitante Höhen wuchsen.

2.2 Budget-Defizit und Staatsschulden

Zum Vergleich: Staatsschulden der BR Deutschland Ende 1993: 993,9 Mrd. DM (ca. das Doppelte des Bundeshaushaltes für dasselbe Jahr)

1789 betrug das Defizit im Staatshaushalt 5 Mrd. Livres bei ca. 2 Mrd. Bargeldumlauf. Allein seit dem Regierungsantritt Ludwigs XVI. 1774 hatte es sich verdreifacht. Einen Großteil davon hatte Ludwig XVI. von Ludwig XV. geerbt. Ein anderer blieb als ein Ergebnis der wirtschaftlichen und militärischen Niederlage Frankreichs im amerikanischen Unabhängigkeitskrieg (1775–1783). Die erfolgreiche Unterstützung der Kolonisten gegen den alten Erzrivalen England seit 1778 hatte sich die französische Krone geschätzte 2 Mrd. Livres kosten lassen.

Exakte Haushaltspläne und doppelte Buchführung wie heutzutage üblich waren nicht bekannt. Vgl. dagegen Sicherungsbestimmungen für den Staatshaushalt der BR Deutschland: GG Art. 109–115

Zum ersten (und letzten) Mal legte als Generalkontrolleur der Finanzen der angesehene Genfer Bankier Necker einen – unvollständigen und arg geschönten – Rechenschaftsbericht des Fiskus für 1781 vor:

Die Lage der Staatsfinanzen war desolat und gefährlich: Von den Steuereinnahmen konnte die Krone gerade einmal die fast 2/3 des Etats verschlingenden Ausgaben für den Schuldendienst und das Kriegsministerium bestreiten. Das Defizit und die Staatsschulden wuchsen von Jahr zu Jahr. Wie ein Damokles-Schwert drohte der Staatsbankrott.

Der Kreditbedarf (1781: 21% des Etats zuzüglich 62% des folgenden als Vorschuss) war enorm, wovon vor allem

Auszug aus dem Rechenschaftsbericht für 1781

Transaktionsarten	in Mio. Livres	in %
Einnahmen	**639**	**100%**
davon Anleihen zur Deckung	136	ca. 21%
Ausgaben	**629**	**100%**
davon: Schuldenzinsen / Tilgung	318	ca. 50%
Zivilausgaben	145	ca. 23%
davon: Schulen / Hilfen	12	
Privilegierte / Hof	36	
Krieg / Marine / Diplomatie	136	ca. 22%
Verschiedenes	30	ca. 5%

Daten nach: Markov/Soboul, a.a.O., S. 73 f.

großbürgerliche und adlige Finanziers profitierten, die aber um die Sicherheit ihrer Anlagen bangen mussten. Die Pariser Börse reagierte dementsprechend nervös.
Die gesellschaftspolitischen Folgen waren verheerend: Für überfällige Reformen (z.B. im Steuersystem) zur Entschärfung der wachsenden sozialen Spannungen fehlte – außer der Bereitschaft der Privilegierten – das Geld.
Die Stände reagierten mit politischer Radikalisierung, Abschottung, Besitzstandsverteidigung („feudale Reaktion") und Weitergabe des Drucks nach unten.
Seit 1787 waren Krone und Regierung mit verspäteten Sanierungsplänen auch im eigenen Stand isoliert.
Konzepte für gründliche Reformen existierten nicht, kamen zu spät, waren nicht finanzierbar oder scheiterten an Standesegoismen.

3 Aufgeklärte Wegbereiter

Eine Revolution der Mentalitäten (Vovelle) fand vor 1789 in der aus unterschiedlichen geistigen Bewegungen gespeisten Aufklärung statt. Sie wurde als die beherrschende, europäische geistige Reformbewegung des 18. Jhs. zum ideellen Fundament der Revolution von 1789.
Einige die Revolution maßgeblich beeinflussende Aspekte dieser vielschichtigen Bewegung sind im Folgenden grob hervorzuheben.

Zu „Auswirkungen der Ideen des 18. Jhs. auf die Französische Revolution" vgl. Peyre, in: Schmitt (Hg.), a.a.O., S. 124–151

3.1 Die Aufklärung im 18. Jahrhundert

Die geistigen Wurzeln liegen in der Renaissance, im Humanismus und in der Veränderung des Weltbildes durch die Erfolge der Naturwissenschaften mit ihren überprüfbaren Methoden (Kepler, Newton).

Eine kritisch bilanzierende Auseinandersetzung mit den Folgen der „Aufklärung" bis in unsere Tage: Horkheimer/Adorno, Dialektik der Aufklärung. Frankfurt am Main 1969

Vorläufer: u.a. Bacon, Hobbes, Locke, Hume, Bentham in England; Descartes, Malebranche, Condillac, Helvétius in Frankreich

Die Vorläufer (16.–18.Jh.) untersuchten Ursachen, Bedingungen und Folgen der ständigen Fortentwicklung der „Natur des Menschen" und der Gesellschaft zum Besseren.

Die Grundsätze formulierte z.B. der Königsberger Philosoph Immanuel Kant in seiner programmatischen Abhandlung „Beantwortung der Frage: Was ist Aufklärung?" 1785.

Immanuel Kant (1724–1804) 5.12.1783: „Beantwortung der Frage: Was ist Aufklärung?": „Aufklärung ist der Ausgang des Menschen aus seiner selbst verschuldeten Unmündigkeit. Unmündigkeit ist das Unvermögen, sich seines Verstandes ohne Leitung eines anderen zu bedienen. Selbst verschuldet ist diese Unmündigkeit, wenn die Ursache derselben nicht am Mangel des Verstandes, sondern der Entschließung und des Mutes liegt, sich seiner ohne Leitung eines anderen zu bedienen. Sapere aude! Habe Mut, dich deines eigenen Verstandes zu bedienen!... ist also der Wahlspruch der Aufklärung."
(zit. n. Dietzsch, a.a.O., S. 225)

Die Grundüberzeugung ging davon aus, dass die menschliche Vernunft autonom und letztinstanzlicher Richter ist. Vor ihr müssen sich bestehende Traditionen, Konventionen, Institutionen und Normen auf Vernünftigkeit und Rechtmäßigkeit hin verantworten.

Zu den Instrumenten gehörte besonders die philosophische Infragestellung mittels der auf Erfahrung und Vernunft gegründeten Kritik.

Die Methoden wurden an denen der erfolgreichen Naturwissenschaften ausgerichtet. Die Ideen wurden in öffentlicher, politischer Debatte publiziert und popularisiert.

Es bestand der Anspruch, dass das gesamte ethische, politische und soziale Handeln im Staat vernünftig begründbar sein sollte oder aber dahingehend verändert werden müsste.

Zu den politischen Forderungen gehörten insbesondere die Freiheit der Religion und Meinungsäußerung; Toleranz; Reformen in der absolutistischen Gesellschaftsordnung: Freiheit der Person, Vorrang der Gesellschaft vor dem Herrscher; rationales Christentum; Garantie des Eigentums; liberale Wirtschaftspolitik; Gleichheit vor dem Gesetz; Garantie der „natürlichen" Rechte jedes Menschen.

Trotz Zensur in Zeitungen, Zeitschriften, Salons, Kaffeehäusern, Tisch- und Lesegesellschaften, Akademien, Traktaten und Flugschriften

Zu den zentralen Themen zählten besonders Fragen aus den Bereichen Erziehung, Recht („Naturrecht"), „natürliche Religion" (gegen die christliche Offenbarungsreligion) und Philosophie (Grenzen der Vernunft).

Beschränkungen der Willkürherrschaft: Abschaffung von Zensur, Folter, Sklavenhandel nach dem englischen (1642, 1688/89) und auch niederländischen (1581) und amerikanischen (1776) Vorbild

Das Hauptanliegen der „philosophes" war u.a. die Verbesserung der Situation des Menschen, Fortschrittlichkeit („perfectibilité") bzw. die Veränderung der Gesellschaft in diesem Sinne.

Zu den Gegnern gehörten nach aufgeklärten Normen nicht legitimierte Institutionen (Katholische Kirche) und gesellschaftliche Praktiken.

Die meisten Anhänger hatte die Aufklärung in den gebildeten, bürgerlichen Mittel- und Oberschichten, aber auch im höheren Adel und unter den einfachen Klerikern.

Zu den markantesten Auswirkungen der Aufklärungsepoche gehörten die Säkularisierung des Welt- und Menschenbildes, die zunehmende Verwissenschaftlichung der Kenntnisse, neue wissenschaftliche Disziplinen und Methoden, technische Fortschritte; „Demokratisierungseffekt“ durch öffentliche, pluralististische Meinungsbildung; Reformen im politischen Bereich: aufgeklärt-absolutistische Monarchen u. a. m.

Recht: Grotius
Pädagogik: Rousseau („Emile“)
Literatur (Swift, bürgerliches Trauerspiel)
„Politische Ökonomie“: Adam Smith („Wealth of Nations“ 1776)
Theologie: historische Bibel-, Dogmenkritik, Enzyklopädie Diderots und d'Alemberts („Lexikon der Aufklärung“), Kant, Condorcet, a.a.O.

3.2 Das Programm: Montesquieu, Voltaire, Rousseau

Montesquieu, Voltaire und Rousseau prägten viele Revolutionäre nachhaltig. Den überwiegenden, zumal analphabetischen Teil der Bevölkerung erreichte deren Gedankengut allerdings nur sehr vermittelt.

Montesquieu (1689–1755): Gewaltenteilung

Der südfranzösische Parlementsadlige Montesquieu hatte bereits 1721 in seinen „Persischen Briefen“ die französische Staatsordnung, besonders die Anmaßungen der Privilegierten, satirisch kritisiert.
1748 legte er – unter einem Alias-Namen – in seinem Hauptwerk „Vom Geist der Gesetze“ („L'Esprit des lois“) auf der Suche nach der vergleichsweise besten Regierungsform konkrete Verfassungsvorschläge vor.
Nach der Analyse geschichtlicher Gesetzmäßigkeiten und Abwägung der Vor- und Nachteile bekannter Regierungsformen (Republik, Monarchie, Despotismus) empfiehlt er die an eine Verfassung gebundene „konstitutionelle Monarchie“.
Der Gefahr des despotischen Machtmissbrauchs einer absoluten Monarchie sollte durch die „Gewaltenteilung“ vorgebeugt werden: Exekutive (ausführende Gewalt), Legislative (gesetzgebende Gewalt) und Judikative (Rechtsprechung) werden als Gegengewicht zur Königsmacht im Staat getrennt ausgeübt.
Diese Trennung der drei Gewalten wird zu einem Grundprinzip der drei Verfassungen der Revolution (1791, 1793, 1795), europäischer Verfassungen des 19. Jhs. und hat sich in den modernen Verfassungsstaaten durchgesetzt.

Voltaire (1684–1778): „Ecrasez l'infâme“

Ecrasez l'infâme (frz.): „Rottet die Heuchelei aus!“ – der Voltaire zugeschriebene Wahlspruch

Der aus dem vermögenden Pariser Besitzbürgertum stammende Voltaire stand vor allem für kompromisslosen

Anti-Klerikalismus, der zu einem wesentlichen Element der Revolution wurde.

Zu Leben und Werk vgl. Holmsten, G.: Voltaire in Selbstzeugnissen und Bilddokumenten. Reinbek bei Hamburg 1971

Geistreich und sarkastisch verurteilte der vielseitigste der aufgeklärten „philosophes" missbrauchte Denkfreiheit und Würde des Menschen, absolutistische Willkürherrschaft, Rechtsbeugung und besonders gewohnten Gehorsam und Aberglauben, auf den Gottesgnadentum, Privilegierte und die Kirche ihre Herrschaft stützten.

Dagegen empfahl er die Grundsätze der Aufklärung und die seines eigenen Standes als besser geeignet, die Staatsgeschäfte in die Hand zu nehmen.

Die Physiokraten Quesnay (1694–1774) oder Turgot (1727–1781) propagierten das freie Unternehmertum („Laisser faire! Laisser passer!").

Voltaires Ideen stärkten das politische Selbstbewusstsein innerhalb des 3. Standes, der zunehmend politische Rechte im Staat einforderte. Seine Grundsätze wurden weiterentwickelt, z. B. von aufgeklärten Wirtschaftstheoretikern.

Rousseau (1712–1778): Souverän gleich das Volk

Der aus einer calvinistischen Genfer Bürgerfamilie stammende Schriftsteller und politische Philosoph Jean-Jacques Rousseau lieferte in seinen Werken eine umfassende aufgeklärte Gesellschaftstheorie.

Zu Leben und Werk vgl. Holmsten, G.: Jean-Jacques Rousseau in Selbstzeugnissen und Bilddokumenten. Reinbek bei Hamburg 1987

Rousseau – neben Marat – war das Idol besonders der vielen „Kleinen Leute" während der Revolution. Die Revolutionsideale „Freiheit, Gleichheit, Brüderlichkeit" sind in seinen Schriften deutlich vorgeprägt.

Rousseaus politisches Programm war radikal. Im „Gesellschaftsvertrag oder Grundregeln des allgemeinen Staatsrechts" („Du Contrat Social") holte er 1762 die Legitimation des absolutistischen Gottesgnadentums sozusagen vom Himmel und stellte sie auf die Füße: Der Staat als eine politische Organisation beruht auf einem Vertrag der freien und kraft ihrer angeborenen und unverletzlichen „natürlichen" Menschenrechte gleichen und selbstbestimmten Bürger mit- und füreinander.

Deswegen sind sie als „Volk" der rechtmäßige („legitime") „Souverän" („oberste Gewalt"), nicht der König von Gottes Gnaden.

Der Staat ist also vertragsgemäß und wesentlich nichts anderes als die Verkörperung des Gemeinwillens („volonté générale"), der ein sicheres, geordnetes und harmonisches Zusammenleben vor allem durch die Gesetze garantiert, die die vom Volk delegierten Vertreter erstellen.

Radikalere Visionen Rousseaus von einer Rückkehr der Menschen in ein „Goldenes Zeitalter" ohne Eigentumsunterschiede – dem Grundübel „… der Ungleichheit unter den Menschen" (1775) –, gereinigt von Zivilisationsschäden im Einklang mit der Natur lebend, beeinflussten zahlreiche Revolutionäre in der radikalen Phase der Revolution 1793/94.

z. B. Robbespierre, vgl. S. 106

3.3 Die „Erfahrung Amerika"

Zit. n. Schulin, a.a.O., S. 179

Was die Ideen der Aufklärung, umgesetzt in politische Taten, bewirken konnten, hatten die amerikanischen Kolonisten mit ihrer „Revolution" nach dem Unabhängigkeitskrieg (1775–1783) bewiesen.

Zum Ensemble revolutionärer Bewegungen im 18. Jh. vgl. die Forschungsrichtung der „Atlantischen Revolution", Palmer, in: Schmitt/Reichardt (Hg.), a.a.O., Bd. 1, S. 89–104

In der Unabhängigkeitserklärung („declaration of independence") der „Vereinigten Kolonien" zu den „rechtmäßig freien und unabhängigen Staaten" (von Amerika) finden sich bereits 1776 Grundüberzeugungen der französischen Revolutionäre von 1789 formuliert:

„– die Gleichheit aller,
- die Existenz bestimmter unveräußerlicher Rechte, darunter das Recht auf Leben, Freiheit und das Trachten nach Glück,
- die Abhängigkeit jeglicher Regierungsform vom Willen des Volkes,
- das Widerstandsrecht gegen Regierungsformen und Regierungen, die nicht ein Maximum von Sicherheit und Glück garantieren."

Zit. n. Göbel, a.a.O., S. 17

1781 gaben sich die „Vereinigten Staaten" eine auf dem Rousseau'schen Prinzip der Volkssouveranität gegründete Verfassung, die, 1787 verändert beschlossen, im Juni 1788 in Kraft trat.

Unter ihnen der spätere „Held beider Welten" La Fayette (s. S. 40) und der einflussreiche Revolutionär Alexandre de Lameth.

Heimkehrer vom Unabhängigkeitskrieg berichteten in Frankreich von der „Erfahrung Amerika" (Schulin), wo die aufgeklärten Ideen mit der Neugründung eines Staatswesens tatsächlich umgesetzt worden waren.

Die Väter der amerikanischen Unabhängigkeit Benjamin Franklin und Thomas Jefferson waren 1776–1785 bzw. 1785–1789 Gesandte in Paris.

Der Propaganda-Effekt im „Frankreich am Vorabend der Revolution" bedeutete Wasser auf die Mühlen des 3. Standes.

4 Die Pré-Révolution 1786–1789: Reformversuche scheitern

In der Finanzkrise gipfelten die „Krisen des Ancien Régime". Sie löste – verschärft durch die Folgen der Missernte 1788 – die Pré-Révolution aus.

Zu den großen politischen System-Konflikten vor 1783 vgl. Hinrichs, a.a.O., S. 95–125

Chronik der wichtigsten Stationen der Pré-Révolution:
August–Dezember 1787: Das Pariser Parlement an der Spitze der adligen und bürgerlichen Reformgegner verweigert die „Registrierung" dringend benötigter Steuern. Ludwig XVI. greift ohne Erfolg zu Zwangsmaßnahmen.
22. Juli 1788: Auf der Versammlung der Provinzialstände in Vizille (165 Adlige, 60 Geistliche, 500 Gemeindeabgeordnete) ist der 3. Stand in der Mehrheit. Die Versammlung fordert – eine Generalständeversammlung für das gesamte Königreich mit alleinigem Steuerbewilligungsrecht.
8. August 1788: Der König gibt nach: die Generalstände werden – zum ersten Mal seit 1614 – für Mai 1789 nach Versailles einberufen.
16. August 1788: Der Staat muss seine Zahlungen vorläufig einstellen.
25. September 1788: Die Parlements fordern die Einberufung der Generalstände „nach 1614 beobachtetem Recht", d. h.: 1. gleiche Anzahl von Abgeordneten für die drei Stände, 2. Abstimmung nach Ständen. Der 3. Stand fordert dagegen eine Abstimmung nach Köpfen nach dem Vorbild von Vizille.
27. Dezember 1788: Der König gibt teilweise nach: Die Zahl der Tiers-Abgeordneten für Versailles wird verdoppelt.
Die Frage der Abstimmung nach Köpfen oder Ständen bleibt offen.

Die politischen Ziele innerhalb der „anti-absolutistischen Koalition" verschieben sich im Verlauf der von zahlreichen Flugschriften der „aufgeklärten Propaganda" aufgeheizten Auseinandersetzungen.
Drei Phasen lassen sich unterscheiden:
1. Phase (1787/88) Adelsrevolte:
Privilegierte Reformgegner (Notable, Parlements-Gerichtshöfe, Kleriker) verweigern „ihrer" Krone die Zustimmung zu Steuerreformen für die Budget-Sanierung.
2. Phase (seit Sommer 1788) Abkoppelung des Tiers aus der „anti-absolutistischen Koalition" (Furet):
Der 3. Stand instrumentalisiert die standesegoistisch motivierte Gegnerschaft der Privilegierten für seine weiter gehenden, systemverändernden politischen Ziele. Es erfolgt eine Änderung der Machtverhältnisse zu seinen Gunsten. Der Bürgerkrieg in der Bretagne und – infolge der Missernte – bäuerliche und städtische Unterschichten radikalisieren die politische Krise. Deren neue politische Dimension wird deutlich. Der 3. Stand beansprucht eine neue Ordnung.
Die Vertreter des 3. Standes setzen sich mit der in der Adelsrevolte aufgebrachten Forderung nach einer Einberufung der Generalstände für das gesamte Königreich, die das alleinige Steuerbewilligungsrecht haben sollen, durch. Ludwig XVI. gibt angesichts des drohenden Staatsbankrotts nach und beruft die Versammlung für Mai 1789 nach Versailles ein.
3. Phase (Ende 1788) Auseinandersetzung um die besten Ausgangspositionen für die Generalständeversammlung:
Der 3. Stand erreicht einen Teilerfolg. Nach dem Vorbild der Provinzialständeversammlung in Vizille, wo er in der Mehrheit war, wird die nach altem Recht gleiche Anzahl von Abgeordneten der drei Stände für den Tiers verdoppelt.
Die Frage des Abstimmungsmodus auf der am 5. Mai 1789 vom König zu eröffnenden Generalständeversammlung in Versailles jedoch bleibt offen:
Abstimmung nach Köpfen (die den Zielen des 3. Standes unter Einrechnung einiger „Wechselwähler" aus dem 1. und 2. Stand entscheidende Mehrheiten gesichert hätte) oder nach Ständen (womit er voraussichtlich in allen Fragen am 2 : 1-Widerstand der beiden privilegierten Stände gescheitert wäre).

Vier Revolutionen in einer: Versailles, Paris, die Städte und Gemeinden und die Bauern

2

Die erste Phase der Revolution reicht von der Eröffnung der ersten Generalständeversammlung seit Mai 1614 am 5. Mai 1789 bis zum Eintreffen des Königs in den Tuilerien, dem Pariser Stadtschloss der Bourbonen, im Oktober 1789. Sechs markante Etappen sind hervorzuheben:

Drei Revolutionen in einer (ohne Munizipalrevolution) – klassisch: Furet/Richet, a.a.O., S. 124 ff.

1. Die „Verfassungsrevolution" der Abgeordneten in Versailles: Mit Hilfe der öffentlichen Meinung und Überläufern aus den privilegierten Ständen setzt sich der Tiers auf der Generalständeversammlung schrittweise in einem sozusagen sanften Staatsstreich durch. Er erklärt sich am 17. Juni 1789 zur Nationalversammlung, diese sich am 9. Juli zur verfassunggebenden Nationalversammlung.
2. Revolution in Paris: Mit der Erstürmung der Bastille am 14. Juli 1789 setzen die städtischen Unterschichten, ermutigt vom Coup des 17. Juni, anhaltenden Unruhen und der bedrohlichen Unentschlossenheit der Krone, sich und der Revolution ein Denkmal.
   Die ersten Emigranten verlassen Frankreich.

Zur unterschiedlichen Gewichtung dieser Phase im Revolutionsverlauf vgl. die Standardwerke im Literaturverzeichnis

Sturm auf die Bastille (von den Niederländern Vinkeles und Vridag)
Das 1370 erbaute Pariser Stadtgefängnis mit 30 Meter hohen Mauern und 25 Meter breiten, doppelten Wassergräben

3. „Munizipalrevolution“: Nach den Erfolgen in Versailles und Paris entstehen in den Städten und Gemeinden neue revolutionäre Bürger-Organisationen.
4. Revolution auf dem Land: Bauern stürmen in der „großen Furcht“ Schlösser und verbrennen Rechtstitel der Feudalherren.
5. Mit der Abschaffung der Feudalrechte und der Erklärung der Menschen- und Bürgerrechte beginnt der rechtlich abgesicherte Aufbau des neuen Frankreich.

Zur vielfach kritisierten politischen Strategie des Königs vgl. S. 48 f.

6. König und Hof taktieren: offiziell nachgiebig, hinter den Kulissen jedoch nachweislich auf ihre Stunde wartend, werden sie von Frauen aus Versailles in die Tuilerien geholt.

1 „Große Hoffnung“: Generalständeversammlung in Versailles

Zum komplizierten Wahlmodus vgl. Markov/Soboul, a.a.O., S. 82–90

Allein im Dezember 1788 waren über 3000 Broschüren, Traktate, Pamphlete erschienen.

Die Wahlvorbereitungen zur Generalständeversammlung im Frühjahr 1789 gerieten zu einer Sympathiekundgebung für den König. Die Majestät symbolisierte als väterliche Autorität und nationale Integrationsfigur die mit der Versammlung verbundene „große Hoffnung“ auf Reformen.
Die Reformerwartungen des Tiers artikulierte als meinungsführende Avantgarde die Patriotenpartei, in der sich als Männer der ersten Stunde besonders Juristen, Schriftsteller, Geschäftsleute und Bankiers, aber auch aufgeklärte Adlige und Kleriker zusammenfanden.
Die Hauptforderungen waren: Gleichheit vor dem Gesetz und dem Fiskus, in einer Verfassung garantierte politische Grundrechte, ein repräsentatives Regierungssystem, Abstimmung nach Köpfen auf der Generalständeversammlung.

1.1 Die Beschwerdehefte (cahiers de doléances)

Persönlicher Zusatz des Michel Brohy im Beschwerdeheft der Gemeinde Saint Gilles de Repainville/Rouen: „Persönliche Beschwerde. Ich habe die Ehre, Seiner Majestät, der ich mein Leben und meine Güter weihe, vorzutragen, dass Ihr Volk

Die konkreten Nöte und Erwartungen des Volkes, auf denen diese Forderungen fußten, dokumentieren die ca. 60000 erhaltenen, bei weitem noch nicht erschöpfend erforschten Beschwerdehefte. Ein aus jeder Urwählerversammlung ständeweise mit anderen, lokalen zusammenfassend redigiertes Beschwerdeheft wurde dem gewählten Abgeordneten als verbindlicher Wählerauftrag nach Versailles mitgegeben. Die erste landesweite Volksbefragung der Neuzeit bietet einen einmaligen Einblick in das Frankreich am Ende des Ancien Régime.

durch Zusatzsteuern überlastet ist. Dies nicht nur seitens der Steuerpächter, welche die Gerechtigkeit und väterliche Güte seiner Majestät betrügen, sondern auch durch die Herren Seigneurs, die den Untertanen Seiner Majestät schwere Lasten auferlegen.... Auch müsste für die Verkürzung der die Untertanen ruinierenden Prozesse gesorgt werden." (zit. n. Lautemann/Schlenke [Hg.], a.a.O., Bd. IV, S. 148 ff. hier: S. 153)

Die Beschwerdehefte dokumentieren:

1. Einig waren sich die drei Stände nur im Grundsätzlichen: Schaffung einer die absolutistischen Vollmachten des Königs einschränkenden Verfassung und einer Nationalvertretung, die Steuern bewilligt und Gesetze erlässt; eine Finanz-, Justiz- und Strafrechtsreform; Bürgschaften für die Freiheit der Person und Presse; Dezentralisierung der Staatsverwaltung.
2. Die unterschiedlichen mit einer gründlichen Reform verbundenen Standesinteressen: Der Adel will in Versailles nur nach Ständen, nicht nach Köpfen abstimmen lassen. Eine völlige Steuer- und Rechtsgleichheit sowie die Zulassung aller zu den Ämtern schließt er aus. Dagegen fordert der Tiers radikaler: Abschaffung des Kirchenzehnten, Freikauf von den Feudalabgaben.
3. Konflikte innerhalb der Stände: Im Klerus opponieren unterbezahlte Pfarrer gegen Bischöfe und Orden; im Zweiten Stand der Provinz- gegen den Hofadel.

Vgl. S. 9 ff.

Eröffnung der Generalstände in Versailles am 5. Mai 1789
(Kupferstich und Radierung von Charles Monnet und Isidore Stanislas Helmann)

Abgeordnete auf der Generalständeversammlung in Versailles

3. Stand	595
Klerus	300
Adel	270

Unter den 1165 Abgeordneten war keine Frau, kein lohnabhängiger Bauer, kein/e Vertreter/in der städtischen Unterschichten; von den Tiers-Deputierten mehr als die Hälfte Juristen.

Daten nach Erbe, a.a.O., S. 78

1.2 Die Generalständeversammlung bis zum 17. Juni 1789

Der nationale „runde Tisch“ in Versailles begann unter schlechten Auspizien:

1. Die Beschwerdehefte offenbarten das Ausmaß der Missstände und den Druck der Reformerwartungen.
2. Seit dem Eintreffen der Abgeordneten Anfang Mai 1789 traten die politischen Differenzen in protokollarischen Diskriminierungen der Krone offen zu Tage.
3. Den staatsrechtlichen Kernkonflikt: Stände- oder Volksvertretung gleich Abstimmung nach Ständen oder Köpfen hatte Ludwig XVI. bewusst unentschieden gelassen.
4. Hungerunruhen und eine verschärfte aufgeklärte Propaganda in Cafés, Freimaurerlogen, Clubs und massenhaften Publikationen radikalisierten die Auseinandersetzungen von Tag zu Tag.

Zu den Clubs und Parteiungen vgl. S. 58 ff.

Unter den 595 Repräsentanten des 3. Standes herrschte Auf- und Umbruchstimmung mit dem Ziel der politischen Gleichberechtigung. Diese Maximalforderung lief auf eine Beseitigung des Ständestaates hinaus.

König, Hof und die 570 (Klerus: 300, Adel: 270) Abgesandten der privilegierten Stände setzten dagegen mehrheitlich auf ein finanztechnisches Krisenmanagement der Kronregierung im Rahmen der bestehenden Ordnung mittels einiger Zugeständnisse zur Sicherung der ihre Vorherrschaft garantierenden Privilegien.

Eröffnungsrede des Königs: Markov u.a. (Hg.), a.a.O., S. 45–47

Auf der am 5. Mai vom König feierlich eröffneten Generalständeversammlung bricht die politische Krise des Systems offen aus. Sie ist keine nur finanzielle, wie Ludwig XVI., Siegelbewahrer Barentin und Generalkontrolleur Necker in ihren Eröffnungsreden bagatellisieren.

Verlauf

6. Mai: Adel und Geistlichkeit prüfen in getrennten Sitzungen die Legitimation ihrer Abgeordneten. Die Vertreter des Tiers verweigern die Konstituierung als Kammer, benennen sich jedoch nach englischem Vorbild („House of Commons“) in „députés des communes“ um. Der Adel lehnt mit 141 gegen 47 Stimmen die Abstimmung nach Köpfen ab; der Klerus knapp mit 133 : 114.

Politische Strategie des Adels: „Es muss alles anders werden, damit alles so bleiben kann“ (zit. n. Furet/Richet, a.a.O., S. 77)

Damit standen die Fronten im Kernkonflikt mehrheitlich fest: Ein Ja zur Abstimmung nach Köpfen von Adel und Klerus hätte das Ende der Privilegierten-Gesellschaft, ihrer

Vorherrschaft bedeutet, ein Ja zur Abstimmung nach Ständen seitens des 3. Standes die Aufrechterhaltung der alten Ordnung, mithin die Enttäuschung aller Reformerwartungen. Der 1.Stand schwankte.

11. Mai: Der Adel erklärt seine Kammer für konstituiert. Der 3. Stand schlägt daraufhin dem Klerus die Vereinigung zu einer Kammer vor. Bischöfe und die Adelskammer lehnen ab und rufen den König als Schiedsrichter an.

Vom 4. bis zum 20. Juni zog sich der König nach dem Tod seines Sohnes nach Marly bei Versailles zurück.

Bis zum 10. Juni kommen die Abgeordneten in den Reformvorhaben keinen Schritt voran. Unter den Augen des erregten Publikums auf den Tribünen im Versailler Großen Saal der Menus Plaisirs verhärten sich die Gegensätze in Stellvertreter-Debatten um die Geschäftsordnung.

10. Juni: Auf Vorschlag des Abbé Sieyès ändert der 3. Stand seine Verzögerungstaktik und geht mit einem Vorschlag in die Offensive: Er lädt alle Abgeordneten des 1. und 2. Standes ein, sich mit ihm zu vereinigen und die Legitimationsprüfung „aller Vertreter der Nation" gemeinsam durchzuführen.

13. Juni: Nach Beginn des namentlichen Aufrufs am 12. Juni folgen die ersten drei Pfarrer der Einladung des Tiers.

16. Juni: 19 geistliche Abgeordnete, unter ihnen der Abbé Grégoire, tagen gemeinsam mit der Tiers-Kammer.

Abbé Grégoire, der sich in der Sklavenfrage einen Namen machte (vgl. S. 76)

1.3 Der dritte Stand erklärt sich zur Nationalversammlung

Am 17. Juni 1789 übernehmen die Abgeordneten dieser erweiterten Tiers-Kammer auf Sieyès' mit 490 : 90 angenommenen Vorschlag hin die Bezeichnung für die Vollversammlung der drei Stände: Sie erklären sich zur Nationalversammlung (Assemblée Nationale).

Zum „juristischen Coup d'état" (frz.: Staatsstreich) des 17.6.1789: „... war der erste revolutionäre Akt des Jahres 1789.... Dieser 17. Juni hat... den Gedanken, dass ein einzelner Mensch... oder gar einige privilegierte Schichten eine Nation hinreichend repräsentieren... mit schließlich dauernder Wirkung...verbannt." (zit. n. Schmitt, E.: Repräsentation und Revolution, München 1969, S. 281)

Der Abbé Sieyès als „Fraktionsführer" argumentierte mit dem „nationalen Argument". Bereits am 15. Juni forderte er die Abgeordneten auf, „sich ohne Verzug mit der Konstituierung der Versammlung zu befassen" und die Bezeichnung Generalstände zu Gunsten von „Versammlung der anerkannten und überprüften Vertreter der französischen Nation" aufzugeben.

Mit der politischen Usurpation: Nation = Gesamtheit aller Bürger = legitime, repräsentative Tiers-Mehrheit = Souverän setzte er den 1. und 2. Stand sowie die Krone – mit Hilfe der öffentlichen Meinung – unter Zugzwang. Deren Dilemma war, zur Tiers-Kammer zu stoßen oder

Zu den juristischen und verfassungsrechtlichen Implikationen des neuen Mehrheitsprinzips vgl. Schulin, a.a.O., S. 62 f.

Honoré Gabriel Riqueti, Graf von Mirabeau (1749–1751): Der Publizist, Politiker und Schriftsteller („Geheime Geschichte des Berliner Hofes“ – 1789), wegen seines ausschweifenden Lebenswandels mehrfach im Gefängnis, war einer der populärsten Tiers-Abgeordneten. In der „Vetofrage“ (vgl. S. 48 f.) zerstritt er sich mit den Patrioten nicht weniger als mit dem Hof, der ihm ebenfalls misstraute.

blockierend weiter ins machtpolitische Abseits zu geraten. Die Debatte um Sieyès' schließlich erfolgreichen Vorschlag spiegelte den staatsrechtlichen Balanceakt wider: Mounier, der Kammer-Vorsitzende, plädierte für „gesetzmäßige Versammlung der Vertreter des größeren Teils der Nation, handelnd in Anwesenheit des kleineren Teils“; der liberale, hoch verschuldete, bei Hofe und in der Tiers-Kammer umtriebige Graf Mirabeau für „Vertreter des französischen Volkes“. Mit der Bezeichnung „Nationalversammlung“ setzte sich Legrand durch.

Im ersten Dekret gibt sich die selbst erklärte Nationalversammlung das Steuerbewilligungsrecht „mit Zustimmung der Nation“. Die Steuererhebung sowie die Aufrechterhaltung des öffentlichen Schuldendienstes wird, den Gläubigern zur Beruhigung, garantiert.

1.4 Verlauf der Versammlung bis zum 9. Juli 1789

19. Juni: Die Abwehrfront des Klerus bricht zusammen. Mit 149 : 137 Stimmen beschließt die Kammer die Prüfung ihrer Vollmachten durch die allgemeine Versammlung, die damit die Assemblée Nationale des 1. und 3. Standes ist.

In der Adelskammer bröckelt es: Gegen 80 Ja-Stimmen für den Antrag des Klerus protestiert die Mehrheit bei „ihrem“ König. Daraufhin erklärt der Kronrat die Entscheidung vom 17. Juni für ungültig und beraumt eine Plenarsitzung der Stände mit zu erwartendem königlichen Diktat an.

20. Juni 1789: Ballhausschwur

20. Juni: Morgens ist der Stände-Tagungssaal verschlossen. Die Abgeordneten weichen unter dem Vorsitz von Bailly ins nahe gelegene Ballspielhaus aus, wo sie schwören: „…niemals auseinanderzugehen und sich überall zu versammeln … bis die Verfassung geschaffen und auf dauerhaften Fundamenten verankert ist“.

22. Juni: Weitere 150 Kleriker sowie die ersten beiden adligen Abgeordneten (aus der Dauphiné) tagen mit der Rumpf-Nationalversammlung.

23. Juni: Auf der Thronsitzung (Plenarversammlung) dekretiert Ludwig XVI. gegen Neckers vermittelnde Linie:

1. Freiheitsrechte für Person und Presse werden offiziell anerkannt.
2. Die Stände sollen in den drei Kammern getrennt tagen.
3. Alle Tiers-Beschlüsse werden aufgehoben.
4. Einer Steuergleichheit wird zugestimmt, jedoch bleiben Zehnt, feudale und Grundherrn-Rechte unangetastet.

Dagegen erklärten die Abgeordneten der „versammelte(n) Nation", dass sie keine Befehle entgegennähmen.

25. Juni: 47 Abgeordnete des Adels gehen zur Nationalversammlung über.

Unter ihnen die Parlements-Räte und „Monarchisten" Clermont-Tonnerre und Duport sowie die Herzöge von La Rochefoucauld und von Orléans. Dieser war einer der reichsten Männer des Landes, Besitzer des Palais Royal und ein Verwandter des Königs, für dessen Hinrichtung er stimmt.

27. Juni: Ludwig XVI. sanktioniert die vollendeten Tatsachen im Nachhinein: Er fordert die Rest-Minorität des Klerus und die Majorität der Adelskammer auf, sich mit der Assemblée Nationale zu vereinigen.

7. Juli: Die Nationalversammlung setzt einen Verfassungsausschuss ein.

9. Juli: Sie benennt sich nach ihrer neuen Aufgabe in „Verfassunggebende Versammlung" (Assemblée Nationale Constituante, kurz: die Constituante) um.

„Constituante"

1.5 Ergebnisse der Generalständeversammlung

1. Die Strategie von Krone und Privilegierten war gescheitert; die Erosion des Ancien Régime beschleunigt.
2. Auf der Thronsitzung wurden erstmals einige Forderungen des Tiers offiziell anerkannt.
3. Seit dem 17. Juni existierten de facto zwei Souveränitäten im Staat: die in einer neuen Verfassung zu legitimierende Nationalversammlung und der unter ihrer Aufsicht in seiner absoluten Macht eingeschränkte Monarch.

2 „14. Juli – Nichts": Erstürmung der Bastille

Mit der Erstürmung der Bastille, des Pariser Stadtgefängnisses, am 14. Juli 1789 setzten – nach der Revolution der Abgeordneten – die Pariser Unterschichten den nächsten Meilenstein innerhalb der Entwicklung der „großen Revolution": die Revolution in Paris

„14. Juli – Nichts." – Tagebucheintrag Ludwig XVI. (Er hatte auf der Jagd nichts erlegt.)

14. Juli: französischer Nationalfeiertag

2.1 Ursachen

Drei Faktoren trugen wesentlich zu dieser gegen das Negativ-Symbol des Ancien Régime gerichteten, gewaltsamen Entladung des revolutionären Potentials bei:

1. Nach dem Autoritätsverlust durch die gescheiterte Schaukelpolitik strebten Ludwig XVI., Kronregierung und Hof offensichtlich eine militärische Lösung an. Seit dem 25. Juni hatte der König 20 000 Soldaten im Raum Versailles/Paris zusammenziehen lassen. Diese Machtdemonstration verschärfte die Krise.

Zur typischen Ursachenkonstellation vor dem Ausbruch dieser ersten großen Pariser „Journée", wie für alle weiteren vgl. Benoit, J.: La „Journée révolutionnaire", in: La Révolution et l'Europe 1789–1799. Bd. 2, a.a.O., S. 459

2. In Paris verfolgte und diskutierte die Stadtbevölkerung gereizt die Versailler Ereignisse und die militärische Bedrohung, auf dem Laufenden gehalten von Abgeordneten und Volksrednern. Die Angst vor einer rächend-gewaltsamen Wiederherstellung der alten Verhältnisse fiel zusammen mit verschärften Auswirkungen der ökonomischen Krise.

Vgl. S. 49 f.

3. Seit dem Frühjahr andauernde Hungerunruhen flammten – in der Erntelücke im Juli – verstärkt auf. Der Brotpreis erreichte in Paris am 14. Juli einen Jahrhundert-Höchststand. Getreide-Vorräte waren verbraucht oder aufgekauft. Für die Teuerung machten die Not leidenden Unterschichten die Grundherren und Getreideaufkäufer-Spekulanten verantwortlich.

Bericht des mit der Verteidigung von Paris beauftragten General de Besenval: „Die Knappheit an Brot und die ungewisse Zukunft verbreiteten Angst und Schrecken und steigerten die allgemeine Unruhe. Auf den Märkten kam es zu Tumulten, und die Transporte der Regierung... wurden abgefangen." (zit. n. Pernoud, G. und Plaissier, S. [Hg.], a.a.O., S. 22)

Gerüchte brachten die Nöte auf einen Nenner: Krone und Privilegierte stünden dahinter, wollten in einem „aristokratischen Komplott" den Bürgerkrieg als Vorwand für eine militärische Erledigung der Versailler Erfolge provozieren.

2.2 Verlauf

11. Juli: Ludwig XVI. entlässt Necker, der als Galionsfigur für Stabilität und Reformen galt, und beruft erklärte Reformfeinde in sein neues Kabinett. Diese Maßnahme wird zum Fanal für den unmittelbar bevorstehenden Gegenschlag des „aristokratischen Komplotts".

„Am Sonntag (12.7.) war ganz Paris bestürzt über die Entlassung Neckers;... Ich schließe mich ihnen an; man sieht meinen Eifer; man umringt mich; man drängt mich, auf einen Tisch zu steigen: in einer Minute habe ich 6000 Menschen um mich. ‚Bürger', sage ich nunmehr, ‚... Nach diesem Streich werden sie alles wagen, und noch für diese Nacht planen sie, organisieren sie vielleicht einen Bartholomäusnacht für die Patrioten... Zu den Waffen', rief ich, ‚zu den Waffen!'" (zit. n. Der Fall der Bastille, erzählt von Camille Desmoulins, in: Markov u.a. [Hg.], a.a.O., S. 50 f.)

12./13. Juli: Als Reaktion schließen die Theater und – nach hohen Kursverlusten der Staatspapiere – die Pariser Börse.

In Straßendemonstrationen und -versammlungen formieren sich die kleinbürgerlichen Unterschichten als tragende Schicht dieser ersten Pariser „Journée". Handwerkermeister, kleine Ladenbesitzer u.a. mit ihren Gesellen, Arbeitern, Gehilfen schließen sich an. Waffenläden werden geplündert, eine Bürgermiliz organisiert, Gräben ausgehoben und Barrikaden errichtet.

14. Juli: Die Unruhen erreichen eine neue Qualität. Im Zeughaus erbeuten die bis dahin ohne Feuerwaffen aufständischen Massen 32000 Gewehre und ziehen bewaffnet zur Bastille. Friedliche Vermittlungsversuche scheitern. 160 Tote und Verwundete fordert die erste Salve der 110 Verteidiger unter dem Kommando des Gouverneurs de Launay, der nach der Erstürmung kapitulieren muss und zusammen mit sieben Garnisonssoldaten gelyncht wird.

Man befreite sieben Gefangene, die in einem Triumphzug durch die Stadt geführt wurden. Die Bastille wurde in den folgenden Tagen zerstört.

2.3 Ergebnisse

1. Mit ihrem symbolischen Sieg über das Ancien Régime stärkten die Bastille-Eroberer die Position der Versailler Nationalversammlung, mithin das „revolutionäre Bewusstsein" (Soboul) breiter Schichten, erheblich.
2. Die Autorität der Zentralgewalt ist offen angeschlagen. Der König beugt sich trotz wachsenden Widerstandes seiner Entourage nach außen hin wiederum den Tatsachen. Am 15. Juli zieht er die Truppen zurück und setzt Necker wieder ein. Am 17. Juli legt er sich vor dem Pariser Rathaus unter großem Beifall die Trikolore an.
3. In einer ersten Welle emigrieren die „Hardliner" des Hofes.
4. Paris mit den die weitere Entwicklung maßgeblich beeinflussenden „pressure groups" der am 14. Juli siegreichen kleinbürgerlich-städtischen Unterschichten wird das Zentrum der Revolution.
5. Seit dem 14. Juli hat die Revolution neben dem 17. Juni zwar ein zweites Standbein; immer deutlicher treten jedoch die Interessenunterschiede zwischen den revolutionären Gruppen und Schichten des 3. Standes hervor.

Ausweis eines Bastille-Zerstörers

Trikolore (frz. gleich Dreifarbige): blau-weiß-rot der neuen Nationalfahne seit 1790 aus den Farben von Paris: rot und blau und dem Weiß der Bourbonenlilie (seit 1794 blau-weiß-rot senkrecht gestreift)

3 Neue revolutionäre Organisationen in Stadt und Land

Mit dem forcierten Niedergang der Zentralgewalt bot sich den lokalen Gewalten, die unter den von Kronrat und Intendanten gesteuerten oligarchischen Beamtenregimes machtlos waren, die Chance für eine Re-Kommunalisierung.

Tocqueville, a.a.O., S. 39–125

In der eher friedlichen Munizipalrevolution von Anfang Juli (Rouen) bis Mitte August 1789 (Bourges) revolutionierten die Bürger in den Städten und Gemeinden nach Tradition und dem Pariser Vorbild lokalpolitische Strukturen nach dem demokratisch-kommunalen Prinzip.

Vgl. Reinalter, H.: Demokratie und Französische Revolution, in: ders., a.a.O., S. 93–114

3.1 Munizipalrevolution in Paris

Nach dem Bastille-Sieg organisierten sich die Stadtbürger. Die wichtigsten Verwaltungsfunktionen der Hauptstadt samt nachgeordneten Posten wurden neu bestimmt. Die provisorische Stadtregierung, der ständige Ausschuss im Rathaus, wurde zur Commune, dem Stadtrat von Paris.

Zur Ablösung des Wahlmännergremiums wählten die 60 Pariser Distrikte in zwei Stufen und nach Zensus 300 Gemeindevertreter. Deren Aufgabe war es, eine neue, endgültige Gemeindeverfassung zu schaffen.
Erster Bürgermeister wurde der Abgeordnete Bailly, La Fayette Kommandant der schon am 13. Juli gegründeten Bürgermiliz gegen Bedrohung von außen und Anarchie im Innern, der Nationalgarden (ca. 30 000 verpflichtete Freiwillige).

Portrait des Marquis La Fayette (1757–1834) – General und Adelsdeputierter in Versailles, „Held beider Welten"
Vgl. S. 174 oben

3.2 Munizipalrevolution in Städten und Gemeinden

Neue, gewählte revolutionäre Gremien: Komitees, Räte, Gemeindeausschüsse übernahmen die wichtigsten Hoheitsbefugnisse: Polizei, Justiz, Verwaltung, Lebensmittelversorgung (z.B. Überwachung des Getreidehandels; in Caen wurde der Brotpreis gesenkt).
Bürger- bzw. Nationalgarden zum Schutz von Besitz und Ordnung traten an die Stelle der gefürchteten Intendanten-Polizei („Maréchaussée") oder der – oft lediglich umgetauften – Bürgermilizen. Gemeindeverbände schlossen interregionale Beistandspakte.
Die Munizipalrevolution verlief, zumal in den ländlichen Gebieten und Kleinstädten, ungleichmäßig:
Straßburg stürzte das alte patrizische Stadtregiment und ersetzte es komplett durch ein revolutionäres.
In Bordeaux kontrollierte die alte Verwaltung nur noch die Polizei, ein revolutionärer Ausschuss alle Angelegenheiten „von revolutionärem Charakter".
Rennes/Angers/Dijon: Revolutionäre Komitees kontrollierten die in ihrer Zusammensetzung unveränderte alte Stadtverwaltung.
Nancy/Metz/Normandie: Komitees und altes Regiment übten eine Doppelherrschaft aus.
Lyon/Troyes: Hier hielt sich nach einer Gegenoffensive die alte Verwaltung.
Toulouse: Stadtväter und Patrioten arbeiteten zusammen.

Erste Emigrantenwelle, u. a.: in die Österreichischen Niederlande am 17. 7.: Prinzen von Condé und de Lambesc, Graf von Artois (der ältere Bruder des Königs); nach Aachen: Graf de Cars; nach Luxemburg: Marschall de Broglie;
in die Schweiz: Herzog von Polignac; nach Koblenz: Graf de Provence („Monsieur"), jüngerer Bruder Ludwigs XVI. und als Ludwig XVIII. seit 1814 erster König der Restauration.

3.3 Ergebnisse der Munizipalrevolution

Vgl. S. 92, 168

1. Wo der 3. Stand einflussreich und die kommunalen Traditionen einigermaßen lebendig geblieben waren (Tarbes, Toulouse), veränderte sich wenig; revolutioniert, d.h. dezentralisiert wurden die kommunalen Strukturen jedoch dort (Bordeaux, Straßburg), wo der Absolutismus sie mehr oder weniger zerstört hatte.

2. Mit der Etablierung der revolutionären Lokalgewalten schwanden Zentralisation und Königsautorität. Die Intendanten flüchteten, Steuerpächter-Agenturen wurden gestürmt und die Steuereintreibung setzte als Folge davon aus.

Zeitgenössischer Bericht: „Es gibt keinen König, kein Parlament, keine Armee, keine Polizei mehr." (zit. n. Markov/Soboul, a.a.O., S. 109)

3. Die mit dem Bastille-Sturm der Pariser Stadtbürger gefestigte Revolution der Abgeordneten fundamentierte die nach dem kommunalen, demokratischen Prinzip landesweit umgestalteten Gemeinwesen der Bürger.
4. Diese Revolutionen stützten einander, besonders durch den das Nationalgefühl stimulierenden „Mythos des Volkes, das seine Ketten zerbricht" (Schulin) und die gewonnene Freiheit nun auf dem Boden der Gleichheit organisierte.

Cobban, A.: The myth of the French Revolution, in: Schmitt, E. (Hg.), a.a.O., S. 170–195

4 „Grande peur": Panik auf dem Land

Eine Kollektivpsychose, von mentalitätsgeschichtlichen Forschern unter dem Begriff der „großen Furcht" („Grande peur") zusammengefasst, löste die Revolution auf dem Land (ca. 20. Juli–6. August 1789) aus.

Lefebvre, G.: Die Große Furcht von 1789, in: Hartig, I. A. (Hg.), a.a.O., S. 88–135

4.1 Ursachen

1. Die seit dem Frühjahr sich verschärfende Industrie- und Agrarkrise hatte bis Mitte Juli 1789 – kurz vor dem Hauptereignis im Landleben: der neuen Ernte – die Versorgungslage der Landbevölkerung ständig verschlechtert. Notleidende, Arbeitsuchende, Brotkäufer, Hungernde zogen plündernd, vagabundierend, bettelnd durch die Gegend und in die größeren Städte.

Vgl. S. 24 f.

Brot war in der Provinz noch teurer als in Paris; ca. 15 % der Bevölkerung waren Bettler, schätzte 1790 der Ausschuss für Bettelei der Constituante.

2. Die Landbevölkerung war durch die Nachrichten ihrer Versailler Abgeordneten, vor allem aber die gedruckte oder Mundpropaganda über die Ereignisse vom 17. Juni und den Bastille-Sturm informiert. Dieser Funke entzündete in der zweiten Julihälfte auf dem Land das aufgestaute, explosive Gemisch der „Grande peur".

Die Nachricht vom 14. Juli hatte „etwas Apokalyptisches bekommen" (Furet/Richet, a.a.O., S. 108). Sie war in Madrid eher bekannt als z. B. 150 km südlich von Paris. Zu Verkehrs- und Kommunikationswegen vgl. Erbe, a.a.O., S. 12–14

3. Folgende Komponenten motivierten die „große Furcht":
   - anhaltende anti-feudale Hungerunruhen;
   - die durch Gerüchte geschürte Angst vor dem aristokratischen Komplott, gesteigert durch die Furcht vor einer militärischen Intervention der Emigranten und revolutionsfeindlichen Monarchien;
   - Verunsicherung durch vagabundierende Banden.

4.2 Verlaut

Aus dem Bericht des Kommandanten der Gendarmerie Duguey an den Intendanten in Soissons: „... erfolgte ein neuer Alarm durch die Nachricht, es seien Banden aus Richtung Paris und aus Richtung Beauvais zu sehen. Diesmal glaubten alle, sie seien verloren. Man stellte sich von neuem auf, so gut es ging, den Feind zu erwarten. Ich erfuhr schon bald, dass es sich um die Nachbargemeinden auf drei Meilen im Umkreis handelte, die uns mit Mistgabeln, Äxten usw. zu Hilfe eilten. Ich kann Ihnen, mein Herr, keine Vorstellung von dem Schauspiel und dem Tumult geben, die daraus entstanden."
(zit. n. Müller, U. F. [Hg.], a.a.O., S. 54)

1. Bereits im März (Provence) und Mai (Picardie, um Paris/Versailles) hatten Bauern in Gruppenaktionen revoltiert: Schlösser bedroht, die Abgaben verweigert, Wild und Wald in den Jagdgebieten ausgerottet bzw. verwüstet.
2. Ausgedehnte Bauernunruhen in einer ersten Phase der „Grande peur" nach dem 14. Juli (Normandie, Franche-Comté, um Macon und Scarpe/Sambre) verliefen eher unkoordiniert. Ihr Ziel, die Abschaffung der Feudalabgaben, kristallisierte sich dagegen deutlich heraus.
3. In der Hauptphase bis zum 6. August griffen sechs ursprüngliche Panikausbrüche (Franche-Comté, Champagne, Beauvais, Maine, um Nantes, um Ruffec) auf ganz Frankreich außer auf die Randprovinzen über.
4. Die mit ihren Ackergeräten bewaffneten Bauern zogen gegen die Grundherrn. Aus deren Archiven erzwangen sie die Auslieferung der oft jahrhundertealten feudalen Rechtstitel und verbrannten sie auf Scheiterhaufen auf dem Dorfplatz. Wurde die Herausgabe verweigert, stürmten die Bauern die Schlösser und Archive und zerstörten die Feudalsymbole. Einige Schlossherrn wurden gelyncht.

Soboul, A.: Über die Bauernbewegung, in: Hartig, I. A., a.a.O., S. 181–198

4.3 Ergebnisse

1. Die Bauern, so betonen Lefebvre u.a., machten bis weit in die 1790er Jahre „ihre" Revolution, die sie zunehmend in Gegensatz zu der bürgerlichen in Paris setzten. Die Stadtbürger, als Grundeigentümer ausgestattet mit Feudalrechten, verteidigten ihren Besitz gegen die Bauern. Das führte z.B. in der Dauphiné zu revolutionsuntypischen Konstellationen: grundherrliche Bürger und Adlige standen Bauern und städtischen Unterschichten gegenüber.
2. Die Ohnmacht der Staatsgewalt und ihrer Lokalautoritäten wurde für eine Neuorganisation des ländlichen Gemeindelebens (Bauernkomitees, Dorfmilizen) nach dem Vorbild der Munizipalrevolution genutzt.

Vgl. S. 40 f.

3. Mit dem Ziel der Abschaffung der Feudalrechte hatten die Bauern ihre Ansprüche bedrohlich kundgetan. Die revolutionäre Dynamik konzentrierte sich damit wieder auf die verfassungsmäßig noch machtlosen Abgeordneten der Nationalversammlung, die eine Antwort zu finden hatten: Sollten sie mit Hilfe königlicher Trup-

pen gegen die drohende Anarchie das Eigentumsprinzip im eigenen Interesse verteidigen oder rasch enteignen, um die Bauern zu beruhigen und sie für die Revolution zu gewinnen?

Ausführlich Furet/Richet, a.a.O., S. 109–118

5 Feudalprivilegien abgeschafft, Menschen- und Bürgerrechte erklärt

Mit den Dekreten zur Abschaffung der Feudalprivilegien vom 5.–11. August und der Erklärung der Menschen- und Bürgerrechte am 26. August 1789 verabschiedet die Nationalversammlung die neuen Grundprinzipien der bürgerlichen Revolution: Freiheit, Gleichheit vor dem Gesetz und nationale Souveränität.

Trinkglas mit der Gravur „Freiheit", „Gleichheit"

5.1 Feudalprivilegien abgeschafft

Die Nationalversammlung reagierte zunächst negativ auf den „Bauernkrieg" (Soboul). Gegen Steuerverweigerung und Zerstörung des Privateigentums konnte sie ihren Führungsanspruch nur durch Kanalisierung, d.h. Vereinnahmung des revolutionären Potentials der Bauern ohne repressive Gegenmaßnahmen behaupten.
Sie entsprach folglich den Forderungen der Landbevölkerung weitgehend – und sicherte dadurch die eigenen Interessen als Grundbesitzer -, indem sie die oft usurpierten, jahrhundertealten, erpressten Feudalrechte zu einem Sondertyp des „geheiligten Rechtes" auf Eigentum erklärte. Damit wurde die Abschaffung des Feudalprinzips legitimiert.

Hinrichs, E.: „Feudalität" und Ablösung. Bemerkungen zur Vorgeschichte des 4. August, in: Schmitt, E. (Hg.), a.a.O., S. 124–158

Die Nachtsitzung vom 4. August 1789

Die Vermittlerrolle für diese „Operation" (Markov) in der Nationalversammlung übernahm einer der reichsten Grundbesitzer des Landes, der liberale Herzog von Aiguillon, mit dessen Hilfe der Adel gewonnen werden sollte. Er brachte noch vor dem Ablehnen des Pariser Deputierten Target den von ca. 100 Abgeordneten des Bretonischen Clubs vorbereiteten Antrag auf Abschaffung folgender Feudalprivilegien ein:

Augenzeugenberichte in Müller, U. F., a.a.O., S. 56 ff.

- Abschaffung
  - aller Steuerprivilegien,
  - der Fron,
  - der meisten persönlichen Dienstleistungen,
- Freikauf von allen dinglichen Rechten.

„Der Bischof von Chartres schlug vor, das ausschließliche Jagdrecht aufzuheben. Worauf der Herzog von Châtelet vor sich hingemurmelt haben soll: ‚O der Bischof nimmt mir die Jagd, ich will ihn auch etwas rupfen!' Er schlug daraufhin die Abschaffung des kirchlichen Zehnten vor."
(zit. n. Schulin, a.a.O., S. 71)

Unter Ovationen und emphatischen Aufwallungen des Nationalgefühls opfern die Privilegierten – einzeln hervortretend – in der Nachtsitzung vom 4. August in einer „Orgie des Selbstverzichts" (Markov/Soboul), die Feudalprivilegien „auf dem Altar des Vaterlandes". Sonderrechte der Stände, Städte und Provinzen, Steuervergünstigungen, Ämterkauf und die grundherrliche Gerichtsbarkeit sollen entschädigungslos abgeschafft werden, der Klerus seinen Zehnten, der Adel seine Exklusivrechte verlieren.
Am Sitzungsende gegen 2 Uhr morgens wird der aus dem Schlaf geholte, etwas befremdete, da eigentlich unbeteiligte Ludwig XVI. als „Wiederhersteller der französischen Freiheit" enthusiastisch gefeiert.

Die Dekrete vom 5.–11. August 1789

„Die Nationalversammlung vernichtet das Feudalwesen völlig", verhieß der 1. Artikel der am 11. August nach ernüchternder Debatte in der Gesetzesform abgeschwächten hochherzigen Beschlüsse vom 4. August:

1. Alle auf der Person lastenden Herrenrechte wie Frondienstarbeiten und Reste von Leibeigenschaft, der Kirchenzehnte sowie persönliche Privilegierungen und Sonderrechte (Artikel 2–4: Jagd, Steuervergünstigungen, grundherrliche Rechtsprechung etc.) wurden ersatzlos abgeschafft.
2. Die auf dem Boden lastenden Herrenrechte konnten von den Bauern mit Geld zurückgekauft werden.
3. Alle Franzosen wurden ohne Geburtsunterschiede zu zivilen, kirchlichen und militärischen Ämtern zugelassen. Deren Käuflichkeit war abgeschafft (Artikel 7 und 11).

Ergebnisse

Vgl. S. 46 f.

1. Mit der Abschaffung der Feudalität zerstörte die Nationalversammlung die Wurzeln des Ancien Régime: Die gesetzlichen Standesunterschiede, Vorrechte und Partikularismen, konstitutiv für die alte Gesellschaftsordnung, waren abgeschafft. Alle Franzosen hatten formal dieselben Rechte und Pflichten, waren zu allen Ämtern zugelassen, unterlagen demselben Steuersystem. Die territoriale Zersplitterung, zementiert durch die zahllosen Einzel-, Sonder- und Gewohnheitsrechte, wurde zugunsten der Gleichheit vor einer national einheitlichen Rechtsordnung aufgegeben.

Schulin, a.a.O., S. 69–73

2. In der Analyse der Ereignisse vom 4. August ist sich die Forschung weit gehend einig: Die Privilegierten verzichteten freiwillig auf das, was sie bereits verloren hatten oder über kurz oder lang ohnehin hätten darangeben müssen. Der Adel rettete, was zu retten war; der Klerus war durch den Verlust des Zehnten der eigentliche Verlierer.
3. Trotz der Zerstörung des Feudalsystems überlebten bis zu dessen völliger Vernichtung mit den Agrardekreten des Nationalkonvents vom 17.7.1793 einstweilen wesentliche Teile: Zwar war der Bauer befreit, nicht aber seine Parzelle. Die geldliche Ablösung der auf dem Boden liegenden Rechte enttäuschte besonders die Kleinbauern: Kaum jemand konnte sich das leisten. Schikanöse Ausführungsbestimmungen für den Rückkauf verschärften ihre Unzufriedenheit. Viele Bauern verweigerten deswegen weiterhin Abgaben und Steuern.
4. Die Versailler Nationalversammlung hatte ihren Machtanspruch gefestigt und die Kontrolle über die revolutionäre Entwicklung gesichert.

5.2 Menschen- und Bürgerrechte erklärt

Nach der Integration der „Bauernrevolution“ (Reichardt) wandte sich die Versailler Nationalversammlung – gemäß dem Ballhausschwur – wieder ihrer Hauptaufgabe als „Constituante“ zu: der Verabschiedung einer Verfassung für die neue Gesellschaftsordnung.

Bundeszentrale für Politische Bildung (Hg.), „Menschenrechte“. Informationen zur Politischen Bildung Nr. 210. Bonn 1986

Die Debatte um die Menschen- und Bürgerrechte

Der erste Verfassungsausschuss war bereits am 7. Juli eingesetzt, am 4. August die vom Abgeordneten Mounier begründete Notwendigkeit einer der Verfassung voranzustellenden „Erklärung der Menschenrechte“ gebilligt worden. Die seit dem 12. August in leidenschaftlichen philosophischen Debatten, zahlreichen Vorschlägen, Entwürfen und Änderungsanträgen wieder aufgenommene Diskussion verlief kontrovers:
Vorbild war die „declaration of rights“ der amerikanischen Unabhängigkeitserklärung, genauer die zur Verfassung Virginias vom Juni 1776, deren Vater Jefferson als Gesandter in Paris konsultiert wurde. Graf Mirabeau u.a. äußerten grundsätzliche Bedenken: zu viele, in der Verfassung nicht einzulösende Hoffnungen könnten geweckt

Wechselwirkung: Die declaration of rights wurde im Dezember 1791 als erstes Amendement in die Verfassung der USA aufgenommen, zwei Monate nach der Aufnahme der Erklärung der Menschenrechte als Verfassungsgrundlage in die erste Verfassung der Revolution im September 1791 (vgl. S. 79 ff.).
Die unterschiedlichen Ausgangspositionen der amerikanischen Kolonisten und der jahrhundertealten französischen Feudalgesellschaft hatte in der Debatte Malouet festgehalten.
Vgl. Schulin, a.a.O., S. 74

Birtsch, G.: Revolution und Menschenrechte. Zur Geschichte der Grund- und Freiheitsrechte vor und nach 1789, in: Reinalter, H. (Hg.), a.a.O., S. 157–175

Vgl. die Artikel 1–20 des Grundgesetzes für die Bundesrepublik Deutschland und die Interpretation der Grundrechte durch das Bundesverfassungsgericht als „objektive Wertordnung, von denen Gesetzgebung, Verwaltung und Rechtsprechung ‚Richtlinien und Impulse' empfangen". Hesselberger, D.: Das Grundgesetz. Kommentar für die politische Bildung. Neuwied und Frankfurt/Main (Bundeszentrale für politische Bildung) 1990, S. 55–157

Vollständig in Lautemann/Schlenke (Hg.), a.a.O., Bd. IV. S. 199–201

Zielvergleich: Aus der Konventsrede Robespierres vom 5. Februar 1794: „Bürger und Vertreter des Volkes! ... Welches Ziel haben wir? Es heißt: friedlicher Genuss der Freiheit und Gleichheit, Herrschaft der ewigen Gerechtigkeit ... Was wir in unserem Lande einführen wollen ist Gemeinschaftsverantwortung statt Eigensucht, Anständigkeit statt Ehrgehabe, Grundsätze statt alter Gewohnheiten, Bürgerpflichten statt Anstandsregeln, Vernunftherrschaft statt Modentyrannei, Verachtung des Lasters statt Verachtung des Unglücks, Selbstachtung statt Dünkel, Seelengröße statt Eitelkeit, Ruhmesliebe statt Geldgier, die guten und einfachen Leute statt der Leute der feinen Gesellschaft, Verdienst statt Intrigenspiel, Erfindungskraft statt Schöngeisterei, Wahrheit statt hohlen Glanz, die Freuden des Glücks statt schaler Genusssucht, Größe des Menschen statt Bedeutungslosigkeit der Großen, ein großmütiges, mächtiges und glückliches Volk statt eines liebenswerten, aber leichtlebigen und verelendeten Volkes, das heißt Tugenden und wunderbare Wohltaten der Republik statt all der Laster und Lächerlichkeiten der Monarchie... Welche Art von Regierung kann dieses Wunder vollbringen?", (zit. n. Reichardt, R. [Hg.], a.a.O., S. 68)

werden. Der rasche Sprung aus der „Tyrannei" in die Freiheit berge die Gefahr der Anarchie. Kleriker forderten zusätzlich eine Erklärung der Pflichten, wurden jedoch knapp überstimmt.
Angenommen wurde schließlich die mehrfach modifizierte Vorlage des sechsten Büros unter dem Vorsitz des Erzbischofs Champion de Cicé von Bordeaux am 19. August.

Charakteristika der Menschenrechtserklärung

Am 26. August 1789 dekretierte die Nationalversammlung in 17 Artikeln „Die Erklärung der Rechte des Menschen und des Bürgers" als Grundlage der Verfassung von 1791.
Artikel 1 verkündete im Geist der Aufklärung die allgemein gültigen Grundwerte und Ideale der neuen bürgerlichen Gesellschaftsordnung: „liberté" und „égalité" = Freiheit und Gleichheit vor Recht und Gesetz: „Die Menschen sind und bleiben von Geburt an frei und gleich an Rechten."
Konzipiert ist die Erklärung auf der Basis der nationalen Souveränität (Gesamtheit aller Bürger/Artikel 3) gegen Privilegien, monarchischen Absolutismus und Ständeordnung des auf Willkür und Geburtsunterschiede gegründeten Ancien Régime (Präambel).
Die Erklärung definiert die vorstaatlichen, „natürlichen und unveräußerlichen Rechte" eines jeden, nicht seine Pflichten. Diese „Grundrechte" zu schützen ist Aufgabe und Zweck des Staates (Artikel 2).

Die 17 Artikel

Die unverjährbaren Rechte eines jeden vor jeder Gesellschaft (staatlichen Ordnung) sind Freiheit, Gleichheit, Eigentum, Sicherheit, Widerstand gegen Unterdrückung:

1. Freiheit des Einzelnen (Artikel 4): „Die Freiheit besteht darin, alles tun zu können, was dem anderen nicht schadet." Artikel 7: der Person als Garantie gegen willkürliche Anklage und Verhaftung, einschließlich Artikel 9: der Unschuldsvermutung bis zum Erweis des Gegenteils. Artikel 10: der Religionsausübung und Meinungsäußerung, sofern (Artikel 11: Pressefreiheit) diese nicht missbräuchlich die gesetzliche Ordnung stört.
2. Gleichheit (zivilrechtliche Gleichberechtigung):
   Artikel 6: vor dem Gesetz (Artikel 5–9), dem Ausdruck des Gemeinwillens (Rousseaus „volonté générale"):

„Ob es schützt oder straft, es muss für alle gleich sein.“ Der gleichberechtigte Zugang aller zu den öffentlichen Ämtern wird gewährleistet.

3. Eigentum (Artikel 2, 17): ist ein natürliches, unantastbares, „unverletzliches und heiliges Recht“, das niemandem genommen werden kann, „außer im Falle öffentlicher Notwendigkeit unter der Bedingung einer gerechten und vorherigen Entschädigung“.
   Damit wurden die Dekrete vom 5.–11. August legitimiert.
4. Staatsbürgerliche Rechte (Artikel 2, 16): Die Regierungsmacht ist durch die Gewaltenteilung eingeschränkt. Auf der Basis des Widerstandsrechts haben die Bürger das Recht an der Gestaltung der Gesetze mitzuwirken (Artikel 6), Steuern zu bewilligen und deren Verwendung zu kontrollieren (Artikel 14), sowie von den öffentlichen Beamten Rechenschaft zu fordern (Artikel 15).

Stellungnahmen zur Menschenrechtserklärung

Verschiedene Zeitgenossen (Barnave: „nationaler Katechismus“) wie auch moderne Revolutionsforscher lobten die Erklärung als fundamentale, „öffentlich-rechtliche Magna Charta“ der bürgerlich-individualistischen Weltanschauung und „Bibel der neuen Zeit“ (Furet, Richet), die dem Ancien Régime den „amtlichen Totenschein“ (Markov/Soboul) ausstellte.

Dagegen monierten Kritiker wie schon Jakob Burckhardt die Diskrepanz zwischen den abstrakt-philosophischen Disputen und den wesentlichen Bedürfnissen der Hungernden im August 1789.

Soboul u.a. weisen auf die „Inkongruenzen“ zwischen Geist und Buchstabe der Erklärung hin: auf problematische Einschränkungen (der Pressefreiheit im Artikel 11) und Versäumnisse: keine Festschreibung der Versammlungsfreiheit oder einer Sozialbindung des „heilig gesprochenen“ (Schulin) Eigentums.

Die Menschenrechte nach 1945:
10. Dezember 1948: „Allgemeine Erklärung der Menschenrechte“ durch die Generalversammlung der Vereinten Nationen
4. November 1950: „Konvention zum Schutze der Menschenrechte und Grundfreiheiten“ vom Europarat beschlossen
Seit dem 21. Januar 1959: Europäischer Gerichtshof für Menschenrechte in Straßburg
Seit Juni 1994: „Heißer Draht“ im Genfer Menschenrechtszentrum der Vereinten Nationen für Opfer von Menschenrechtsverletzungen, ihre Angehörigen und vor allem regierungsunabhängige Organisationen. Der Telefax-Anschluss unter der Nummer: 41/22/9 17/00 92 ist 24 Stunden besetzt. Mitteilung des ecuadorianischen UNO-Menschenrechtskommissars José Ayala Lasso (Der Tagesspiegel *Nr. 14 927 vom 1. Juni 1994)*

6 „Haus zu vermieten“: Frauen holen den König nach Paris

„Haus zu vermieten“ – Plakat am Versailler Schloss nach dem Auszug der königlichen Familie am 6. Oktober 1789

Petersen, S.: Frauen in der Französischen Revolution, in: Reinalter, H. (Hg.), a.a.O., S. 73–92

6.1 Weitere Ergebnisse der Verfassungsdebatte: Ein-Kammer-Legislative, Suspensives Veto

Artikel 16 der Menschenrechtserklärung bestimmte die Notwendigkeit einer die Menschenrechte schützenden, die Gewalten teilenden Verfassung. Zwei grundlegende Fragen entschied die Nationalversammlung auf dem Weg zur ersten Verfassung von 1791:

1. Die Stellung der Exekutive, d.h. des Königs: Sollte Ludwig XVI. ein uneingeschränktes („absolutes“) oder eingeschränktes, aufschiebendes („suspensives“) Vetorecht erhalten? – die „Vetofrage“.
2. Die Gestaltung der Legislative: Ein-Kammer-System (= Nationalversammlung) oder Zwei-Kammer-System (mit einem Oberhaus nach englischem Vorbild inklusive vererbbarer Mitgliedschaft)?

„Männer der Monarchie“: um Mounier, Malouet, Clermont-Tonnerre, Lally-Tollendal mit Unterstützung des Kabinetts Necker; „Patrioten“: um Duport, Barnave, Alexandre de Lameth und den Bretonischen Club; vermittelnd: La Fayette

Die Meinungsverschiedenheiten um die Organisation der Staatsgewalt führten zu einer ersten Spaltung des revolutionären Lagers in die „Männer der Monarchie“ und die „Patriotenpartei“.
Am 10. September entschied sich die Nationalversammlung mit 849 gegen 89 Stimmen bei 122 Enthaltungen für das Ein-Kammer-System, das ihre Stellung stärkte.
Am 11. September billigte sie mit 575 gegen 325 Stimmen dem König ein für zwei Legislaturperioden aufschiebendes Veto ihrer Gesetzesvorlagen zu. In diesem knapperen Abstimmungsergebnis zeichnete sich eine weitere Spaltung im revolutionären Lager ab: Zahlreiche radikale „Patrioten“ agitierten gegen die Einräumung des Vetorechtes.

6.2 Zwischenbilanz der Politik Ludwigs XVI.

Kontroverse Interpretationen der Persönlichkeit und politischen Strategie des Königs: Lever, E.: Ludwig XVI. Stuttgart 1988

Die Reaktionen Ludwigs XVI. auf die revolutionären Ereignisse lassen verschiedene Deutungen über die wahren Absichten seiner Politik zu:

1. Wartete der scheinbar „willensschwache“, „unentschlossene“, „fromme“ und „gütige“ Monarch nur auf die geeignete Stunde für eine gewaltsame Restauration? Dafür sprechen die offenen Drohgebärden von Ende Juni und nach dem 17. September, als er 20000 Soldaten des flandrischen Regimentes nach Versailles in Marsch setzte.

2. Stand Ludwig XVI. unter dem Einfluss seiner revolutionsfeindlichen Berater am Hof, deren treibende Kraft, die Königin Marie-Antoinette („Madame Defizit“, „die Österreicherin“), auf die Intervention der europäischen Monarchien und der Emigranten setzte?
3. Setzte er auf die Rückeroberung der absoluten Macht durch den uralten monarchischen Nimbus, indem er gleichzeitig die Spaltung des revolutionären Lagers betrieb?
   Mit jeder Niederlage des Königtums durch die Sanktionierung der Revolutionsergebnisse im Nachhinein (27.12.1788; 27.6., 17.7., 5.10.1789) gewann er die Beliebtheit im Volk zurück.
   Dagegen düpierte Monsieur Veto die Nationalversammlung in einem ständigen juristischen Hick-Hack: Die geforderte Unterzeichnung der Menschenrechtserklärung und August-Dekrete blockierte der König umgehend mit dem gerade erst zugestandenen Vetorecht. Am 21. September stimmt der König den August-Dekreten zwar zu, jedoch nur unter vorbehaltlicher Prüfung zu erlassender Ausführungsgesetze. Erst am 5. Oktober, unter dem Eindruck der 20 000 Aufständischen in Versailles, bestätigt er die Annahme schriftlich.

   Vgl. S. 81 f.
4. Das Ende der aristokratischen Gesellschaftsordnung wollte Ludwig XVI. jedenfalls nicht auch noch bestätigen. Als Oberlehensherr der entmachteten Privilegierten blieb er ihnen mit seiner Hinhalte-Taktik des passiven Widerstandes treu: „Nie werde ich einwilligen, meine Geistlichkeit und meinen Adel zu berauben.“

   So Ludwig XVI, in einem geheimen, mit Empörung entdeckten Brief. (zit. n. Markov/Soboul, a.a.O., S. 119)
5. Verkannte Ludwig XVI. die Dimension der die alte Gesellschaftsordnung umstürzenden Revolution? Hätte er sich schließlich mit einer konstitutionellen Einschränkung der Monarchie zu ihrer Rettung abgefunden?
   Im Herbst 1789 dachte niemand an den Sturz der Monarchie. Waren also der Sturz der Monarchie 1792 und seine eigene Hinrichtung 1793 das folgerichtige Ergebnis seiner zweideutigen Schaukel-Politik?

   Vgl. S. 81

6.3 Die Lage in Paris im Herbst 1789

Trotz einer guten Ernte (die aber noch nicht gedroschen, und wegen Dürre durch die wassergetriebenen Mühlen nur schleppend verarbeitet wurde) verschlechterte sich die Wirtschafts- und besonders die Versorgungslage weiter: Die Preise, besonders für Brot, blieben hoch. Der städtische Versorgungsausschuss wurde angeklagt. Die Zahl der

Arbeitslosen und Hungernden wuchs mit der der Emigranten, die Bedienstete entließen und u.a. die Luxusgüterproduktion lahm legten. Steuern gingen kaum ein. Von einer Staatsanleihe über 30 Mio. Livres wurden nur 3 Mio. gezeichnet.

6.4 Die „Journée“ vom 5./6.Oktober 1789

Augenzeugenberichte in Pernoud, G. und Plaissier, S., a.a.O., S. 61–76

Wie vor dem Bastille-Sturm kennzeichnete eine explosive Gemengelage die Ausgangssituation für die zweite große Pariser Journée: den Zug der „Heldinnen von Paris“ nach Versailles und die „Heimführung“ der königlichen Familie in die Tuilerien, das Pariser Stadtschloss.
Diese Konstellation wurde typisch für alle weiteren Pariser Volksaufstände bis zum letzten großen vom 20.–23. Mai 1795:

- latente Hungerrevolten;
- Angst vor dem „aristokratischen Komplott“ der Revolutionsfeinde;
- geschürt durch die militärische Bedrohung – hier: des am 23. September in Versailles eingetroffenen flandrischen Regiments mit 20000 Soldaten;
- von der Revolutionspropaganda angeheizte öffentliche Auseinandersetzungen um die Verfassung.

Verlauf

Kokarde: Im 18. Jh., schleifenartiges militärisches Feldzeichen, seit der Revolution ihr Abzeichen in Form einer gefalteten Rosette in den Nationalfarben, vgl. S. 39 „Trikolore“

1. Oktober: Zündender Funke dieses explosiven Gemischs wird die am 3. Oktober von der Propaganda begierig publizierte Nachricht von einem Zwischenfall im Opernhaus des Versailler Schlosses: Offiziere der königlichen Leibgarde hatten sich nach einem Abendessen zu Ehren ihrer Kollegen vom flandrischen Regiment zu fortgeschrittener Stunde die rot-weiß-blaue Kokarde von den Uniformen gerissen und unter ihren Stiefeln zertreten.
Die Nachricht gilt in Paris als symbolisches Fanal für einen militärischen Gegenschlag der Revolutionsfeinde. Es kommt zu empörten Zusammenrottungen. Die Sturmglocken werden geläutet. Die Distrikte tagen in Permanenz. Der besonders revolutionäre Distrikt Les Cordeliers schreibt von nun an das Tragen der Kokarde als Pflicht vor.
5. Oktober: Ca. 6000 Frauen – vor allem aus dem Arbeiterquartier Faubourg Saint-Antoine und dem Marktviertel („Halles“) – sammeln sich vor dem Rathaus. Dazu stoßen im Laufe des verregneten Tages ca. 15000 Nationalgardis-

ten unter dem Kommandanten La Fayette, der die Massen vergeblich aufzuhalten sucht.
Die Zielmotivation des Zuges: „Nach Versailles!“ ist auch von den Mentalitätsforschern schwierig zu beweisen: der Appell an die Solidarität des väterlichen Königs im Angesicht des Hungerelends (Furet/Richet) sowie Hoffnungen auf die Verbesserung der Versorgungslage, wenn erst „der gute König bei seinem guten Volk“ ist, spielten eine Rolle. Zwei Kommissare begleiten den Zug mit dem offiziellen Auftrag, den König nach Paris zu holen.
Unter der Führung des Gerichtsdieners und Bastille-Helden Maillard treffen die Frauen gegen 18 Uhr (Nationalgarden: gegen 23 Uhr) in Versailles ein. Sie „besuchen“ umgehend die Nationalversammlung, die unter ihrer lebhaften Anteilnahme bis 3 Uhr morgens tagt.

„Was redet der Schwätzer da? Darum geht es gar nicht, es geht um Brot! Wir wollen unser Mütterchen Mirabeau hören!“
(zit. n. Schulin, a.a.O., S. 79)

Die Frauen verbuchen einen ersten Erfolg: Gegen 20 Uhr bestätigt Ludwig XVI. die August-Dekrete und die Menschenrechtserklärung und leitet Maßnahmen zu einer verbesserten Lebensmittelversorgung ein.
6. Oktober: Frühmorgens kommt es zu gewalttätigen Auseinandersetzungen bis vor die Privatgemächer der Königin. Zur Beruhigung der Massen („Nach Paris!“) zeigt sich die königliche Familie mit La Fayette, Vermittler und Symbol des erfolgreichen Volksaufstandes, auf dem Balkon und erklärt, sich nach Paris begeben zu wollen. Die Nationalversammlung beschließt zu folgen.

Bericht des Gouverneurs Morris: „Viele für die königliche Hoheiten beleidigende Vorfälle. Die Königin gezwungen, in Hemd und Unterrock, die Strümpfe in der Hand, in den Gemächern des Königs Zuflucht zu suchen vor den sie verfolgenden Fischweibern.“
(zit. n. Müller, U. F., a.a.O., S. 68)

Im Zug steckten Brote auf den Bajonetten der voranmarschierenden Nationalgardisten; die Frauen schwangen Piken oder Palmenzweige; es folgten die entwaffneten Leibgardisten, das flandrische Regiment, die Schweizergarde, dann die Karosse des Königs, Kanonen, Getreide- und Mehlkarren.

Zug der Frauen nach Versailles

„Bäckerjunge" = der „Dauphin" bzw. der Thronfolger Ludwig XVII. (1785–1795 bzw. 1812 im Zuchthaus von Bicêtre?). Zu dessen legendenumwobenem Schicksal vgl. G. de Béarn, Verschwörung des Schweigens. Memmingen/Allgäu 1967

Ein Schlachtruf verdeutlicht die Motivation des Zuges: „Wir bringen den Bäcker, die Bäckersfrau und den kleinen Bäckerjungen!", d.h.: die Königliche Familie als Garanten und Pfand zumindest einer gesicherten Brotversorgung.

Ergebnisse

In Paris bezieht der damit unter der Aufsicht „seines" Volkes stehende König Quartier in den Tuilerien. Die Nationalversammlung tagt bis zur Herrichtung des Reitsaals der Tuilerien, der Manège, als neuem Tagungsort zunächst im erzbischöflichen Palais.

In den sich herausbildenden Parteiungen der Nationalversammlung verloren die „Monarchisten" um Malouet und Mounier ihren Einfluss.

Die Aussichten, die mit der De-facto-Gefangennahme schwer gedemütigte Monarchie in der neuen Verfassung als Oberhaupt zu integrieren, erscheinen fiktiv (Schulin); ihr Sturz am 10.8.1792 dagegen mit dem 6.10.1789 vorgezeichnet (Burke).

Soboul, A.: Sur les principes de Quatre-vingt-neuf, in: Schmitt/Reichardt (Hg.), a.a.O., Teil 2, S. 39–53

Die Revolution ging abermals gestärkt aus dieser Journée hervor. Die Nationalversammlung konzentrierte sich auf dieser Grundlage auf den in der Verfassung festzuschreibenden Umbau des Staatswesens.

Zusammenfassung: Die Revolution von Mai bis Oktober 1789. Die führenden Revolutionshistoriker Furet und Richet fassen unter dem Aspekt der Entwicklung die „teleskopartig ineinander geschobene[n], gleichzeitige[n] und selbstständige[n]" Revolutionen" zusammen, „die den ganzen Zeitplan der aufgeklärten Reformvorstellungen durcheinandergebracht haben":

„Eröffnung der Generalstände, Bildung der Nationalversammlung, erste bewaffnete Journée des Bastille-Sturms, Munizipal- und Bauernrevolution, Abschaffung des Feudalismus, Erklärung der Menschenrechte, erste Ergebnisse in der Verfassungsdebatte, Umzug des Königs nach Paris: Diese fünf Monate sind die wichtigsten in der Geschichte der Revolution, vielleicht in der Geschichte Frankreichs. Alles drängt immer rascher vorwärts, die großen Ereignisse jagen einander und werden immer unlöslicher miteinander verbunden. Die Zeit ... hat einen anderen Rhythmus bekommen. Das ist die Bedeutung des Wortes ‚Revolution'. ... Man kann sich die Ergebnisse leichter vorstellen, als die Modalitäten – nur auf die Ergebnisse kommt es an. Das ist die andere Bedeutung des Wortes ‚Revolution'."

Furet/Richet, zit. n. Schulin, a.a.O., S. 81

Die Lage der Revolution am Ende ihrer ersten großen Phase ist instabil: Die Wirtschafts- und Versorgungslage ist schlecht. Frankreich steckt bis in die Familien hinein inmitten eines fundamentalen, von Anarchie bedrohten Strukturwandels. Die allmächtige Nationalversammlung ist von der Unterstützung der Volksmassen und der öffentlichen Meinung abhängig und entzweit sich in Parteiungen.
Die Einbindung des Monarchen als einigender Sicherheitsgarant der neuen Verfassung scheint eher unwahrscheinlich. Die Konsolidierung der revolutionären Errungenschaften in einer allgemein als Basis der neuen Gesellschaftsordnung akzeptierten Verfassung wird zur entscheidenden Hauptaufgabe.

3 Konsolidierung der Revolution: das Verfassungswerk der Constituante bis zum 3.9.1791

Zur Constituante 1789–1791: Schmale, W. in: Reichardt (Hg.), a.a.O., S. 131–146

Die Parlamente der Revolution 1787–1799
1787/88
Provinzialständeversammlungen
5.5.–17.6.1789
Generalständeversammlung in Versailles
17.6.–9.7.1789
Nationalversammlung („Assemblée Nationale")
9.7.1789–31.9.1791
Verfassunggebende Nationalversammlung („Assemblée Nationale Constituante")
1.10.1791–19.9.1792
Gesetzgebende Nationalversammlung („Assemblée Nationale Législative")
20.9.1972–26.10.1795
Nationalkonvent („Convention Nationale")
2.8.1795–15.12.1799
Rat der 500 und Rat der Alten
seit 15.12.1799
Corps Législatif, Tribunat, Senat, Staatsrat

Die Umstrukturierung des Ancien Régime nach den „Prinzipien von 1789" kennzeichnet den zweiten großen Entwicklungsabschnitt der Revolution von Oktober 1789 bis Oktober 1791.

Mit der Menschenrechtserklärung und der Abschaffung der Privilegien und Feudalität waren bereits zwei entscheidende Grundlagen der neuen Gesellschaftsordnung beschlossen. Verabschiedet war auch das Ein-Kammer-System (der Legislative) mit dem suspensiven Veto des Königs (der Exekutive) als Eckpfeiler des Prinzips der Gewaltenteilung.

Hauptaufgabe der Constituante blieb die stabilisierende, Konsens bildende, dabei unterschiedlichste Interessen berücksichtigende Ausarbeitung der Verfassung für das neue Staatswesen. Die Abgeordneten schlossen sie mit dem In-Kraft-Treten der ersten monarchisch-konstitutionellen, liberalen Revolutionsverfassung am 3. September 1791 ab. In dem „Verfassungswerk" konzentrierten sie sich – neben der Ausarbeitung des Verfassungstextes – auf drei Bereiche:

1. Liberalisierung bzw. Konsolidierung der Wirtschafts- und Finanzpolitik:

2.11.1789: Kirchengüter auf Vorschlag Talleyrands nationalisiert (verstaatlicht). Zur Deckung der ausufernden Staatsschulden beginnt am 19.12.1789 die Ausgabe der bis zum 19.2.1796 insgesamt ca. 45 Mrd. Assignaten (Schuldscheine auf die konfiszierten Kirchengüter), die rasch als inflationäre Papiergeld-Parallelwährung fungieren, jedoch wegen des hohen Wertverlustes am 19.2.1796 endgültig zurückgezogen werden müssen.

31.10.1790: Binnenzölle aufgehoben.

23.11.1790: Steuersystem reformiert: eingeführt werden eine allgemeine Steuer auf Grund, bewegliches Vermögen und Gewerbe- bzw. Handelserträge. Alte Einzelverbrauchssteuern werden dafür abgeschafft.

2.3.1791: Gesetz d'Allarde über die Innungs-, Zunft- und Gewerbefreiheit.

14.6.1791: Gesetz Le Chapelier gegen Arbeitervereinigungen und Streiks.

2. Dezentralisierende Verwaltungsneuordnung:
21.5.1790: Die 60 Pariser Distrikte werden in 48 Sektionen umgewandelt.
22.12.1789 beschlossen und 26.2.1790 eingeführt: Die alte partikularistische Provinzialverwaltung wird einheitlich neu organisiert in den 83 Departements, untergliedert in Distrikte, Kantone und 44 000 neu entstehende Kommunen.

3. Konsolidierung der Revolution gemäß den „Prinzipien von 1789“:

Vgl. Soboul, A., a.a.O., (Anm. S. 52)

anti-klerikal:
2.11.1789: Kirchengüter verstaatlicht;
14.5.1790: Gesetz über die Modalitäten ihres Verkaufs;
13.2.1790: Klöster aufgehoben sowie nicht im Erziehungs- oder Gesundheitswesen tätige Orden;
12.7. und 2.11.1790: Die Zivilstandsverfassung des Klerus und der von ihm zu leistende Verfassungseid spalten die Nation in der „Kirchenfrage“.
anti-aristokratisch:
19.6.1790: Adelstitel abgeschafft.
anti-feudalistisch:
16.8.1790: Feudalgerichte abgeschafft;
6.9.1790: Oberste Gerichtshöfe des Ancien Régime (Parlements) aufgelöst.
freiheitlich-demokratisch:
Emanzipation von Minderheiten;
22.12.1789: Mit 453 gegen 443 Stimmen wird nach heftigen Debatten das Zensuswahlgesetz beschlossen.

Leitziel der Verfassungsarbeit war die konsequente Überwindung des Feudalismus und Absolutismus, gerichtet gegen das alte Frankreich der Privilegien, Unfreiheiten, Partikularismen, Willkürherrschaft.
Das Verfassungswerk der Constituante im „glücklichen Jahr“ (Furet/Richet) 1790 der „großen Zeit der Revolution“ 1789–1791 stand unter wachsendem innenpolitischen Druck der Folgen der gesellschaftlichen Umstrukturierung:

Darüber täuschte auch die erste große nationale Revolutionsjubelfeier, das Föderationsfest am 14.7.1790, nicht hinweg.

Die Bauernunruhen in der Provinz hielten an. Steuern und Abgaben wurden vielfach verweigert. Das übernommene Staatsdefizit schwoll weiter an. Die zunehmend gewalttätigen (17.7.1791: Marsfeld-Massaker) innenpolitischen Auseinandersetzungen um den Kurs der Revolution verschärften sich. Die zahlreichen 1789/90 gegründeten politischen Clubs und Presseorgane mobilisierten die öffent-

Vgl. S. 58ff.

liche Meinung. Deren Breitenwirkung politisierte und polarisierte neue revolutionäre Schichten.
Drei Problemfelder bedrohten das Verfassungswerk von außen:

Vgl. S. 81

1. Der Eid König Ludwigs XVI. auf die neue Verfassung am 17.9.1791 entpuppte sich als ein weiterer Schachzug seiner zweigleisigen Obstruktionspolitik, die auf ihre Stunde der Restauration hinarbeitete. Sie verriet sich öffentlich erst durch den bei Varennes am 21.6.1791 gescheiterten Fluchtversuch der königlichen Familie.

Vgl. S. 92 f.

2. Mit den immer zahlreicher sich sammelnden und (u.a. in Koblenz und Worms) organisierenden Emigranten unter der Ägide des revolutionsfeindlichen Hofes mit der Königin Marie-Antoinette („die Österreicherin") setzte die „Konter-Revolution" (Markov) auf die militärische Intervention der z.T. verwandten, absolutistischen europäischen Monarchien (Österreich, Spanien, Neapel).

Vgl. S. 91

3. Diese hielten sich wegen anders gelagerter Interessen zunächst zurück. Mit der österreichisch-preußischen Deklaration von Pillnitz am 27.8.1791 formierte sich die erste Koalition gegen das revolutionäre Frankreich.

1 Parteiungen in der Assemblée Nationale Constituante

Am 9.7.1789 hatte sich die Nationalversammlung entsprechend ihrer Hauptaufgabe zur Verfassunggebenden (frz.: „Constituante") erklärt. Seit dem 9.11.1789 tagte das politische Entscheidungszentrum – immer in der Nähe des Königs – im umgebauten Reitsaal des Tuilerien-Stadtschlosses in der Pariser Rue St. Honoré: der Manège.
Die eigentliche parlamentarische Arbeit wurde von Fachleuten nicht-öffentlich in den 31 Ausschüssen („Komitees") geleistet: für Landwirtschaft und Handel, Lebensmittel, Nachrichten, das Bettlerwesen, die Verfassung, Feudalrechte (Vorsitzender: Merlin de Douai) u.a. Deren Vorlagen brachten Berichterstatter zur Beschlussfassung in die Versammlung ein. Die Constituante übernahm fast alle Aufgaben der Exekutive: Der König und seine Minister-Regierung hatten sich nach ihren Beschlüssen zu richten. La Fayette und Mirabeau vermittelten zwischen Hof und Versammlung.

Godechot urteilt: eine „echte Diktatur", vergleichbar dem Parlamentsabsolutismus des „Langen Parlaments" in der Englischen Revolution nach 1640

Kein Abgeordneter durfte Minister sein. Der Präsident (insgesamt 56, davon 33 Adlige) wurde alle zwei Wochen neu gewählt. Man tagte vormittags und abends nach 18 Uhr.
Im 2000 Menschen fassenden Plenarsaal regierte unter (erst seit Varennes sehr lebhafter) Einmischung der 500–600 Publikumsteilnehmer/innen auf den Tribünen – noch ohne funktionstüchtige Geschäftsordnung – das Wort. Laufend empfingen die Abgeordneten Gruppen von Petitionären, die ihre Forderungen geltend machten.
Parteien im modernen Sinn gab es noch nicht, auch keine Fraktionen mit ritualisierter politischer Meinungsbildung und geschlossenem Abstimmungsverhalten.
Doch zeichneten sich quer durch die alten Stände und Schichtungen Parteiungen in der Versammlung ab.
Die heute geläufigen Kategorisierungen „rechts" und „links" bürgerten sich ein für die – von der Präsidententribüne mit dem davorstehenden Rednerpult aus gesehen – auf den stufenförmig ansteigenden Abgeordneten-Bankreihen sich platzierenden Gruppen:

1790 war „das Jahr La Fayettes": Er und Mirabeau waren die zentralen Politiker dieser Jahre. Es gelang ihnen nicht, die Monarchie zu retten oder auch nur zu reformieren.

Der amerikanische Beobachter Morris beklagte denn auch in einem Brief an George Washington 1790 den parlamentarischen Stil in den lauten, oft unverständlichen und unkoordinierten Debatten. „Historische" Reden über den Kurs der nationalen Revolution würden in einer Reihe mit den detailliertesten Erörterungen irgendeiner Alltags-Lappalie verhandelt. (Schulin, a.a.O., S. 83)

Parteiungen in der Assemblée Nationale Constituante
9.7.1789–31.9.1791

„Linke" **„Rechte"**

Demokratische Gruppe	Triumvirat	Konstitutionelle / Hauptgruppe der „Patrioten"	Monarchisten / „Anglomanen"	Aristokraten
um Petion, Robespierre	um Barnave, Duport, Alexandre de Lameth	um La Rochefoucauld, Talleyrand, La Fayette, Beauharnais, Tronchet, Merlin de Douai, Sieyès, Ebf. de Cicé, Target, Laujuinais	um Mounier, Malouet, Lally-Tollendal, Clermont-Tonnere	um Abbé Maury, Vicomte de Mirabeau, Cazalès
Interessenvertreter der Volksmassen; befürworten das allgemeine Wahlrecht statt des Zensuswahlrechts	republikanisch gesonnen	Mehrheit der Bürgerlichen und Kleriker, liberale Adlige; befürworten eine konstitutionelle Monarchie mit einer starken politischen Stellung des Bürgertums auf der Grundlage der Prinzipien von 1789	Bürgerliche und adlige Vertreter einer starken Stellung des Königs, Gegner der Dekrete vom 4./5.8., für das absolute Veto des Königs, das 1-Kammer-System, seit Okt. 1789 oppositionell	Adlige und Kleriker; verteidigen die Standesprivilegien, Gegner der Dekrete vom 4./5.8.1789

Zusammengestellt nach Markov/Soboul, a.a.O.

2 Politische Clubs, Öffentlichkeit und Presse

Der Club Patriotischer Frauen

Am 30.10.1793 wurden alle Frauenrechtlerinnen-Clubs vom Nationalkonvent auf Antrag des Abgeordneten Amar als „Maßnahme zur öffentlichen Sicherheit" verboten.

2.1 Die politischen Clubs seit 1789 / 90

Mauriziac, Cl.: Qu'est-ce que le jacobinisme? in: Reinalter, H. (Hg.), a.a.O., S. 45–59

Die Macht im Staat – so das Verfassungsprinzip der Menschenrechtserklärung – soll von der Nation und ihren gewählten, gesetzgebenden Repräsentanten in der Constituante ausgehen; tatsächlich jedoch bestimmten die zahlreichen politischen Clubs und Vereinigungen den revolutionären Kurs. Sie konstituierten sich aus einer breiten Volksbewegung seit Sommer 1789 als die außerparlamentarischen politischen Entscheidungszentren, deren langer Arm bis in die Ausschüsse reichte.

Vgl. S. 26

royalistisch: königstreu

Die miteinander korrespondierenden Clubs setzten die Tradition der aufgeklärten Zirkel des 18. Jhs. fort. Charakter, Ziele und Mitgliederschaft waren durchaus unterschiedlich: vom royalistisch-gegenrevolutionären, verschwörerischen Französischen Salon bis zu den radikal demokratischen Volksgesellschaften und Straßenclubs wie der Gesellschaft brüderlicher Patrioten beiderlei Geschlechts um den Lehrer Dansard. Auch Berufsgruppen oder Ausländer organisierten sich.

Seine Aufgabe definierte das Statut vom Februar 1790: „1. im voraus diejenigen Fragen zu diskutieren, die in der Nationalversammlung zur Entscheidung anstehen; 2. auf die Errichtung und Festigung der Ver-

Der einflussreichste und effektivste war bis zum Sturz seines bedeutendsten Repräsentanten Robespierre am 27. Juli 1794 der elitäre Jakobinerclub. Das Vorbild der demokratisch-patriotischen Clubs ging aus dem Bretonischen Club (die 44 Abgeordneten der Bretagne) auf der

Generalständeversammlung in Versailles hervor. Nach dem Umzug in ein ehemaliges Dominikaner-Kloster in der Pariser Rue St. Jaques („Jakobiner") tagte er dort als „Gesellschaft der Verfassungsfreunde" – erst ab 1791 auch öffentlich. Der Mitgliedsbeitrag war hoch. Gebildete und Begüterte gaben den Ton an. Ende 1790 hatte der Club bereits über 1000 männliche Mitglieder. Sein Programm war entschieden anti-monarchisch, anti-religiös und republikanisch.

fassung hinzuarbeiten; 3. mit anderen, gleichartigen Gesellschaften, die sich im Königreich bilden, zu korrespondieren." (zit. n. Reichardt [Hg.], a.a.O., S. 46)

Über ein hochsensibles „Spinnennetz" (Crainton) war er mit seinen fast 450 (Juni 1791) Tochterclubs in den Departements verbunden. Sie erhielten die neuesten Publikationen, Beschlüsse, Weisungen und hielten ihrerseits die Pariser Zentrale auf dem Laufenden.

Vgl. Anm. S. 134

Typisch für die basisdemokratische Organisation der Clubs war z. B. die der Gesellschaft revolutionärer Republikanerinnen um die Frauenrechtlerin Marie Olympe de Gouges mit ca. 200 eingeschriebenen Mitgliedern. Ein neues Mitglied musste von zweien vorgeschlagen worden sein, mindestens 18 Jahre alt sein, einen „guten Leumund" und „gute Sitten" nachweisen. Die Sitzungen waren öffentlich. Elf Frauen bildeten den Clubvorstand: Jeden Monat neu wurden Präsidentin, Vize-Präsidentin und vier Sekretärinnen gewählt, alle drei Monate die Schatzmeisterin und zwei Beigeordnete; ferner eine Archivarin sowie zwei Bürokräfte. Drei Komitees mit jeweils zwölf Frauen kümmerten sich um Verwaltungsarbeiten, Wohltätigkeiten und die Provinz-Korrespondenz.

Vgl. Petersen, S.: Frauen in der Französischen Revolution, in: Reinalter, H. (Hg.), a.a.O., S. 73–93

Vgl. Anm. S. 58 oben

Dagegen formulierte Condorcet im „Journal de la Société de 1789" am 3.7.1790 in einem Plädoyer „Über die Zulassung der Frauen zum Bürgerrecht": „Haben nicht alle das Gleichheitsprinzip der Rechte verletzt, indem sie ganz einfach die Hälfte des Menschengeschlechts des Rechts berauben, an der Gesetzgebung teilzunehmen, indem sie die Frauen vom Bürgerrecht ausschlossen?... Es dürfte schwer zu beweisen sein, dass Frauen unfähig sind, das Bürgerrecht auszuüben.
Warum sollte eine Gruppe von Menschen, weil sie schwanger werden können und sich vorübergehend unwohl fühlen, nicht Rechte ausüben, die man denjenigen niemals vorenthalten würde, die jeden Winter unter Gicht leiden und sich leicht erkälten?", (zit. n. 200 Jahre Französische Revolution, a.a.O., S. 50)

Einflussreich mit seinem liberal-konservativen, konstitutionell-monarchischen Programm war 1791/92 der Feuillants-Club um La Fayette, Bailly und Barnave. Er verlor bald seinen Einfluss an die Jakobiner und wurde nach dem Tuileriensturm (10.8.1792) geschlossen.

Radikaldemokratischer, freiheitlicher und früh republikanisch orientierte sich der „Kampfclub" (Schulin) der „politischen Linkselite" (Erbe) um ihr Idol Marat im Club der Cordeliers (so genannt nach ihrem Tagungsort, einem Kloster der „Franziskaner" = frz.-ugs.: *cordeliers*). Er hatte einen niedrigeren Beitragssatz und stand auch einfacheren Leuten und Frauen offen. Zahlreiche führende Revolutionäre hatten in diesem Club ihr politisches Zuhause: Danton, Fabre d'Eglantine, Santerre, Hébert u. a. Die Cordeliers waren der Club für die Sansculotten und die treibende Kraft der großen Journées bis 1793.

Das politische Spektrum in Frankreich von 1787–1814
Machtverteilung – Antagonismen

1787 / 88 Notablenversammlungen	Aufgeklärte Opposition / Parlements →		← **Ludwig XVI.** →	← **privilegierte Stände**	
1789 Generalstände	Volksopposition in Stadt und Land	**Dritter Stand** →	← **Ludwig XVI.**	privilegierte Stände	
1789–1791 Assemblée Nationale Constituante	Cordeliers (Marat u. a. / Club der „politischen Linkselite“)	**Jakobiner** → (linksliberal)	← **Feuillants** → (liberal-koservative Bürgerliche)	← Ludwig XVI.	
1791 / 92 Assemblée Nationale Législative	**Jakobiner** Sansculotten (Pariser Volksbewegung)	**Girondisten** → (gemäßigte Jakobiner / „Brissotins“)	← **Feuillants** →	← Ludwig XVI.	
1792 / 93 Nationalkonvent	Sansculotten	**Montagnards / Jakobiner** → (Bergpartei um Danton, Marat, Robespierre, Desmoulins)	← **Girondisten** (um Brissot u. a.)	Plaine (politische Mitte)	Rechtsopposition (Königstreue, eidverweigernder Klerus u. a.)
1793 / 94 Revolutionsregierung Comité du Salut Public	Enragés (Anhänger von Jacques Roux)	**Robespierristen** ↙↗ ↘↖ **Hébertisten** (Nachfolger der Cordeliers)	**Dantonisten** →	← Konventsopposition	Rechtsopposition
1795–1799 Direktorium	Linksopposition → (Anhänger Babeufs, Jakobiner)	← **Thermidorianer** →		← Contre-Révolution (Chouans, Royalisten / Führer: Graf de Artois)	
1799–1814 Napoleon	(Neo-)Jakobiner →	← **Anhängerschaft Napoléon Bonaparte** →		← Royalisten	

→ ← stehen oppositionell zueinander
– in der Regierungsverantwortung stehende politische Kräfte
– abseits stehende, bzw. sich neu formierende politische Kräfte

2.2 Presse und Öffentlichkeit in der Revolution

„Die Revolution erzeugte den Journalismus." Artikel 10 und 11 der Menschenrechtserklärung garantierten die Presse- und Meinungsfreiheit innerhalb der gesetzlichen Schranken. Eine Zensur wie im Ancien Régime bis zum 5.7.1788 fand nicht mehr statt. Rund 500 Titel zirkulierten zwischen 1789 und 1792; viele davon nur zeitweise. Eine ständig steigende Anzahl von Presseprodukten kommentierte schon seit 1788 die revolutionären Ereignisse: von Tages- und Wochenzeitungen bis zu Traktaten, Flugschriften, Plakaten zu tagespolitischen Forderungen und Zeitschriften, wie dem vielgelesenen „Patriote Français" von Brissot.

Gauthier, zit. n. Schulin, a.a.O., S. 91

Marat über die Pressefreiheit im „Ami du peuple" vom 20.12.1790: „Für die Ruhe und das Wohlergehen eines Volkes ist es sehr wichtig, unaufhörlich ein Auge auf die öffentlichen Beamten zu haben, ihre Aufgaben, Amtsführung und Handlungen zu verfolgen und alles Verdächtige, Zweideutige, Suspekte, jeden Missbrauch und alles Verbrecherische zu denunzieren... Es ist das Los aller Menschen, die in der Öffentlichkeit stehen, den Streichen Niederträchtiger ausgesetzt zu sein, aber diese gleiten wirkungslos an ihnen ab, wenn ihre Führung tadellos und ihre Absichten sauber sind..." (zit. n. Lautemann/Schlenke [Hg.], a.a.O., Bd. 4, S. 216 f.)

Das Angebot war vielfältig. Fast jede politische Gruppierung hatte eigene oder ihr nahe stehende Publikationsorgane, die die öffentliche Meinung in ihrem Sinne über die politische Entwicklung informierten.

Die Nationalversammlung unterrichtete seit dem 1.9.1789 über Debatten, Gesetze und Dekrete im „Journal des Débats et Décrets"; der Jacobinerclub im hauseigenen „Journal des débats et de la correspondance de la Société des Jacobins".

Einfluss und Auflagenstärke der Zeitungen stiegen und fielen zumeist mit dem „politischen Kurswert" ihrer Herausgeber. Zahlreiche Titel mussten mit zunehmender Radikalisierung der Revolution bis in die Terreur-Zeit 1793/94 ihr Erscheinen einstellen. Der Sturm auf die Tuilerien, die „2. Revolution" am 10.8.1792, markierte das Ende der royalistischen Presse. Ihre Redakteure wurden verhaftet, exekutiert, mundtot gemacht. Revolutionäre Kommissare übten (wie in „alten" Zeiten) eine Presseaufsicht und Zensur aus.

Vgl. S. 100 ff.

Zeitweilig sehr hohe Auflagen erzielten seit 1789/90 u.a. Marats wegen seines unnachsichtigen, kompromisslosen Eintretens für die Interessen des „peuple" gefürchteter „Volksfreund" (L'Ami du Peuple) oder auch Loustalots „Journal des Révolutions" (Aufl. ca. 200000). Héberts „Hetzblatt" der Enragés in der radikalen Revolutionsphase: „Le Père Duchesne" überlebte dessen Hinrichtung im März 1794 nicht; ebenso wenig wie jakobinische Blätter (Camille Desmoulins „Le Vieux Cordelier") den Sturz Robespierres.

peuple (frz.): Volk

Aristokraten und Royalisten lasen die „Apostelgeschichte" („Actes des Apôtres") von Rivarol, die „Pariser Gazette" von Royou oder das „Journal der Gesellschaft der

Freunde der monarchischen Verfassung", herausgegeben von Clermont-Tonnere u.a. Das Direktorium subventionierte ab 1795 zwei ihm politisch genehme Zeitungen: den „Rédacteur" und das „Journal der Verteidiger des Vaterlandes".

Nach dem Staatsstreich Napoleons ließ dessen Pressegesetz vom 17.2.1800 nur noch 13 linientreue Blätter zu.

Le Moniteur

Als bestinformierte Zeitung der Epoche und hervorragende historische Quelle gilt Le Moniteur, den der international erfahrene Verleger Panckoucke herausgab.

Reinalter, H.: Demokratie und Französische Revolution in: ders. (Hg.), a.a.O., S. 93–115

Die Politisierung breiter, im Ancien Régime von der Willensbildung ausgegrenzter Schichten, bis dato politisch Desinteressierter oder braver Untertanen, ist ebenfalls ein typisches Phänomen der Französischen Revolution: die Entstehung einer demokratisch geprägten Öffentlichkeitskultur – wie sie bereits in der amerikanischen Revolution zu beobachten ist.

In den Stuben, Salons und Zirkeln, spontan auf Straßen und Plätzen, in Bürgerversammlungen und Komitees diskutierten die Bürger/innen die politischen Ereignisse, fassten Beschlüsse, formulierten Petitionen und Deklarationen, die in den kommunalen Organisationen, den politischen Clubs oder sogar direkt in der Nationalversammlung vorgetragen und von der Presse agitatorisch verbreitet und kommentiert wurden.

Beliebter Treffpunkt war seit Juli 1789 der Pariser Palais Royal: ein großer, zentral gelegener, öffentlicher Komplex mit Gärten und Cafés im Besitz des Herzogs von Orléans. Daneben entfaltete und organisierte sich die demokratische Öffentlichkeitskultur zentral in den Pariser Distrikten bzw. Sektionen sowie in den vorstädtischen Arbeiter- und Kleine-Leute-Vierteln (z.B. Faubourg Saint-Antoine). Nicht zu unterschätzen für die Beeinflussung der öffentlichen Meinung – besonders in ländlichen Gebieten – blieben die Predigten von den Kirchenkanzeln.

3 Revolutionäre Gesetze und Neuordnungen

3.1 Liberalisierung bzw. Konsolidierung der Wirtschafts- und Finanzpolitik

Die wirtschafts- und finanzpolitischen Ziele der neuen bürgerlichen Machthaber in der Constituante hatte der spätere Tiers-Abgeordnete Rabaut Saint-Etienne bereits 1788 in

Gegen das alte Frankreich der Privilegien, Partikularismen und der zentralistischen, behördlichen Reglementierung setzten die in der Revolution erfolgreichen Bürger auf die Prinzipien des Wirtschaftsliberalismus:

Fortschritt: durch Wirtschaftswachstum;
Freiheit des Einzelnen: freie Konkurrenz und freies Unternehmertum nach den Marktgesetzen von Angebot und Nachfrage mit freigegebenen Preisen und Löhnen;
Gleichheit: verstanden als Chancengleichheit, z.B. für kleine Gewerbetreibende, Bauern auf eigenem Grund, Kleinproduzenten, Manufakturbesitzer u.a. auf einem entprivilegierten, entbürokratisierten, nationalen Markt.
Bei diesbezüglichen Entscheidungen hatten die Abgeordneten vier größere Bedingungskomplexe zu berücksichtigen:

1. Die strikte Wahrung des Eigentumsprinzips, wie es die Artikel 2 und 17 der Menschenrechtserklärung als Staatsgrundlage prinzipiell festschrieben.
2. Sozialpolitische Konsequenzen: Wirtschafts- und Finanzpolitik bedeutete auch im 18. Jh. Sozialpolitik. Über die Auswirkungen wachte besonders die radikalrevolutionäre Presse mit dem „Auge der Wahrheit" (Marats „Volksfreund").
   Das aufgestaute soziale Konfliktpotential hatte sich weiter polarisiert: zwischen Stadt und Land, Groß- und Kleinbauern, bürgerlichen Landbesitzern und bäuerlichen Pächtern, Unternehmern und Lohnabhängigen, Produzierenden und Konsumenten.
3. Interessenunterschiede: z.B. Freihandel oder Dirigismus? Einerseits war die einflussreichste Lobby im neuen Parlament zufrieden zu stellen: die Gebildeten, in Stadt und Land, Grund- und damit Feudalrechte besitzenden Großbürger, -händler, Kapitalrentiers und Amtsinhaber. Sie vor allem forderten die Umsetzung der Theorien der Physiokraten und des englischen Wirtschaftsliberalismus nach Adam Smith.
   Auf der anderen Seite standen die durch die für sie enttäuschend umgesetzte Abschaffung der Feudalität unzufriedenen Bauern sowie die Angehörigen der Unterschichten am Rande des Überlebensminimums. Sie forderten für sich an erster Stelle: Existenzsicherung.
4. Das brennendste Problem blieb angesichts der katastrophalen Wirtschaftslage die Tilgung der übernommenen Staatsschulden in Höhe von 5 Mrd. Livres. Sie wuchsen unaufhörlich, da – bei erhöhten Verpflichtungen – kaum Steuern eingingen.

einer Flugschrift aufgelistet:
wirtschaftliche Liberalisierung von Ackerbau und Handel,
Steuer- und Abgabensenkung für die Bauern,
Entbürokratisierung,
Abbau der zahlreichen Zollschranken,
Vereinfachung des Steuersystems.

Exemplarisch für diese Interessenunterschiede und eine Wirtschaftspolitik zwischen der Skylla des Freihandels und der Charybdis des staatlichen Dirigismus war die Versorgungspolitik für das Grundnahrungsmittel Brot.
Den im Ancien Regime staatlich reglementierten Getreidehandel gab die Constituante mit den am 29.8.und 18.9.1789 beschlossenen innerfranzösischen Freihandelsgesetzen frei. Der Erfolg gab ihr zunächst im Großen und Ganzen Recht: Angesichts der beiden guten Ernten von 1789 und 1790 war die Getreideversorgung zu erschwinglichen Preisen – trotz regional seit 1788 anhaltender Teuerungs- und Hungerunruhen – fast überall gesichert. Politisch brisant wurde es, als die gesicherte Brotversorgung in den Folgejahren zusammenbrach: Seit der Missernte 1791 und dem Kriegsausbruch 1792 wehrten sich dieselben Schichten wie im Ancien Régime gegen den Freihandel: Kleinbauern, Hilfsarbeiter auf dem Land, Arbeiter und kleine Handwerker in den Städten. Sie forderten massiv: staatliche Kontrollen gegen Hortung, Spekulation und Inflation. Die Brotversorgung funktionierte einigermaßen nur noch durch lokaladministrative Eingriffe: Aufkäufe, Subventionierung, Preisfestsetzung.

Kirchengüter verstaatlicht

Zur Vermeidung des seit August 1789 bevorstehenden Staatsbankrotts präsentierte die bürgerliche Mehrheit am 2.11.1789 die vermeintliche Lösung des Finanzproblems: Mit 568 gegen 346 Stimmen bei 40 Enthaltungen erklärte sie – auf Antrag Mirabeaus – die Güter von Kirche und Klerus zum „Nationaleigentum". Der Wert dieser „Nationalgüter" wurde auf ca. 3–4 Mrd. Livres veranschlagt.

Inklusive der eingezogenen Krondomänen; seit dem 9.2.1792 kam der Emigranten-Besitz dazu

Sie sollten zur Tilgung der Staatsschuld verkauft werden. Konfisziert wurden sie mit der Verpflichtung des Staates, fortan für den „Unterhalt der Kirchendiener in würdiger Form" aufzukommen. Die von der Kirche wahrgenommenen sozialen Aufgaben (Armenfürsorge, Schulen/Universitäten, Krankenhäuser) – und damit die Kosten! – übernahm der Staat.

Charles Maurice de Talleyrand (1754–1838) Bischof von Autun, Mitglied der Generalstände und der Nationalversammlung, als Eidleistender seit 1791 im Kirchenbann, royalistischer Umtriebe beschuldigt, 1792–1796 emigriert (GB, USA), 1797–1807 Außenminister, Anhänger Napoleons. Nach dessen Niederlage 1814 unterstützt er die Rückkehr der Bourbonen. 1815 zum Rücktritt als Außenminister gezwungen, betrieb er 1830 die Thronkandidatur Louis Philippes, 1830–1848 Botschafter in London. (Biografie: Bernard, J. F.: Talleyrand. Diplomat, Günstling, Opportunist. Deutsch von Renate Zeschitz. München 1979, mit Literaturhinweisen)

Der 35-jährige Bischof von Autun, Talleyrand, rechtfertigte in der Debatte am 10.10.1789 den eklatanten Verstoß gegen das Prinzip des heiligen Eigentums. Er argumentierte: Die Kirche sei nicht der wirkliche Eigentümer der Güter und ihrer Einkünfte, sondern nur deren Nutznießer für die Erfüllung ihrer Aufgaben: Kultus, Fürsorge, den Unterhalt der Kleriker u. a. m. Das Kirchengut sei für die Gläubigen da. „Talleyrand verwechselte nun enharmonisch ‚Gemeinschaft der Gläubigen' mit ‚Nation' –: die Nation kann diese Güter, wenn es ihren Zwecken dient, in andere Hände legen. Es diente ihren Zwecken.": dem Abbau der Staatsschulden.

Talleyrands Rede und Aufrechnung in: Müller, U. F. (Hg.), a.a.O., S. 86–90

Die Assignaten

Mit der Schaffung einer außerordentlichen Kasse sollte der Staatsbankrott, bis auch das neue Steuersystem greifen würde, vermieden und damit die politische Handlungsfähigkeit der Constituante gesichert werden:

Auf den – noch bis zum 20.4.1790 vom Klerus verwalteten und verkauften – Kirchenbesitz wurden mit Beschluss vom 15. (Landverkauf in einer ersten Tranche über 400 Mio. Livres) und 19.12.1789 Staatsschuldscheine ausgegeben („emittiert"), und zwar zunächst zu 5% verzinsbar und in Stückelungen à 1000 Livres. Sie sollten in Land eingelöst werden können.

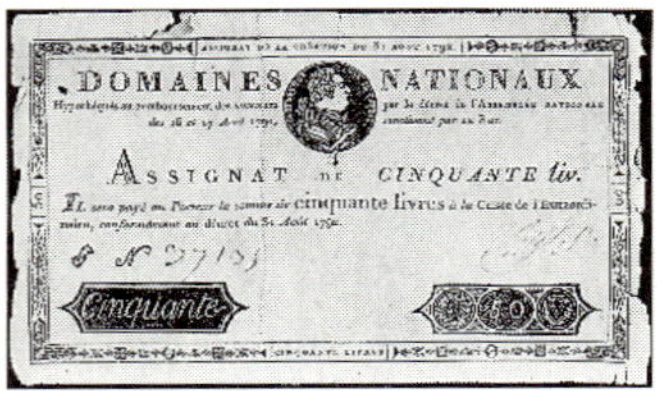

Assignat zu 50 Livres

Gedeckt („assigniert") waren diese durch die zu erwartenden Einnahmen aus dem eingeleiteten Nationalgüterverkauf. Mit der sukzessiven Tilgung der Staatsschulden aus den Verkaufserlösen und Zinsen sollten die Assignaten vernichtet werden.

Die Durchführungsmodalitäten für den Verkauf wurden im Gesetz vom 14.7.1790 beschlossen:
- Verkauf der Güter als geschlossene Besitztümer (en bloc) an den Meistbietenden in den Distrikthauptstädten;
- Pachten bleiben aufrechterhalten;
- um einen Teil der Bauern zu binden: Parzellierung und Ratenzahlung mit 12% Anzahlung über 12 Jahre inklusive 5% Zinsen – allerdings nur bei höherem Erlös als aus einem En-bloc-Verkauf;
- alte Belastungen der Güter übernahm der Staat.

Zum Aspekt der auch heutzutage oft beklagten Gesetzes- und Verordnungsflut in der Revolution: Church, Cl.: The Process of Bureaucratization in France 1789–1799, in: Schmitt/Reichardt (Hg.), a.a.O., Bd. 1, S. 121–139

Die als Interimslösung bis zum Eingehen der für Oktober 1789 festgelegten „patriotischen Sondergabe“ in Höhe von 1/4 des Einkommens gedachte Regelung schlug fehl:
- Die Assignaten fanden nur schleppenden Absatz.
- Das Staatsdefizit schwoll unterdessen an: Steuern wurden verweigert. Die Ausgaben stiegen.

Assignatenverfall 1789–1796

Datum	**Emission in Mio. Livres**	**emittierte Assignaten in Mio.**	**Abwertung in % des Nennwertes**
21.12.1789	400 à 1000 Livres **verzinst mit 5%**	400	
April 1790 29.09.1790	 800 **verzinst mit 3%**		– 10%
06.05.1791 17.04.1791 17.05.1791 Juni 1791 Okt. 1791 17.12.1791	100 160 **Verzinsung gestrichen** 100	 1630	 **Zwangskurs** –18%
30.04.1792 13.06.1792 31.07.1792 Okt. 1792 Nov. 1792	100 100 200	 4000	 –28%
Sept. 1793 Dez. 1793		9000	 –48%
Februar 1794 Nov. 1794		14000	 –76%
Januar 1795 März 1795		30000	 –92%
19.02.1796		ca. 45500	

19.2.1796 Assignaten offiziell zurückgezogen

Zusammengestellt nach: Peronnet, M.: Les 50 mots clefs de la révolution française. Toulouse 1983, S. 50–55
Reichardt (Hg.), a.a.O., S. 148 f., Schulin, a.a.O., S. 99–101

– Die Assignaten-Emissionen erhöhten sich. Die leeren Kassen wurden mittels der Assignaten-Presse ausgeglichen. Am 27.8.1790 wurde der Assignat zur Banknote, die Stückelungen bis auf 5 Livres herabgesetzt, der Wechselkurs zum Hartgeld zunächst festgesetzt, dann freigegeben. Die Verzinsung sank auf 3%; im Oktober 1791 wurde sie ganz gestrichen.

Damit existierten zwei Parallelwährungen und damit zwei Preise und Märkte: Das stark inflationäre Quasi-Papiergeld konkurrierte mit dem Münzgeld, das – ebenso wie nur dafür erhältliche Waren – gehortet wurde.
Schlechte Zeiten für die in Assignaten entlohnten Arbeiter und die „Kleinen Leute", die es für ihr inflationäres Geld noch schwerer hatten, die laufend sich verteuernden, gehorteten Lebensmittel zu bekommen. Schlechte Zeiten auch für Kapitalrentiers oder Unternehmer, die Rohstoffe gegen Hartwährung importierten und die Erzeugnisse in Frankreich zu Assignaten-Preisen verkauften; gute Zeiten dagegen für Hartgeld-, Grundbesitzer und Spekulanten.
Ergebnisse des Nationalgüterverkaufs auf Assignaten:
Nationalisierung und Verkauf der Kirchengüter erwiesen sich als unprogrammtische „soziale Revolution" (Soboul), die die Gesellschaftsstruktur Frankreichs bis weit in das 19. Jh. bestimmte.
Die Kirche als mächtigste und am besten organisierte Institution des Ancien Régime wurde vom Staat abhängig und damit als souveräne Macht ausgeschaltet.
Gut 10% des französischen Grund und Bodens wechselte den Besitzer. Das barg weiteren sozialen Sprengstoff: Neureiche Gewinnler und Grundbesitzer standen z. B. leer ausgegangenen, hungernden Massen gegenüber.
Die negativen wirtschafts- und sozialpolitischen Folgen des Nationalgüterverkaufs fielen seit 1791 (Varennes) und 1792 (Kriegsausbruch) mit der politischen Krise zusammen und prägten die Entwicklung der Revolution bis ca. 1797.

Vgl. S. 95–102

Die sozialen Gegensätze vertieften sich. Insgesamt profitierten die in sicheren Grundbesitz flüchtenden, kapitalkräftigen Anleger aus Stadt und Land. Selten konnten die zahllosen Kleinbauern, geschweige denn die zahlreichen städtischen oder ländlichen Kleininteressenten, Parzellen ergänzen oder gar neue erwerben. Sie wurden, falls überhaupt beteiligt, meistens überboten.
Politisch erfüllte der Nationalgüterverkauf seinen revolutionären Zweck: Die Revolution wurde auf eine breitere

Basis gestellt. Mit den vielen neuen Besitzern erweiterte sich ihre Klientel der städtischen Bürger, wohlhabenden Landwirte, Rentiers um ungezählte Käufer (Genossenschaften). Jeder Assignat fessele seinen Besitzer an den erfolgreichen Fortgang der Revolution, versicherte der Abgeordnete und spätere General Montesquiou.

Am 19.2.1796 wurden die Assignaten offiziell zurückgezogen. Seit 1790 laufend abgewertet, kursierten sie im März 1795 nur noch zu 8% ihres Nominal- bzw. Ausgabewertes. Insgesamt waren seit Dezember 1789 in verschiedenen Tranchen ca. 45 Mrd. emittiert worden (1790 veranschlagter Wert der Nationalgüter: 4–5 Mrd. Livres); von denen 1795 noch 34 Mrd. als Zahlungsmittel dienten. Im Verhältnis 1:30 konnten sie gegen die sie ersetzenden Territorialmandate („mandats territoriaux“) eingewechselt werden. Damit wurden Nationalgüter nun erst recht zu Schleuderpreisen erworben. Im Januar 1797 wurden auch diese überbewerteten, ebenfalls hoch inflationären Territorialmandate eingezogen.

Sie wurden 1 : 1 zur Hartgeldwährung festgesetzt, de facto aber nur 1 : 10 gehandelt.

Steuerreform

Am 17.6.1789 hatte die Nationalversammlung die erst 1791 endgültig abgeschafften alten Steuern zunächst einmal pauschal für illegal erklärt. Prompt brach das alte Steuersystem zusammen: Pächter wurden vertrieben, deren Büros gestürmt. Die Eintreibung setzte aus. Nicht nur die Bauern weigerten sich, freiwillig Abgaben und Steuern zu entrichten. 1789 gingen ganze 14% des zu erwartenden Gesamtsteueraufkommens ein.

Bereits am 7.8.1789 musste Generalkontrolleur Necker – wieder einmal – den bevorstehenden Staatsbankrott vorab erklären. Die Finanzlage blieb desolat:

Der Schweizer Necker trat im September 1790 zurück und emigrierte.

Die übernommenen Alt-Schulden in Höhe von ca. 5 Mrd. Livres erhöhten sich auf ca. 6 Mrd. durch die revolutionären Maßnahmen: Übernahme der Aufgaben der Kirche, Erstattung der Beträge für die abgeschafften käuflichen Ämter, den abgelösten Lehenszehnten u.a.m.

Staatsausgaben
1789: 731 Mio. Livres
1791: 822 Mio. Livres

Die als kurzfristige Überbrückungslösungen gedachten Budget-Vorschusskredite, Erlöse aus den Nationalgüter-Verkäufen auf Assignaten sowie die spärlichen Erträge aus der patriotischen Sondersteuer (nur 5% der geschätzten Summe ging bis April 1790 ein) hatten nicht die geplante, stabilisierende Wirkung. Überbrückungsanleihen wurden kaum, die Assignaten nur schleppend gezeichnet. Hastige Kapitalverschiebungen ins Ausland taten ihr Übriges.

Vgl. S. 33

Steuergerechtigkeit hatten die Cahiers de doléances gefordert. Das von der Constituante reformierte Steuersystem blieb in seinen Grundstrukturen bis weit in das 19. Jh. hinein wirksam. Die meisten indirekten Steuern (aides) des Ancien Régime, besonders die den Einzelverbrauchern verhassten und Stadtzölle (octroi) wurden abgeschafft. Ersetzt wurden sie durch direkte Steuern:

z. B. die Gabelle am 21.3.1790

- eine allgemeine Grundsteuer auf Immobilienbesitz,
- eine Mobiliarsteuer („mobilière“) auf bewegliches Vermögen,
- eine Steuer auf Gewerbe- bzw. Handelserträge neben einigen Verbrauchssteuern und Zöllen.

Das neue System funktionierte erst seit ca. Mitte 1793. Zunächst fehlte ein durchsetzungsfähiger Beamtenapparat. Die gewählten Erhebungsbeamten wagten nicht, gegen die massiv geübte Steuerhinterziehung der Bürger vorzugehen.

Gesetz d’Allarde vs. Gesetz Le Chapelier

Das Gesetz d’Allarde vom 2.3.1791 über die Innungs-, Zunft- und Gewerbefreiheit hob die Innungen, Gilden, Zünfte und Privilegien der Manufakturen auf. Damit wurden die den freien Warenaustausch behindernden Monopole und Exklusivreglementierungen aufgehoben. Gewerbeordnungen, Warenzeichenzwang, Gütekontrollen, exklusive Handelskammern der Großkaufleute etc. gehörten der Vergangenheit an. Jeder Fachmann konnte jetzt seinen Laden aufmachen. Die freie Konkurrenz sollte Angebot und Nachfrage, Preise und Löhne regeln.
Diese wirtschaftliche Liberalisierungspolitik wurde durch entsprechende Dekrete im Bereich des Binnen- und Außenhandels ergänzt:
18.9.1789: Getreidepreise freigegeben;
3.4.1790: Die riesige, erst 1785 wiederbegründete East-India-Handels-Compagnie verlor ihr Handelsmonopol östlich des Kaps der Guten Hoffnung. Die Groß- und Handels„bourgeoisie“ der Hafenstädte sprang gerne ein.
31.10.1790: Binnenzölle abgeschafft;
2.3.1791: Staatliche Eingangszölle aufgehoben;
16.6.1791: Nationalwerkstätten aufgelöst.
Das formal bis 1864 bzw. 1884 geltende Gesetz Le Chapelier vom 14.6.1791 gegen Koalitionen und Streiks verbot Bürgern desselben Berufszweiges (ob Meister oder Arbeiter), Vorsitzende, Sekretäre, Geschäftsführer zu wählen

und „Beschlüsse über vorgeblich gemeinsame Interessen zu fassen oder über sie zu beraten".
Dem Gesetz vorausgegangen waren anhaltende Streikwellen und Arbeitervereinigungen: Zimmerergesellen z.B. hatten einen Lohntarif gefordert. Das Gesetz widersprach eindeutig der Vereins- und Versammlungsfreiheit der Menschenrechtserklärung. Beide Gesetze dokumentieren exemplarisch die Praxis der Wirtschafts- und Finanzpolitik der Constituante: die Durchsetzung des wirtschaftsliberalen Prinzips im Interesse ihrer Klientel und der Stabilität, selbst wenn das – eklatant bei der Enteignung des Kirchenbesitzes – die Grundprinzipien der Menschenrechtserklärung verletzte.

3.2 Dezentralisierende Verwaltungsneuordnung

Lokale Freiheit, Nationalbewusstsein, Demokratisierung, Dezentralisierung und Einigung waren Leitideen der Revolution, die mit der Neuordnung des alten Provinzialverwaltungssystems realisiert wurden. Der zentralistische Ministerialdespotismus mitsamt den Intendanturen und ihren lokalen Behördenpotentaten verschwand. An seine Stelle traten vertikal hierarchisierte und einheitlich strukturierte Verwaltungsbezirke auf der Basis der demokratisch organisierten und gewählten politischen Selbstverwaltungen.

Das Departements-System

Mit dem Gesetz vom 22.12.1789 wurde Frankreich in das im Wesentlichen noch heute gültige, vielfach nachgeahmte Verwaltungssystem mit 83 Departements, untergliedert in Distrikte, Kantone und 44 000 neu entstehende Gemeinden („communes"), aufgeteilt. Jede Stadt, aber auch jedes Dorf hatte eine aus den Aktivbürgern direkt gewählte Gemeindeverwaltung mit einem alle zwei Jahre gewählten Bürgermeister, den Beamten und einem Gemeindeprokurator (für die Finanzen) an der Spitze. Der Magistrat veranlagte die Steuer, erhob sie, verfügte über Polizeibefugnisse, konnte die Nationalgarde aufbieten.

Vgl. S. 82: Die Verfassung von 1791

Die Kantone besaßen keinen eigenen Verwaltungsapparat. Im Distrikt als „kleinem Departement" nahm ein auf vier Jahre von den Gemeindeversammlungen gewählter, regelmäßig tagender Generalrat mit einem Prokuralsyndikus die Exekutivgewalt wahr. Hier wurden die Steuern für die Gemeinden aufgeschlüsselt und insbesondere der Nationalgüterverkauf geregelt.

Im Departement als „kleiner Republik“ galt die gleiche Organisationsform mit einem aus einer Wahlmännerversammlung gewählten Generalrat mit dem Generalprokuralsyndikus als dem Spitzenbeamten. Dieser benannte ein Direktorium als bevollmächtigte Exekutive, das die Verwaltung kontrollierte.
Alle waren der zentralen Exekutive, König und Ministerien, nur noch insoweit verpflichtet, als sie die Gesetze anzuwenden hatten. Zwar konnten König und Ministerien regionale oder lokale Behörden suspendieren; diese konnten jedoch von der Nationalversammlung wieder eingesetzt werden.
Für den Sprung aus dem absolutistischen Obrigkeitsstaat in die demokratische Selbstverwaltung nach amerikanischem Muster fehlte zunächst die Erfahrung und das kompetente Personal nach der Abschaffung des (käuflichen) Berufsbeamtentums. Das neue Verwaltungssystem versagte – ebenso wie das neue Steuersystem – in den ersten Jahren und wurde seit 1792/93 in der Krise der Revolution von den Jakobinern rezentralisiert. Ein bis heute wahrnehmbarer Zentralismus in Frankreich ist durch deren Terreur-Herrschaft 1793/94, dann wieder durch Napoleon seit 1799, gestärkt worden.

Politik von unten aus den 48 Pariser Sektionen

Palmer, R.: Die demokratische Volksbewegung in der Französischen Revolution, in: Schmitt (Hg.), a.a.O., S. 158–181

Am 21.5.1790 vollendete die Nationalversammlung administrativ die in der Munizipalrevolution im August 1789 begonnene Neuorganisation des politischen Lebens in der Hauptstadt. Die 60 Pariser Distrikte wurden in 48 Sektionen umgewandelt.

„Paris, das war die Stadtverwaltung, die 60 Distrikte und die Nationalgarde.“ (Furet/Richet)

Fundament des politischen Lebens in Paris und direkter Ausdruck der Volkssouveränität waren die Bürgerversammlungen und Komitees in den Sektionen.
Nur knapp 20% der Einwohner wählte als Aktivbürger in den Distrikten Delegierte in die Stadtversammlung von Paris, die Stadtverwaltung („Commune“).

Namentliche und geografische Übersicht der 83 Departements und 48 Pariser Sektionen seit 1789/90 in: Markov, Revolution im Zeugenstand. Frankreich 1789–1799. Bd. 1, Leipzig 1982, S. 522–526

60 dieser Delegierten bildeten den Stadtrat, der als Stadt-Regierung die wichtigsten lokalen Aufgaben wahrnahm: Polizei, Lebensmittelversorgung, Gesundheitswesen u.a. Der Bürgermeister (u.a. Bailly, Petion) präsidierte diesen Stadtrat. Dieser wurde unterstützt vom Stadtpräsidium: 21 gewählten Beamten. Sie hatten die Aufgabe, Kompetenzstreitigkeiten zu schlichten sowie Personal einzustellen. Die übrigen Delegierten bildeten in der Stadtversammlung eine Art beratendes Rumpfparlament.

Die Absicht der Nationalversammlung, durch die Umorganisation der 60 Distrikte in die 48 Sektionen die dort lagernde politische Sprengkraft unter Kontrolle zu bekommen, erwies sich als Fehlkalkulation:
Im Verlauf der Revolution erhob sich die basis- und radikaldemokratisch agitierende (mittels Beschlüssen, Flugschriften, Petitionen, Demonstrationen) „Stimme des Volkes" in den Komitees und Bürgerversammlungen der Sektionen immer häufiger gegen die Stadtverwaltung, zumal wenn es um die Versorgung mit erschwinglichen Lebensmitteln ging.
Als politische Agitationszentren und Motoren der großen Journées (z.B. 31.5.–2.6.1793: Aufstand der Pariser Sansculotten) gewinnen die Sektionen zunehmend Einfluss auf den nationalen Kurs der Revolution. Sie bestimmen ihn maßgeblich in den Krisen- bzw. Terreur-Jahren 1792–1794 bis zur letzten großen Pariser Journée, dem vom Direktorium niedergeschlagenen Prairial-Aufstand der Pariser Sansculotten vom 20.–23. Mai 1795.

Journées:
14.7.1789 Bastille-Sturm
10.8.1792 Erstürmung der Tuilerien
4.5.1793 kleines Maximum auf Brotpreis
4./5.9.1793 Aufstandsversuch gegen den Konvent
29.5.–2.6.1793 „3. Revolution" der Pariser Sansculotten
29.9.1793 großes Maximum
1.4.1795 Germinal-Aufstand
20.5.1795 Prairial- Aufstand

Vgl. S. 100ff.

3.3 Konsolidierung der Revolution gemäß den „Prinzipien von 1789"

Die Religionsfrage: Staatskirche entmachtet

Bis heute sind die Nachwirkungen der revolutionären Politik gegenüber der Kirche spürbar, z.B. anlässlich der Auseinandersetzungen um die (Privat-)Schulpolitik.

Schleich, E.: Kirche, Klerus, Religion, in: Reichardt (Hg.), a.a.O., S. 172–186

Die Aufklärer des 18. Jhs., unter ihnen maßgeblich der kompromisslos anti-klerikale Voltaire und Rousseaus Theorie einer „zivilen Religion", hatten die Entmachtung der katholisch-gallikanischen Staatskirche auf ihre Fahnen geschrieben; die Constituante machte damit politisch Ernst.
Sie entschied die so genannte „Kirchen-" oder auch „Religionsfrage" der Revolution innerhalb von zwei Jahren. 1791 war die Kirche politisch, ökonomisch, sozial und religiös bereits entmachtet:
- politisch: durch die Vereinigung der „Patriotischen Pfarrer" mit der Tiers-Versammlung; *13.–19.6.1789*
- ökonomisch: durch die Ablösung des Zehnten und die Abschaffung der Feudalität sowie den Verkauf des Kirchenbesitzes inklusive des Gesetzes über dessen Modalitäten; *4./5.10.1789*; *2.11.1789/14.5.1790*
- sozial: durch die Auflösung der Orden und der ca. 1000 – vorrangig verkauften – Klöster; *13.2.1790*

12.7.1790
2.11.1790

– religiös: durch die Zivilstandsverfassung und den Verfassungseid des Klerus.

Die Entmachtung erfolgte in vier Etappen:

Vgl. S. 43–45 u. S. 64

1. Zunächst wurde die Kirchenfrage unter dem Deckmantel der Finanzpolitik „gelöst". Mit der Abschaffung der Feudalität und dem Nationalgüterverkauf übernahm der Staat nicht nur 10–15% des Grundbesitzes, damit Jahreserträge von ca. 1/4 seines Jahresbudgets für 1790 in Höhe von 822 Mio. Livres, sondern auch kirchliche Institutionen (Schulen, Universitäten, Krankenhäuser) und Infrastrukturen – allerdings auch deren Verpflichtungen und neue Kosten, z.B. für das Personal. Der kurzfristige politische Erfolg für die Revolution überwog das finanzielle Desaster für den Staat. Die Kirche verlor mit der materiellen Substanz ihre politische Autonomie.

alle Orden erst durch den Nationalkonvent am 13.2.1794 aufgelöst

2. Mit der Auflösung der nicht karitativ tätigen Orden hatte die Constituante angesichts der schlechten öffentlichen Reputation dieser Institution („der lüsterne Mönch", verfallene Klöster, „Krebsgeschwür am Leib der Nation") leichtes Spiel. Proteste waren vergeblich. Die Ordensleute konnten sich „wahl"weise zwangspensionieren lassen.
3. Die Zivilstandsverfassung des Klerus (12.7.1790) bzw. die „Zivilkonstitution" organisierte – nach der Verstaatlichung von Besitz und Infrastrukturen – die Staatskirche nach den Prinzipien der „zivilen Religion" und der Volkssouveränität um. Sie bestimmte:
   - die Neueinteilung der Diözesen (83 statt 130) analog zu den Departements mit erheblich weniger Pfarrgemeinden;
   - die Besoldung der Geistlichen als „Beamte der Moral und Erziehung" durch den Staat inklusive kostenloser Verrichtung aller Kulthandlungen;
   - die Wahl der Pfarrer, indirekt der Bischöfe (einer je Departement) durch die Aktivbürger. Die Kapitel wurden abgeschafft, den Bischöfen zur Führung der Amtsgeschäfte ein Pfarrer-Beirat zuerkannt.
4. Mit dem Verfassungseid des Klerus (2.11.1790) verlangte die Nationalversammlung von allen Pfarrern, Bischöfen und staatlichen Kirchenbeamten einen Treueeid auf die Verfassung des Königreichs – die Zivilstandsverfassung allerdings inbegriffen. Wer sich weigerte, erhielt einen eidleistenden Nachfolger. Nur rund 50% der Betroffenen leisteten den Eid. In der Na-

Eidleistender und eidverweigernder Priester

tionalversammlung selbst verweigerten ihn 2/3 der geistlichen Abgeordneten; der höhere Klerus landesweit nahezu geschlossen.

Ziel der revolutionären Kirchenpolitik war, die Kirche von Rom zu trennen, dem Staat unterzuordnen, der Nation einzugliedern. Das gelang nur teilweise:
1790/91: Die Zivilkonstitution spaltete die Nation in der Kirchen- und Religionsfrage. Seit Sommer 1790 grenzte die revolutionäre Propaganda die Kirche immer weiter aus, obwohl nur ca. 30% der Gläubigen der „konstitutionellen" National-Kirche anhingen.
Der Verfassungseid vertiefte das Schisma zwischen „konstitutionellen" = eidleistenden und „eidverweigernden" Priestern samt Anhängerschaft. Nur die ohnehin überwiegend pro-revolutionären niederen Kleriker wurden für die Revolution gewonnen; höhere und eidverweigernde dagegen in die Gegenrevolution gedrängt.

Vgl. S. 14

1791/92: Die neue französische Kirchenordnung verletzte die Interessen des Papstes. Pius VI., ein Aristokrat, hatte die Menschenrechtserklärung als „gottlos" verurteilt. Die Verstaatlichung der Kirche und die Duldung der katholischen Religion als staatlich subventionierter Kultus neben anderen wollte der Papst nicht hinnehmen. Er sprach der bürgerlichen Nationalversammlung das Recht für derartige „Willkür"beschlüsse ab und verlangte internationale Gegenmaßnahmen. Im April 1791 bannte er die eidleistenden Priester und reihte sich in die vorderste Front der Gegenrevolution ein.
Die gesetzgebende Nationalversammlung verfolgte Eidverweigerer nach dem Ausbruch des Krieges im Mai 1792 noch radikaler; die letzten verließen im Sommer 1792 ihre Gemeinden.

Seit dem 1.10.1791 mit nur noch 26 geistlichen Abgeordneten

1792–1794: Bis zum Sommer 1793 emigrierten über 30000 Geistliche, Tausende wurden verhaftet, ca. 2000 deportiert, allein 300 während der September-Morde 1792 in Pariser Gefängnissen umgebracht.
Nationalkonvent und Revolutionsregierung verfolgten eine noch repressivere Politik der „Dechristianisierung" (Schleich). Sie wurde auf ihrem Höhepunkt in den Terreur-Monaten 1793/94 von sansculottischen Rollkommandos und Revolutionskommissaren fanatisch umgesetzt. Ziel war die Zerstörung der alten Staatskirche und ihrer religiösen Wurzeln: Eidverweigerer wurden diffamiert, schikaniert, verhaftet, deportiert, guillotiniert oder ertränkt, Priester zwangsverheiratet, die Sonntagsruhe und öffentli-

che Kulthandlungen untersagt, ein republikanischer Kalender eingeführt, Kirchen geschlossen, kirchliche Symbole und Kultgegenstände requiriert oder zerstört, Kirchentürme „auf demokratische Höhe" gestutzt. Für die militärischen und wirtschaftlichen Krisen wurde – neben Aristokraten und Emigranten – mit Vorliebe der „Fanatismus der Prediger" als Sündenbock verantwortlich gemacht.

Furet, F.: Der revolutionäre Katechismus, in: Schmitt (Hg.), a.a.O., S. 46–89

Pontifex Maximus: Oberpriester, Papst

1794–1801: Eine revolutionär-patriotische Staatsreligion sollte die alte ersetzen. Doch weder Robespierres „Vernunft-Religion" mit dem „Kult des höchsten Wesens" – unter seiner Leitung als revolutionärer Pontifex Maximus originell und theatralisch inszeniert am „Fest des höchsten Wesens" (8.6.1794) – noch etwa der Theophilantropie-Kult im Direktorium schlugen tiefe Wurzeln unter den Gläubigen. Auch die meisten revolutionären Ersatzkulte und Symbolhandlungen hielten sich nicht lange: Bürgereid, Bruderkuss, Freiheitsbaum, die Altäre des Vaterlandes, revolutionäre Katechismen, quasi-religiös inszenierte öffentliche Gedenkfeiern, Feste u. ä.

Seit Mai 1795 konnte die bis weit in das 19. Jh. strukturell wie personell schwer getroffene Kirche nach der offiziellen Gewährung der Kultfreiheit mit der Reorganisation beginnen, allerdings unter Anerkennung der strikten Trennung von Kirche und Staat.

Konkordat: Rechtsabkommen zwischen Kirche und Staat

1801 schloss Napoleon mit Papst Pius VII. ein Konkordat, das die Kirche materiell und institutionell absicherte.

Ergebnis: Kirche und Staat waren in Frankreich seit 1795 offiziell getrennt. Materiell und substantiell wurde die Kirche – mehr noch als der Adel – zum eigentlichen Verlierer der bürgerlichen Revolution, der sie im Juni 1789 in den Sattel geholfen hatte.

Vgl. S. 35

Vgl. die Verfassung von 1791, S. 82

Justizwesen reformiert: Feudalgerichte und Parlements abgeschafft

Das Justizwesen des Ancien Régime reformierte die Constituante ebenfalls nach den Prinzipien von 1789:

Volkssouveränität: Recht wurde von gewählten Richtern und Geschworenengerichten im Namen der Nation und des Königs gesprochen. Das Urteil wurde öffentlich verkündet.

Gleichberechtigung vor dem Gesetz, Schutz der persönlichen Freiheit: Die Vernehmung sollte spätestens 24 Stunden nach der Verhaftung erfolgen. Der Beschuldigte hatte das Recht auf einen Rechtsbeistand. Die Rechtsprechung war im Sinne der Gewaltenteilung von der Exekutive (dem König) unabhängig. Die zahlreichen feudalen Sondergerichte und die Parlements wurden abgeschafft und durch analog zur Verwaltungsneuordnung hierarchisierte, gleichberechtigte Gerichtshöfe ersetzt.

Ein von den Aktivbürgern der Primärversammlungen für zwei Jahre gewählter Friedensrichter je Kanton mit ehrenamtlichen Beisitzern (Gesetz vom 16.8.1790) urteilte nach angelsächischem Vorbild in zivilrechtlichen Bagatellfällen bis zu einem Streitwert von maximal 100 Livres.

Vgl. Vorbilder in der englischen Glorious Revolution, z. B. die Habeas-Corpus-Akte

Berufungsgericht und zudem zuständig für höhere Streitsummen war das Amtsgericht (fünf gewählte Richter mit einem vom König bestellten Staatsanwalt).

Strafrechtliche Tatbestände wurden in drei Instanzen verhandelt und abgeurteilt:

Gesetze vom 20.1., 19.7., 16.9.1791

- auf lokaler Ebene: vom Polizeigericht, bestehend aus Gemeindebeamten;
- auf kantonaler Ebene: vom „Besserungspolizei"-Gerichtshof, der den Tatbestand aufnahm und verwies;
- auf Departement-Ebene: vom Kriminalgericht der jeweiligen Hauptstadt. Acht Geschworene entschieden über die Anklageerhebung, zwölf (ebenfalls ausgelost unter den wohlhabenderen Aktivbürgern) über „schuldig" oder „unschuldig" – ohne das Recht zur Berufung.

Besetzt mit einem Präsidenten, drei gewählten Richtern, einem öffentlichen Ankläger und einem Vertreter des Königs, der die Bestrafung zu fordern hatte

„Imaginäre" Verbrechen wie Ketzerei und Majestätsbeleidigung wurden im neuen Strafgesetzbuch vom 25.9.1791 abgeschafft.

Auf nationaler Ebene verwies der Kassationsgerichtshof, eingerichtet am 27.11.1790 als zentrale Revisionsinstanz, Urteile zurück an die verschiedenen Gerichtshöfe derselben Instanz, jedoch nur im Falle von Fehlern in der Prozessführung oder Gesetzesverstößen.

Bestehend aus einem Richter je Departement

An der Spitze der neuorganisierten Judikative stand das nationale Hochgericht, zuständig für Amtsmissbräuche von Ministern und hohen Staatsbeamten sowie Vergehen gegen die Staatssicherheit.

„Haute Cour Nationale", gegründet am 10.5.1791

Auch die Rechtsprechung lag somit wesentlich in den Händen der Aktivbürger. Als wichtige „Errungenschaft" im Alltag, besonders in der Arbeitswelt, setzte sich „die absolute Herrschaft des Vertrages" (Furet) mit völliger „Vertragsfreiheit" durch.

Bürgerrecht für Minderheiten

Konsequent im Sinne der Menschen- und Bürgerrechtserklärung erhielten die ca. 750000 Nichtkatholiken mit

Protestanten, Quäker, Calvinisten u. a.

Portugiesischen und spanischen Ursprungs um Bordeaux und Bayonne

dem Dekret vom 24.12.1789 alle bürgerlichen Rechte, einschließlich der Zulassung zu Verwaltungsämtern.
Von den ca. 40 000 in Frankreich ansässigen Juden erhielten am 28.1.1790 die sephardischen Juden das volle Bürgerrecht. Im Juli 1790 wurden alle auf ihnen lastenden Sonderabgaben abgeschafft und am 27.9.1791 alle Juden bürgerlich gleichberechtigt, sofern sie den Bürgereid leisteten und auf ihre speziellen Korporationen verzichteten.
Die Debatten um die Emanzipation der farbigen Sklaven in den französischen Überseekolonien zogen sich dagegen hin. Brissot und die von ihm schon 1788 gegründete „Gesellschaft der Freunde der Schwarzen" traten vehement für die ersatzlose Abschaffung der Sklaverei ein, wogegen jedoch besonders die koloniale Plantagenbesitzer- und Fernhändler-Lobby opponierte.
Am 28.9.1791 wurde die Sklaverei zunächst in Frankreich offiziell abgeschafft. Nach dem Sklavenaufstand in Santo Domingo seit dem 22.8.1791, der zu Zuckerknappheit und Unruhen in Frankreich Ende Januar 1792 führte, erlosch kurzzeitig das politische Interesse an der Emanzipation der Sklaven. Am 4.4.1792 anerkannte die gesetzgebende Nationalversammlung die politischen Rechte aller freien Mulatten und Schwarzen. Endgültig schaffte die Sklaverei erst der Nationalkonvent am 4.2.1794 ab, die 1802 in den Kolonien jedoch wiederhergestellt wurde.

G. Lefebvre, Die Französische Revolution und die Bauern, in: Hartig, I. A. (Hg.), a.a.O., S. 136–170

Die Agrarpolitik

Die hochherzigen Beschlüsse zur Vernichtung der Feudalität vom 4./5. und 11.8.1789 erwiesen sich in den Ausführungsdekreten vom 15.–28.3. und 3.5.1790 als halbherzig umgesetzt. Grundherrliche Rechte konnten im Fall von Naturalabgaben mit dem 25-fachen, Geldabgaben mit dem 20-fachen Jahresbetrag abgelöst werden.
Besitzerwechsel-Verpflichtungen wurden als Wechsel-Rente aufgerechnet. Wollte der Grundholde die Rechtmäßigkeit grundherrlicher Ansprüche grundsätzlich anfechten, trug er – entgegen der damit umgekehrten Rechtsnorm – die Beweispflicht.

Grundholde = abhängig wirtschaftender Bauer

Im Herbst 1790 beschweren sich Bauern des Departements Lot-et-Garonne in einer Petition an die Nationalversammlung:
„Sie haben durch ihre Dekrete angekündigt, Sie hätten das Feudalregime vernichtet; Sie haben das Gegenteil getan."
(zit. n. Reichardt [Hg.], a.a.O., S. 85)

Die Hoffnung vieler Bauern auf rasche Unabhängigkeit und Gründung einer privatwirtschaftlichen Existenz wurden von solchen Regelungen bitter enttäuscht (Lefebvre). 2/3 von ihnen zählten zu den zumeist analphabetischen Kleinbauern. Nur wenige konnten das notwendige Kapital für die Ablösungen aufbringen. Auch eventuelles Unrecht einzuklagen, war nicht nur kostenintensiv, sondern ungewiss im Erfolg gegen zumeist überlegene Gegner. Steuern und Abgaben wurden als Trotzreaktion verweigert. Gewalttätige bäuerliche Unruhen gegen Grundherren, adlige Schlösser und Archive und Klöster hielten seit 1789/90 an und flammten immer wieder verstärkt auf.

Sie erhalten seit 1791/92, zumal in Krisenzeiten, zunehmend eine sozialpolitische Stoßrichtung: Häuser reicher Bürger oder auch Emigrierter werden nach Lebensmitteln und Waffen durchsucht, Verwalter vertrieben, Archive zerstört.

Insgesamt gesehen scheiterte die Agrargesetzgebung der Constituante. Zwar war das Feudalrecht de jure abgeschafft, de facto jedoch bestand es fort. Es gelang nicht, die Bauern an die Revolution zu binden.

Profitiert als Verpächter oder selbstbewirtschaftende Eigentümer hatten – zumal als Neueigentümer von Nationalgütern – die Protégés der Constituante: (Grund)besitzende Stadtbürger und Groß-Bauernschaft, die zusammengerechnet schon im Ancien Régime über 50% des Grund und Bodens besaßen. Leer gingen Millionen pachtender oder halbpachtender Kleinbauernfamilien aus, die oft nicht mehr als den Grundherrn wechselten.

Die verfehlte Agrarpolitik der Constituante, die bürgerlichen Grundbesitz und Besitzende bevorzugte, legte den Grundstein für eine tiefgreifende soziale Spaltung unter der Landbevölkerung in Besitzende/Habenichtse, Eigentümer/Pächter, Stadt/Land, die sich in den Folgejahren anti-revolutionär bzw. anti-agrarkapitalistisch radikalisierte.

Korrigierende Maßnahmen zugunsten der Kleinbauern änderten an der Grundtendenz dieser Politik nichts: Gesetz vom 25.8.1792: Alle Feudalrechte wurden entschädigungslos abgeschafft mit Ausnahme jedoch derer, für die die Grundherren, die jetzt die Beweispflicht hatten, einen Rechtsanspruch vorweisen konnten. Zahllose Prozesse wurden geführt. Die Rückkaufmodalitäten für die Bauern wurden erleichtert.
Jakobiner-Konvent:
Gesetz vom 17.7.1793: Alle Prozesse wurden ausgesetzt und die Auslieferung der Grundtitel angeordnet, die zusammen mit anderen Symbolen des Ancien Régime feierlich verbrannt wurden.

Zeitgenössisches Plakat:
Hier ehrt man sich mit dem Titel Citoyen.

19.6.1790: Adelstitel abgeschafft

Die Abschaffung der Adelstitel dokumentierte das egalitäre Prinzip der neuen Gesellschaftsordnung überdeutlich.

Der „citoyen" (= der Bürger) als Staatsbürger der neuen bürgerlichen Gesellschaftsordnung egalisierte die Untertanen-Hierarchien der Titel und Ränge zu Ungunsten der bisher Privilegierten – zumindest auf dem Papier: „Freie Bahn dem Tüchtigen" ohne geburtsrechtliche Schranken. Aus Ludwig XVI. wurde nun offiziell der „Bürger Capet". „Citoyen/ne" zu sein, suggerierte und beschwor die revolutionäre Solidarität aller im Sinne der „fraternité" (Brüderlichkeit), vor allem zur gemeinschaftlich beschworenen, wie es nun hieß: „nationalen" Abwehr immer offensichtlicher drohender Gefahren von innen und außen.

Seit März 1791 bürgert sich die diffamierend gebrauchte Bezeichnung „Bourgeoisie" für die Schicht der Reichen ein; dagegen steht „Citoyen/ne" als Ehrenausdruck für den patriotischen Staatsbürger. (vgl. Aulard/Schulin, a.a.O., S. 96)

Doch blieb die „Gleichheit“, interpretiert ohnehin nur als eine naturrechtliche vor dem Gesetz, mehr oder weniger abstrakt. Neue Hierarchien mit neuen Namen und Titeln traten an die Stelle der alten. Eine neue Geldaristokratie ersetzte die alte Adelsaristokratie, die verstärkt emigrierte.

Vgl. die Verfassung von 1791, S. 82

Indirektes Zensuswahlrecht beschlossen

Alle Franzosen sind als Bürger vor dem Gesetz gleich, bestimmte die Menschenrechtserklärung und dekretierte damit indirekt das allgemeine Wahlrecht. Doch – so die Realisierung des egalitär-demokratischen Prinzips durch die Verfassungsväter der Constituante – sollten ca. 4,3 Mio. Franzosen „gleicher“ an politischen Rechten sein: die Aktivbürger. Sie allein erhielten das Wahlrecht.

Zu den Aktivbürgern zählte, wer
- *Franzose über 25 Jahre, seit mindestens einem Jahr im Kanton ansässig,*
- *nicht Dienstbote war,*
- *eine direkte Steuer im Gegenwert von mindestens drei Arbeitstagen gleich 2–3 Livres jährlich (bzw. „Zensus“) zahlte.*

Selbst im Vergleich zu den ca. 200 000 Wahlberechtigten unter Louis-Philippe (1830–1848) gut 50 Jahre später (von den Untertanen des Ancien Régime ganz zu schweigen) bedeuteten die damit ca. 4,3 Mio. wahlberechtigten Aktivbürger von 1791, zu denen nun auch Knechte, ärmere Pächter oder Tagelöhner in Land und Stadt, z.B. aber auch Handwerker und ihre Gesellen gehörten, einen markanten Fortschritt im Sinne des demokratischen Prinzips.

Passivbürger

Frauen, Männer unter 25 Jahre, Dienstboten, gesellschaftliche Minderheiten und andere blieben jedoch vom Wahlrecht ausgeschlossen. Sie waren ebenso wie ca. 2,5 Mio. potentielle männliche Wähler über 25 Jahre, die den Steuerzensus nicht aufbrachten, zur politischen Passivität verurteilt: Staatsbürger zwar, doch dritter Klasse.

Staatsbürger waren auch die Aktivbürger-Wähler der kantonalen Wählerversammlungen, gemäß dem Wahlrecht jedoch nur zweiter Klasse.

Sie wählten Räte, Beamte, Bürgermeister auf Gemeindeebene, Friedensrichter auf Kantonsebene sowie die Wahlmänner (einen auf 100 Aktivbürger) der Wahlmännerversammlungen auf Departements-Ebene.

Die Wahlmänner unterlagen ihrerseits einem selektiven Zensus von 7–10 Livres jährlicher Steuerleistung.

Sie wählten die Departements-Organe sowie auf zwei Jahre die 745 Abgeordneten der Nationalversammlung.

Die in Frage kommenden ca. 43 000 Wahlmänner und einigen Tausend Abgeordneten waren also die eigentlich vollberechtigten Staatsbürger erster Klasse.

Abgeordneten-Zensus war: Landbesitz und eine jährliche Steuerleistung von mindestens 52 Livres

Die drei wesentlichen Elemente dieses neuen indirekten Zensus- oder Steuerklassen-Männerwahlrechts waren:

- zweistufige Selektion nach Zensus gleich zu erbringender Mindeststeuer/Jahr: ca. 4,3 Mio. Aktivbürger/Gemeinde und Kanton: 2–3 Livres; ca. 43 000 wählbare Wahlmänner/Departements: 7–10 Livres; einige Tausend Abgeordnete/Nationalversammlung: Grundbesitz und 52 Livres;
- indirekte Wahl der Departements-Organe und Abgeordneten der Nationalversammlung über Wahlmänner.

Heftige Proteste der Clubs (Robespierre) und Volksgesellschaften, vor allem aber in der radikaleren Tagespresse waren die Folge. Dieses Wahlrecht repräsentiere nicht die Nation. Der Ausschluss der Armen zugunsten weniger Reicher verrate die revolutionären Grundprinzipien und schaffe eine neue privilegierte Klasse („Bourgeois").

Marats Kritik am Zensuswahlrecht im L'Ami du Peuple vom 18.11.1789: „So wird die Volksvertretung… in die Hände der Reichen zurückgegeben, und das Los der stets unterworfenen, stets unterjochten und stets unterdrückten Armen wird sich niemals durch friedliche Mittel verbessern lassen. Hier haben wir ohne Zweifel einen schlagenden Beweis für den Einfluss des Reichtums auf die Gesetzgebung…" (zit. n. Markov/Soboul, a.a.O., S. 145)

Die Befürworter hielten dagegen, dass die Abgeordneten in ihren politischen Entscheidungen materiell unabhängig sein müssten. Sollten Vagabunden wählen dürfen? Ohne Zensus sei die Korruptionsgefahr zu groß. Der Zensus sporne die ausgeschlossenen Armen an, es zu etwas zu bringen.

Rousseau, einer der geistigen Väter der Revolution, bemerkte Camille Desmoulins sarkastisch, wäre nach diesem System jedenfalls nicht wählbar gewesen.

Mit 453 gegen 443 Stimmen wurde das Zensuswahlrecht mit knapper Mehrheit am 22.12.1789 in der Nationalversammlung beschlossen.

Das Wahlrecht wurde im Verlauf der Revolution mehrfach geändert. Das allgemeine Wahlrecht schreibt erst die Jakobiner-Verfassung von 1793 fest, die Direktorialverfassung von 1795 schränkt es wieder auf alle steuerzahlenden Männer über 21 Jahre ein, während es die napoleonische Verfassung von 1799 wieder auf alle über 21-jährigen Franzosen ohne den Steuerzensus ausdehnt.

s. S. 129
s. S. 147
s. S. 162

4 Zielvorstellung: konstitutionelle Monarchie – die Verfassung vom 3.9.1791

Konstitutionelle Monarchie: Die Staatsgewalt des Monarchen ist durch eine Verfassung (lat.: constitutio) eingeschränkt. Das Parlament ist an der Gesetzgebung und der Festlegung des Budgets beteiligt, nicht aber an der Regierungsbildung.

Die Phase der „Verfassungsrevolution" 1789–1791 wurde am 3.9.1791 mit dem In-Kraft-Treten der ersten französischen Verfassung der Neuzeit abgeschlossen.

Die damit kodifizierte, fundamentale Umstrukturierung des Staatswesens durch die revolutionäre „Constituante" markiert den Auftakt für den „Europäischen Konstitutionalismus" des 19. Jhs.

Vgl. z. B. zu den ersten deutschen Verfassungen seit 1815 in Baden, Württemberg und Bayern: Bemmerlein, G., a.a.O., S. 23ff.

Die Verfassungsidee war ein Netzwerk von gesetzlich fixierten Rahmenbedingungen zur Regelung der Machtausübung im Staat gegen Monarchenwillkür und Beamtendespotismus für Rechtssicherheit der Bürger und die Begrenzung der politischen Macht.
Der aufgeklärte Rationalismus des 18. Jhs. formulierte sie aus der allgemeinen, tief sitzenden Rechtsunsicherheit, z. B.:

Vgl. S. 27 f.

- Voltaire: durch die Entchristianisierung und Säkularisierung des Weltbildes;
- Rousseau: der Mensch als souveräner Gestalter seiner politischen Welt;
- Montesquieu: Trennung der drei staatlichen Gewalten.

4.1 Charakteristika und wichtigste Bestimmungen der Verfassung

Verfassungstext in: Lautemann / Schlenke (Hg.), a.a.O., Bd. IV, S. 218–240

Republikanisch oder konstitutionell-monarchisch auf der Basis des immer noch sehr populären Royalismus? Nicht nur die „Verfassungsfrage“ war immer wieder kontrovers und leidenschaftlich im Verfassungsausschuss, in der Plenarversammlung, der Presse, den Clubs und Versammlungen diskutiert worden.

z. B.: Volkssouveränität und Chancengleichheit ja – jedoch stark eingeschränkt durch das Zensuswahlrecht; garantierte Abschaffung der Feudalität – verwässert in den halbherzigen Umsetzungsdekreten; heiliges Eigentum – verletzt durch den Nationalgüterverkauf

Ergebnis: Die monarchisch-konstitutionelle Verfassung von 1791 war in vielerlei Hinsicht ein – sogar als „Un-Verfassung“ kritisierter – Kompromiss zwischen den oft beschworenen „Prinzipien von 1789“ und ihrer praktischen Umsetzbarkeit, dokumentiert in den zahlreichen begleitenden Gesetzen und Dekreten.
Die wichtigsten Verfassungsprinzipien waren:

- allgemeine politische Grundrechte: formuliert in der Menschen- und Bürgerrechtserklärung als Dach bzw. Fundament der Verfassung;
- Volks- bzw. nationale Souveränität;
- Gewaltenteilung und -kontrolle;
- Abbau der Privilegien und soziale Klüfte;
- Freiheit und Gleichheit der Chancen und vor dem Gesetz;
- Trennung von Kirche und Staat;
- demokratische Umgestaltung sämtlicher Verwaltungsstrukturen und des Gerichtswesens mit verantwortlichen, gewählten Beamten;
- Verantwortlichkeit aller vor der obersten Autorität: der Verfassung und dem Gesetz.

Spezielle Elemente der Verfassung von 1791 waren u. a.:
- Ein-Kammer-Legislative;
- suspensives Veto des Königs;
- zweistufiges Zensuswahlrecht.

Die Exekutive (König/Ministerien) behielt die monarchische Form bei. Die absoluten Vollmachten des Königs und der Ministerialbürokratie werden durch die Gesetze eingeschränkt. Der erbliche König der Franzosen wird erst „durch das Verfassungsgesetz des Staates" legitimiert. Sein Wille hat keine Gesetzeskraft mehr. Er bleibt militärischer Oberbefehlshaber. Jegliche Staatsgewalt geht von der Nation aus, deren oberster besoldeter (25 Mio. Livres jährlich) Beamter er ist. Ein Teil der legislativen Gewalt verbleibt bei ihm: Er hat das – aufschiebende – Vetorecht, kein absolutes: die Nationalversammlung kann es im Notstand durch ein Referendum übergehen.

Seine frei – außerhalb des Parlamentes – von ihm auszuwählenden sechs Minister: Inneres, Justiz, Krieg, Marine, Auswärtiges und Finanzen müssen seine Beschlüsse gegenzeichnen. Sie legen vor der Entlassung durch das Parlament vor diesem Rechenschaft über ihre Amtszeit ab. Sie haben also keine politische Verantwortung gegenüber dem Parlament, werden jedoch strafrechtlich von der Haute Cour Nationale kontrolliert.

Legislative: Kein Abgeordneter der in zwei Stufen nach Zensuswahlrecht gewählten Ein-Kammer-Legislative darf Minister sein. Die Nationalversammlung hat das Gesetzesvorschlagsrecht, überwacht die Minister und die Außenpolitik mit ihrem Ausschuss für Diplomatie.

745 Abgeordnete der gesetzgebenden Nationalversammlung seit 1.10.1791

Souverän ist sie in Finanzangelegenheiten: Budgetrecht und die Beschlussfassung über die Mittelverwendung obliegen ihr allein. Sie konstituiert sich am ersten Montag im Mai aus eigenem Recht und ist unabhängig vom König, der sie nicht auflösen darf.

Judikative (Gerichtswesen): Die Gerichte werden mit allein den Gesetzen verpflichteten, gewählten Beamten auf drei Ebenen analog zur Verwaltungsneuordnung besetzt: Friedensrichter, Departementsrichter, Kassationsgerichtshof und Haute Cour Nationale.

Zeitgenössische Karikatur Ludwigs XVI.: Der janusgesichtige König oder der Mann mit den zwei Gesichtern: „Ich werde die Verfassung aufrechterhalten." / „Ich werde die Verfassung zerstören."

4.2 Beurteilungen des Verfassungswerkes der Constituante

Furet/Richet sehen die Ergebnisse nach zwei Jahren revolutionärer Umstrukturierungen der „allmächtigen" Constituante gefährdet durch die Stellung des Königs. Die dem

Die Verfassung von 1791

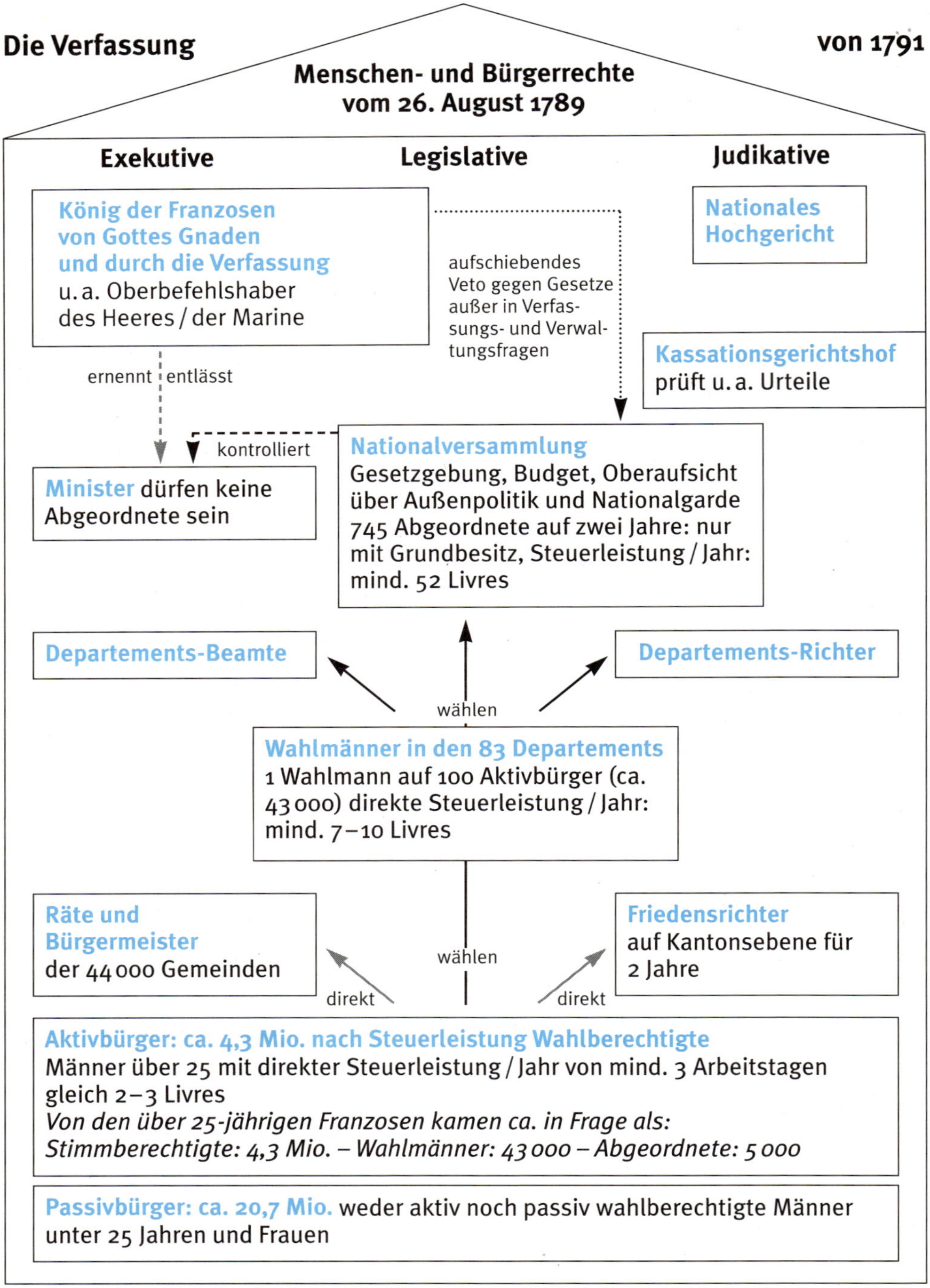

Zusammengestellt nach: Lautemann / Schlenke (Hg.), a.a.O., Bd. 4, S. 218–240

vom Volk beaufsichtigten Ludwig XVI. nach Paris gefolgte Versammlung lavierte zwischen Baum, der Obstruktionspolitik des Königs und Borke, der immer einflussreicheren öffentlichen Meinung. Negativ bewerten dies auch Taine und Crainton.

Erfolg oder Misserfolg der Revolution hingen entscheidend von einer ökonomischen Stabilisierung (Budgetsanierung, Sommerernten) und dem Verhalten des Königs ab, der sich als Stabilitätsgarant in die neue Verfassung aber nicht einfinden und sie aktiv unterstützen wollte.

Vor dem Hintergrund der folgenden Krisenjahre 1792/93: Flucht nach Varennes, Ausbruch des Krieges, zunehmend gewaltsame innenpolitische Konfrontationen, Tuileriensturm, Hinrichtung des Königs werden die Hypotheken der Constituante für die Assemblée Nationale Législative (seit 1.10.1791) hervorgehoben: „ungeschickte" (Schulin) Finanzpolitik, gescheiterte Agrarpolitik, das Kirchenschisma als Motor für die Gegenrevolution und die zu unentschlossene Haltung gegenüber dem revolutionsfeindlichen König.

Vgl. S. 98f.

Gänzlich ablehnend – besonders wegen der Gewalttaten – stand der wohl bekannteste zeitgenössische Revolutionsgegner, der Engländer Burke, dem Verfassungswerk gegenüber.

Markov/Soboul kritisieren scharf das Männer-Zensuswahlrecht, mit dessen Hilfe sich die neuen besitzbürgerlichen Machthaber die Herrschaft auf Kosten der abgedrängten Unterschichten sichern.

Weitgehend positiv dagegen beurteilen Verteidiger der Constituante die erfolgreiche Umsetzung der Ideen von 1789: Demokratisierung, Verwaltungsneuordnung, das gerechtere Steuersystem; das „Frankreich des Privilegs" sei 1791 tot. Sie loben die Jahre 1789–1791 als „große Zeit der Französischen Revolution", die erste Revolutionsverfassung sei der Meilenstein in der Entwicklung des europäischen Konstitutionalismus und preisen sie euphorisch bis weit in das 19. Jh. als vorbildliches neues Staats„evangelium" und „Bibelersatz".

Dagegen Godechot: eine „echte Diktatur", vergleichbar dem Parlamentsabsolutismus des „Langen Parlaments" in der englischen Revolution nach 1640 (Furet/Richet, a.a.O., S. 124 ff.)

4 Die Revolution in der Krise bis zur Hinrichtung des Königs am 21. Januar 1793

Ausführlich Markov/Soboul, a.a.O., S. 204–274

Die Kriegserklärung an Österreich vom 20. April 1792, mit der das revolutionäre Frankreich in einen Krieg gegen Europa bis 1815 eintrat und die Erstürmung des Tuilerien-Stadtschlosses am 10. August 1792 durch die Pariser Sansculotten und Föderierte aus den Provinzen markieren die zentralen Ereignisse der Krise der Revolution im Jahr 1792.

Die „zweite", „demokratische" Revolution

Eine Grundkonstante kristallisiert sich für den Verlauf der Revolution bis 1799 heraus. Die innen- und außenpolitische Situation beinflussen sich wechselseitig in positiven wie negativen Auswirkungen. Tendenziell behauptet sich die Revolution nur mit immer radikaleren Mitteln gegenüber inneren und äußeren Gegnern. Beispiel dafür sind die Septembermassaker vom 2.–5.9.1792 (2.9.: Kapitulation von Verdun) in den Pariser Gefängnissen. Der improvisierten Gewaltorgie fallen allein in Paris 1100–1400 politische Häftlinge und Kriminelle zum Opfer.

Zu Wechselwirkungen z.B. von Krieg und innenpolitischer Radikalisierung Godechot, J.: L'influence de la guerre sur la Révolution, in: Schmitt/Reichardt (Hg.), a.a.O., Bd. 2, S. 3–22; Übersicht s. S. 98f.

Die Eckdaten dieser Übergangsphase der Revolution vom „glücklichen Jahr" der Constituante 1790/91 zur „Jakobiner-Schreckensherrschaft" 1793/94 sind mit dem Schicksal des Monarchen verbunden: Am 21.6.1791 scheiterte sein Fluchtversuch bei Varennes; am 21.1.1793 wird Ludwig XVI. und mit ihm ein fast tausendjähriger monarchischer Mythos guillotiniert.

In der durch außenpolitischen Druck und Panikstimmung aufgeladenen Kriegsdebatte seit Herbst 1791 eskalieren die innenpolitischen Auseinandersetzungen um den nationalen Kurs der Revolution.

Die Revolution im Krieg seit dem 20.4.1792 steht erst recht unter Erfolgszwang. Bis September 1792 sind preußisch-österreichische Interventionsarmeen siegreich. Hof und Emigranten sehen ihre Stunde der Gegenrevolution kommen, verrechnen sich aber. Die Furcht vor dem „aristokratischen Komplott" gipfelt in solchen Krisenzeiten infolge militärischer Niederlagen in Demonstrationen, Teuerungsunruhen und Plünderungen. Gewalttätige Ausschreitungen gehören zum revolutionären Alltag.

Berühmt wurde der Fall des Bürgermeisters von Etampes, Simoneau, der am 3.3.1792 bei einer dieser Unruhen erschlagen wurde. Er wurde von der Legislative zum „Märtyrer für Sicherheit und Ordnung" stilisiert.

Die sich verschärfende Wirtschaftskrise bekommt auch das am 1.10.1791 zusammentretende neue Parlament, die

„Assemblée Nationale Législative" (die „Legislative") nicht in den Griff. Der Krieg wirkt wie Öl in das schwelende Feuer der sozialen und politischen Spannungen.

Zu den Zusammenhängen zwischen revolutionärer Wirtschafts- und Sozialpolitik 1789–1799 vgl. Reichardt (Hg.), a.a.O., S. 146–157

Als neuer politischer Machtfaktor bestimmen nach dem Tuileriensturm am 10.8.1792 die in der bürgerlichen Revolution Zu-kurz-Gekommenen mit ihrer politischen Zentrale in Paris, der „revolutionären Commune", den Kurs der Revolution entscheidend mit. Justizminister Danton ist 1792 ihr Volkstribun. Sie überholen die parlamentarische Linke links: bewaffnete Passivbürger, Föderierte aus den Provinzen und die Frauen und Männer der Pariser Sansculotten aus den Volksgesellschaften und Basisorganisationen der Sektionen.

Deren radikaldemokratisch-egalitäre Ideale, Feindbilder und Forderungen: Republik, Festpreise, Zwangsmaßnahmen gegen „Revolutionsfeinde": Spekulanten, Aristokraten, Priester, Emigranten, „Verdächtige", „Verschwörer" proklamieren ihre Idole: Danton, Marat, Robespierre, Desmoulins, der Pariser Bürgermeister Pache (seit 14.2.1793), der „rote Priester" Jaques Roux, Hébert, Nationalgarden-Chef Santerre oder dessen Nachfolger Hanriot.

Fünf Faktoren bestimmen die „Krise der Revolution" näher:

1. Unaufgearbeitete Hypotheken der Constituante: Wirtschaftskrise, Assignaten-Inflation, Enttäuschung der Bauern, Zensuswahlrecht.
2. Kriegsdebatte seit Herbst 1791: Sie polarisiert und radikalisiert die innenpolitischen Auseinandersetzungen und entfacht eine nationale Kriegseuphorie. *Vgl. S. 95*
   Die Girondisten der parlamentarischen Linken predigen einen freiheitsmessianischen, ehrenrettenden Präventiv-Krieg. Robespierre, aber auch Marat bis zum 15.12.1791 und Barnave argumentieren dagegen. Sie warnen vor den gefährlichen Konsequenzen: die Massen auf Gedeih und Verderb politisch zu entfesseln, die Kriegsbereitschaft der Generäle sowie die wahren Absichten des kriegstreibenden Hofes zu verkennen.
3. Negativer Kriegsverlauf bis September 1792: Bereits kurz nach dem Kriegseintritt (20.4.1792) ist das „Vaterland in Gefahr" (11.7.1792). Die sozialen Spannungen eskalieren häufiger, gewalttätiger und unkontrollierbarer. Schlecht gerüstete Revolutionsarmeen unterliegen bei Longwy (23.8.1792) und Verdun (2.9.1792). Preußisch-österreichische Interventionstruppen bedrohen Paris. Die kriegsbegeisterte Legislative ist diskreditiert. Nach Siegen in der „Kanonade von Valmy" (20.9.1792), bei Jemappes (6.11.1792) und den linksrheinischen Eroberungen (Worms, Speyer, Mainz bis nach Frankfurt/Main im Oktober 1792) entspannt sich die militärische Lage und mit ihr die innenpolitische Situation kurzfristig bis zur „Märzkrise" 1793. *Vgl. S. 97*

4. Krise nach Varennes: Der am 21.6.1791 bei Varennes misslungene Fluchtversuch Ludwigs XVI. und seiner Familie demaskiert dessen doppelbödige Politik öffentlich und zerstört das Vertrauen in seine aufrichtige Kompromissbereitschaft, zumal der König seine Veto-Obstruktionspolitik fortsetzt. Nach dem Tuileriensturm ist das Scheitern des Integrationsversuches zwischen alter und neuer Ordnung im Verfassungsmodell der konstitutionellen Monarchie endgültig: Ludwig XVI. wird abgesetzt, Frankreich am 22.9.1792 die „eine und unteilbare Republik", der König am 21.1.1793 guillotiniert.
   Womit es für die Revolution kein Zurück mehr gab.
5. Radikalisierung des politischen Sansculottismus: Nach dem Kriegseintritt (20.4.) und dem Tuileriensturm (10.8.1792) bestimmen die Pariser Sansculotten mit radikalen Forderungen und nicht gerade zimperlichen Methoden entscheidend den Charakter der Revolution, was diese viele Sympathien im In- und Ausland kostet. Die Legislative als nationales politisches Entscheidungszentrum verliert die Kontrolle über den Kurs der Revolution an die hinter den Abgeordneten stehenden politischen Clubs und Salons bzw. die radikaldemokratischen Bürgerversammlungen der Pariser Sektionen: die „Straße" und ihre „Volkstribunen".

Der Stellenwert des vielfältigen politischen Sansculottismus innerhalb der Revolution wird von Historikern unterschiedlich beurteilt, z. B.:
Guérin: „Embryo der proletarischen Revolution",
Soboul: fortschrittliches Vorproletariat,
Furet/Richet: Gleichmacher, permanente Agitatoren, Utopisten

Berühmt und einflussreich war der Salon der am 8.11.1793 hingerichteten Manon Roland und ihres Mannes, der im Frühjahr 1792 girondistischer Innenminister war.

1 Die Assemblée Nationale Législative

1.1 Parteiungen in der Legislative

Legislative
1.10.1791 bis 20.9.1792

745 nach dem zweistufigen Zensuswahlrecht gewählte Abgeordnete konstituierten sich zur „gesetzgebenden Nationalversammlung"; allesamt neue Gesichter, da auf Antrag Robespierres vom 16.5.1791 die Constituante die Nicht-Wiederwählbarkeit ihrer Mitglieder beschlossen hatte.

Im zweiten Revolutionsparlament dominierten in den heterogenen Parteiungen Juristen und grundbesitzende Bürger; die Mehrheit war jünger als 30 Jahre und besaß nur wenig politische Erfahrung, zumeist aus den neu entstandenen revolutionären Organisationen.

Parteiungen in der Assemblée Nationale Législative
1.10.1791–20.9.1792

„Linke“ 745 Abgeordnete nach zweistufigem Zensuswahlrecht **„Rechte“**

Brissotins / Girondisten	**Indépendants / Impartiaux / Unabhängige**	**Feuillants: Lamethisten und Fayettisten**
136 Abgeordnete	345 Abgeordnete	264 Abgeordnete
überwiegend Mitglieder des Jakobinerclubs	schwankende politische Mitte	
um Brissot, Guadet, Gensonné, Verginaud, Condorcet **Cordeliers-Trio:** Basire, Chabot, Merlin de Thionville **Montagne** um Lindet, Chouton, Carnot	ohne herausragende Persönlichkeiten	gruppiert um La Fayette und die Brüder de Lameth
Brissotins überwiegend Rechtsanwälte, Publizisten, Professoren aus dem gebildeten Bürgertum Interessenvertreter der Provinz und wohlhabende Hafenstädte, für den Krieg **Cordeliers-Trio** ohne großen Einfluss in der Versammlung, Interessenvertreter der Volksgesellschaften **Montagne** Anhänger des allgemeinen Wahlrechts	„Verfassungstreue“ ohne eindeutige Parteinahme, z. B. gegen Hofverbindungen der Feuillants und Extremismus linker Fraktionen	Anhänger abgespalten vom Jakobiner-Club am 16.7.1791 Anhänger der Verfassung von 1791 für die konstitutionell eingeschränkte Monarchie für die Vormachtstellung des Bürgertums

Die Linke: 136 Brissotins/Girondisten, Montagnards, Cordeliers-Trio

Die meisten Abgeordneten der heterogenen Linken waren eingeschriebene Mitglieder des Jakobiner-Clubs. Fraktionsführer der nach ihm benannten Gruppe der „Brissotins“ war – neben dem mit ihnen sympathisierenden Philosophen und Voltaire-Herausgeber Condorcet – der Strafrechtler, Journalist und Pariser Deputierte Brissot (1754–1793). Diese Abgeordneten stammten zumeist aus bürgerlichen Familien im Departement Gironde mit der Hauptstadt Bordeaux – daher seit Lamartine 1847 „Girondisten“ genannt. Die Girondisten der Legislative taten sich als die redegewaltigen Kriegspropagandisten hervor, verloren jedoch infolge der militärischen Niederlagen an Einfluss.

Wahrscheinlich nach ihren Sitzplätzen auf den obersten linken Bänken im Manège-Saal hatte die Abgeordneten-

Jaques-Pierre Brissot
(Gravur von Claessens)

Der liberal-konservative, gemäßigtere Club der Feuillants (so genannt nach dem Tagungsort, einem Kloster des Feuillantiner-Ordens in der Pariser Rue Saint-Honoré) hatte sich mit ca. 1900 von 2400 bisherigen Mitgliedern des Jakobiner-Clubs am 16.7.1791 von diesem abgespalten. Erst gegen Ende 1791 gelang es Robespierre, die meisten Überläufer für den Jakobiner-Club zurückzugewinnen. Am 10.8.1792 wurde der Feuillants-Club endgültig geschlossen.

Gruppe der Montagne (frz: Berg/„Montagnards" gleich „Bergparteiler") ihren Namen. Lindet, Couthon, Carnot u.a. waren „Demokraten" wie die Girondisten, setzten sich aber deutlicher für Interessen der Unterschichten, z.B. für das allgemeine Wahlrecht ein.
Das sogenannte Cordeliers-Trio Basire, Chabot und Merlin de Thionville besaß weniger Einfluss in der Legislative denn als Interessenvertreter der Pariser Volksgesellschaften.

Die Rechte: 264 Feuillants

An die Stelle der nicht mehr vertretenen monarchistischen, klerikalen und aristokratischen Rechten der Constituante trat eine neue bürgerliche. Die meisten Abgeordneten dieser Gruppierung waren eingeschriebene Mitglieder des Feuillants-Clubs.
Sie vertraten das Besitzbürgertum, waren in der Mehrzahl gegen den Krieg, für die konstitutionelle Monarchie, Dezentralismus, das Zensuswahlrecht und den demokratisch-populistischen Zielen linker Montagnards ebenso abgeneigt wie monarchistisch-restaurativen Bestrebungen extremerer Rechter.
Die Lamethisten unter ihnen hielten zu dem seit Herbst 1791 außerparlamentarisch agierenden, im Kabinett und Geheimen Rat bei Hofe einflussreichen „Triumvirat" der Constituante, während die Fayettisten-Gruppe dem „Held beider Welten" zuneigte, dessen Popularität allerdings nach dem Marsfeld-Massaker am 17.7.1791, der gewaltsamen Auflösung einer Journée, beträchtlich gelitten hatte.
Nach dem Tuileriensturm werden die Feuillants mit anderen rechten Indépendants aus der Versammlung vertrieben.

Die Mitte: 345 Indépendants/Unabhängige

Die politische Mitte und Mehrheit der Legislative bildete eine lose, von den Tribünen stark beeinflusste und sehr unterschiedlich abstimmende Gruppe von „Unabhängigen", die Nachfolger der „Konstitutionellen" der Constituante.

1.2 Beschlüsse der Legislative

Abgestimmt wurde in der Legislative durch Aufstehen bzw. Sitzenbleiben. Eine wirksame Einflussnahme

Im nach dem zweistufigem Zensuswahlrecht neu gewählten, zweiten Revolutionsparlament wurde im Wesentlichen die Arbeit der Constituante fortgesetzt. Im Manège-

Saal beherrschten in den zumeist von Jakobiner-Anhängern auf den Tribünen lebhaft begleiteten Sitzungen die politischen Grundsatzdebatten die Szene: der Krieg sowie das Schicksal der konstitutionellen Monarchie.

Hypotheken der Constituante

Mit den Hypotheken der Constituante wurde auch die Legislative nicht fertig:
- gescheiterte Agrarpolitik: enttäuschte Kleinbauern;
- Zensuswahlrecht: Spaltung der Bevölkerung in Aktiv- und Passivbürger;
- eine ständig sich verschärfende Wirtschaftskrise: Defizit, Assignaten-(„Affengeld“)Inflation, Hunger- und Teuerungsunruhen (verstärkt seit Herbst 1791);
- Kirchenschisma: zwischen verfolgten, eidverweigernden („Refraktäre“) und revolutionskonformen Priestern;
- unentschlossene Politik gegenüber der Gegenrevolution: Emigranten, Hof, Kirche.

Die wichtigsten Dekrete des Jahres 1791

Ziel der Dekrete war es, gegen Emigranten und Refraktäre vorzugehen.
31.10.: Rückkehr-Ultimatum bis 31.12.1791 an den Grafen de Provence, den jüngeren Bruder Ludwigs XVI. (= König Ludwig XVIII. 1815–1824), andernfalls er seiner Thronrechte verlustig ginge;
9.11.: gegen die Emigranten, ihren Besitz im Falle andauernder Emigration zu konfiszieren (am 9.2.1792 beschlagnahmt);
29.11.: gegen die eidverweigernden Priester, denen ein weiterer Bürgereid abverlangt wurde und die bei „Erregung öffentlichen Ärgernisses“ (revolutionsfeindlicher Propaganda) zwangsumgesiedelt werden sollten;
29.11.: an den König, der die grenznahen Emigrantenzentren, die Kurbistümer Mainz und Trier, veranlassen sollte, die dortigen Truppenkonzentrationen zu unterbinden.
Ludwig XVI. blockierte mit seinem Veto die November-Dekrete gegen die Emigranten und Refraktäre, unterschrieb die beiden anderen in dem Kalkül, sie würden die Betroffenen zum Krieg reizen.

auf das Abstimmungsverhalten übten die Jakobiner der Linken nicht nur über die lautstarke Unterstützung ihrer Anhänger von den Tribünen aus: Bei unübersichtlich-knappen, unliebsamen Ergebnissen forderten sie namentliche Abstimmung, deren Ergebnis sie in ihrer Presse publizierten: „... Ein Feuillant schrieb: ‚...Dabei verloren wir stets hundert Stimmen... Es sei gut, sagten die Jakobiner, dass das Volk seine Freunde und Feinde kenne‘.“ (zit. n. Schulin, a.a.O., S. 113)

Anschaulich und differenziert berichtet von stürmischen Sitzungen im März 1792 der demokratisch gesonnene Königlich Preußische Hofkapellmeister Reichardt am 5.3.1792 nach Berlin: Müller, U. F. (Hg.), a.a.O., S. 143–149

Mit dem Agrargesetze-Dekret vom 25. 8. 1792 kam die Legislative nach wiederholten Bauernunruhen und unter dem Eindruck des Tuilerien-sturms hartnäckig wiederholten Forderungen der Kleinbauern und Sansculotten nach einem „Ackergesetz“ mit Höchstpreisen und

Abschaffung der Feudalabgaben entgegen. Bereits am 29.2.1792 hatte der Montagnard und Robespierre-Freund Couthon einen Antrag auf vollständige Abschaffung der meisten noch verbliebenen Feudalabgaben gestellt, der jedoch von den Feuillants niedergestimmt wurde.
Erst der Nationalkonvent setzte diese Forderung durch: Alle Feudalabgaben wurden am 17.7.1793 entschädigungslos abgeschafft.

Die wichtigsten Dekrete des Jahres 1792

Sie betrafen die Refraktäre, Kriegsmaßnahmen und die Bauern:
27.5.: Deportation jedes Eidverweigerers, gegen den mehr als 20 Anzeigen im Departement vorlagen;
29.5.: Auflösung der Königsgarde;
8.6.: Errichtung eines Lagers bei Paris für 20 000 „föderierte" („Fédérés") Nationalgardisten aus den Provinzen, die am 14.7.1792 am nationalen Föderationsfest teilnehmen und zur Verteidigung bereitstehen sollten;
25.8.: entschädigungslose Abschaffung der Feudalrechte, für die kein Rechtstitel nachgewiesen werden konnte.
Auch von diesen Dekreten blockierte der König diejenigen, die seinen Zielen entgegenstanden (27.5., 8.6.), ließ das vom 29.5. jedoch – scheinbar kompromissbereit – passieren.

2 Europa und die Revolution: die Emigranten und die Monarchien

2.1 Reaktionen auf die Revolution

Zur „internationale(n) Dimension der Revolution" und ihren Auswirkungen auf die einzelnen europäischen, aber auch außereuropäischen Staaten vgl. Kossok, M./Kross, E. (Hg.), a.a.O., Bd. 2, S. 357–577

Ideen und Ergebnisse der Revolution hatten Einfluss auf ganz Europa; auch insofern erweist sie sich als eine europäische „Revolution der Mentalitäten" (Vovelle).
Nicht nur in aufgeklärten, literarischen, gebildeten Kreisen und im „Volk", sondern auch von Aristokraten wurde sie zunächst mit hoffnungsvoller Sympathie aufgenommen. Unter den Bauern in kleineren Anrainerstaaten (Savoyen, Schweiz, Belgien und im Rheinland, aber auch im Königreich Neapel) rief die Abschaffung der Feudalrechte revolutionäre Begeisterung hervor, wenn auch weniger als erhofft. Lokale Aufstände wurden rasch unterdrückt.
Derartige Hoffnungen und Sympathien wichen mehr und mehr einer Ablehnungsfront. Der zunehmend gewaltsame Charakter der Revolution seit 1792 schreckte ab.

Reaktionen in Deutschland

Voss, J.: Deutschland und die Französische Revolution. München, Zürich 1983

Die Beziehungen zwischen Frankreich und dem Reich waren seit den Hugenotten-Vertreibungen vielfältig und lebendig. Deutsche Handwerker arbeiteten in den Pariser Faubourgs, in jedem noch so kleinen deutschen Duodez-Fürstentum war französisch die offizielle Sprache, Roko-

ko und Klassizismus tonangebend; in Frankreich schätzte man die Aufnahme der Aufklärungsliteratur, deutsche Pädagogik (Campe) und Musik (Beethoven).
Wer Rang und Namen hatte im deutschen „Geistesleben“ begrüßte die Französische Revolution: Görres, Tieck, Schlegel, die Frühromantiker, Schütz oder der radikale demokratische Schriftsteller Rebmann. Klopstock und Schiller wurden sogar ihre Ehrenbürger. Herder und Goethe in Weimar machten Vorbehalte geltend.
Auch an deutschen Universitäten fanden die Umwälzungen in Frankreich bis 1792 begeisterte Verfechter. Eine geeinte bürgerliche Nation schien also realisierbar. Die Professoren Fichte, Kant in Königsberg, Lichtenberg in Göttingen reflektierten die politischen Ereignisse in ihren philosophischen Systemen. Die Gebrüder Humboldt zog es nach Paris. Die Tübinger Studenten Schelling, Hegel und Hölderlin pflanzten 1790 Freiheitsbäume und gründeten einen politischen Club.
Im Mainzer Jakobinerclub, der am 23.10.1792 gegründeten „Gesellschaft der Freunde der Freiheit und Gleichheit“, organisierten sich – wie auch in Hamburg, Würzburg, süddeutschen und rheinländischen Städten – deutsche „Jakobiner“ („Demokraten“). Sie blieben weit über den Gründungsversuch einer Mainzer Jakobinerrepublik 1792/93 hinaus tätig. Georg Forster, bedeutendster Repräsentant im „Rheinischen Konvent“, ging als Abgeordneter nach Paris, wo er 1794 starb.

Über den Mainzer Jakobinerclub seit dem 23.10.1792: Träger, Cl.: Mainz zwischen Rot und Schwarz. Die Mainzer Revolution 1793–1793 in Schriften, Reden und Briefen. Berlin 1963

Die europäischen Monarchien

Unter den Regierungen der großen Vier außer Frankreich: Österreich, Preußen/Deutsches Reich, Russland, England grassierte 1791 nur mäßige Furcht vor der „Ansteckungsgefahr“ der Ideen von 1789. Sie zeigten wenig Einsatzbereitschaft für einen absolutistischen Gegenkreuzzug. Die in der „Krise nach Varennes“ nach der Gefangennahme des Königs in Frankreich wie eine diplomatische Bombe einschlagende Deklaration von Pillnitz der Preußen und Österreicher vom 27.8.1791 entschärfte ihre Drohung bezeichnenderweise selbst. Eingegriffen werden solle zum Schutze Ludwigs XVI. nur, wenn alle europäischen Mächte zustimmten. Das war – trotz diplomatischen Drucks des französischen Hofes und der Emigranten – nicht sehr wahrscheinlich.

Quellentexte zur Politik der Monarchien und Emigranten, in: Lautemann/Schlenke, a.a.O., Bd. 4, S. 262–266

„Erwägungen über die angebliche Ansteckungsgefahr, mit der die neue französische Verfassung alle anderen souveränen Staaten Europas bedroht“ (Titel einer amtlichen Denkschrift des österreichischen Staatskanzlers Kaunitz 1791)

2.2 Die Emigranten (bis 1800)

Zu den verschiedenen Kategorisierungen und zeitgenössischen Definitionen der „Gegenrevolution“: – König und Hof, Privilegierte, „Aristokraten“, „Eidverweigerer“, „Verdächtige“, „Verräter“, „verschwörerische Könige“, Chouans, Vendée-Aufständische, Föderalisten u.v.a.m. – und ihre Stellung im Verlauf der Revolution bis 1799, deren Auswirkungen mancherorts bis in das heutige Wahlverhalten reichen, vgl. Reichardt (Hg.), a.a.O., S. 98–111

Den Begriff „Emigranten“ kennt das französische Dictionnaire von 1786 noch nicht; zum ersten Mal taucht er im Moniteur Universel vom 2.12.1789 auf („émigrants“ bzw. „émigrés“) als Bezeichnung für Personen, die Frankreich infolge der politischen Ereignisse seit Sommer 1789 verließen. Die so bezeichnete Bewegung der „Emigration“ erfolgte bis 1794 in vier großen Wellen:

1. Welle: Sommer 1789

Unter den ersten prominenten Adligen, die im Sommer 1789 unter dem Eindruck der Juni-Ereignisse und der „Grande peur“ emigrierten, waren Graf de Provence (Juni 1789) und Graf Artois (nach Turin, Worms, Koblenz), die Brüder des Königs, dieser mitsamt seinen Cousins, den Prinzen von Conti und Condé (nach Worms).

2. Welle: Constituante 1789–1791

Mit den ersten Reformen der Constituante verabschiedeten sich vor allem Bischöfe und von den Geistlichen zahlreich die höheren nach der Zivilkonstitution, hohe Gerichtsbeamte und Offiziere, sowohl der Armee als auch der Marine. Nach dem 21.6.1791, der gescheiterten Flucht des Königs, schwollen die Emigranten-Zahlen von Adligen und Militärs erheblich an; allein ca. 6000 von 9000 Offizieren ließen „die Nation im Stich“.

3. Welle: Legislative / Kriegseintritt / 1792

Bis 1792 war die Emigration freiwillig und legal: Dienerschaft, Möbel, Wertgegenstände, Geld konnten mitgenommen werden. Erst die Dekrete der Legislative kriminalisierten sie:
31.10.1791: Emigration ab 1.1.1792 im Fall der Nicht-Rückkehr strafbar: Todesstrafe und Güterkonfiszierung, gleichgesetzt mit Verschwörung;
9.11.1791: Graf de Provence verliert im Falle der Nicht-Rückkehr seine Thronrechte.

Graf de Provence gleich „Monsieur“, der sich am 24.6.1795 in Verona als Ludwig XVIII. zum legitimen Nachfolger seines guillotinierten Bruders ernannte – als Ludwig XVIII. (1815–1824) nach dem Wiener Kongress restaurierter französischer König (Zum Schicksal des „Dauphin“ bzw. Ludwig XVII. vgl. Béarn, a.a.O.)

Nach dem Tuileriensturm verschärfte die Legislative diese Bestimmungen:
- andauernde Verbannung,
- Konfiszierung aller Güter,
- Todesstrafe auch im Falle der Rückkehr nach Frankreich.

Am 26.8.1792 werden die Bestimmungen auf die eidverweigernden Priester ausgedehnt, die mit Deportation in die Überseekolonien bedroht werden.
Prominenter Emigrant neben vielen anderen war 1792 La Fayette, der am 19.8. zu den Österreichern überlief.

4. Welle: seit 1793 / Terreur

Der Nationalkonvent verschärfte diese Dekrete gegen die Emigranten:
19.3.1793: Emigranten werden rechtlos: „Hors-de-la-lois";
28.3.1793: wird die gesetzliche Definition ausgedehnt: Emigrant ist jeder Franzose, der zwischen dem 1.7.1789 und dem 8.4.1792 nicht zu Hause war sowie jeder, der es nachweislich nicht oder gar in Feindesland ist, ohne seine Abwesenheit rechtfertigen zu können. Todesstrafe und Konfiskation gelten auch im Falle der Rückkehr.
17.9.1793: Zu den „Verdächtigen" zählen nun auch die Eltern von Emigranten. Die kommunalen Verwaltungen sollen Emigranten-Listen erstellen, die auf Departements-Ebene und dann auf nationaler Ebene publiziert werden.

Graf von Artois an den kreolischen Adligen Vaudreuil:
„Lüttich, 19.11.1792
... da wir aber von keiner anderen Seite einen einzigen Taler erhalten haben und der König von Preußen uns noch nicht die 100 000 Francs gegeben hat, die er mir vor einem Monat versprach, waren wir gezwungen, einen Teil der Summe darauf zu verwenden, die unglücklichsten unserer Kompanien vor dem Hungertod zu bewahren und unsern Bäcker und Fleischer zu bezahlen
...
Wir haben an so viele Türen geklopft, wo wir mit Recht hoffen durften, Gelder zu erhalten! ...
Aber alles bricht unfreiwillig auseinander, und alles stirbt geradezu vor Hunger. Die Vormittage, die ich verlebe, sind eine unaufhörliche Qual. Dabei warten wir ununterbrochen auf die Antwort des Kaisers; an den König von Preußen haben wir auch zwei Kuriere geschickt und hegen immer noch ein wenig Hoffnung."
(zit. n. Pernoud / Plaissier [Hg.], a.a.O., S. 277 f.)

Nach dem Sturz Robespierres

Am 27.7.1794 versuchten die gesammelten Emigranten-Corps mit der Landung bei Quiberon/Süd-Bretagne noch einmal eine groß angelegte politische Rückkehr-Aktion, sie scheiterten nach einem Monat. 748 wurden am 21.7.1795 nach dem Sieg der republikanischen Konventstruppen standrechtlich erschossen. Viele Emigranten kehrten seit 1794/95 heimlich, still und leise nach Frankreich zurück. Der Emigranten-Artikel Nr. 93 der Direktoire-Verfassung von 1795 sah legale Ausnahmen für eine Rückkehr vor; der Besitz blieb unwiderruflich konfisziert. Erst teilweise im Jahre 1800 und schließlich 1825 wird ihr Aufenthalt in Frankreich wieder legal.

Bilanz

Im Jahre 1800 standen noch 145 000 Namen auf der nationalen Emigranten-Liste. Nur 20% aller Emigranten gingen vor dem 1.1.1793. Die größte Welle verließ das Land während der Terreur in der ersten Jahreshälfte 1794. Die meisten Emigranten kamen aus den grenznahen Départements und aus den Aufstands- und Bürgerkriegsgebieten (Föderalisten, Vendée, Chouans).

Davon waren vor 1789:
Priester: 25%
Adlige: 17%
(gleich Privilegierte: 42%)
Bauern: 20%
Bürger / Mittelschichten: 17%
Arbeiter / Unterschichten: 15%
Sonstige: 6%

Nach ihrer aktiv-gegenrevolutionären Phase 1792/93 zerstreuten sich die Emigranten von Jahr zu Jahr mehr. Vielen ging das Geld aus; manchen – das zeigen Memoiren – blieb nur ein ungewohnt unstandesgemäßes Leben. Emigranten-Zentren mit allerdings eher losen Truppenformationen waren vor allem die grenznahen rheinländischen Kurbistümer Mainz und Trier mit Koblenz und Worms im Reich, aber auch London (hierhin zog es den gescheiterten Ancien-Regime-Reformer Calonne), Turin oder Verona, wo sich am 24.6.1795 Graf de Provence als Ludwig XVIII. zum Nachfolger seines guillotinierten Bruders erklärt hatte.
Der politische Erfolg der Emigration war, insgesamt gesehen, bescheiden. Ihr Ziel: der militärische Sieg über die Revolution mit anschließender Wiederherstellung des Ancien Régime, d.h. ihrer privilegierten Stellung, erreichten sie nicht. Die Höfe dagegen nutzten gern den Propaganda-Effekt, hielten die Emigranten im Übrigen auf Distanz.

3 Gestiefelte Missionare? Der Krieg 1792–1795

3.1 Historiker zu den Ursachen des Kriegsausbruchs

Wie kam es zum Krieg? Warum erklärte ihn ausgerechnet Frankreich? Was bewog die Legislative, die sehr schlecht gerüstete, instabile Revolution durch ein Kriegsabenteuer aufs Spiel zu setzen? Warum stimmte der König der Kriegserklärung an seine vermeintlichen Retter zu? Wissenschaftliche Fragen wie diese gehören traditionell zu den herausragenden, die Ursachen und Auswirkungen des Krieges auf die Revolution kontrovers untersuchen.
Leopold von Ranke sah noch eine „schicksalhafte" Notwendigkeit im Aufeinanderprall zwischen alter und neuer Ordnung. Taine und ähnlich Furet und Richet schieben es auf eine hysterische Überreiztheit der Revolutionäre, mit der sie auf die Bedrohung von außen, insbesondere durch die überschätzten Emigranten, reagierten. Gegen die von Lamartine idealisierten Girondisten betonen viele deutsche Historiker seit Sybel deren Kriegstreiberei als Vabanque-Flucht nach vorn aus der innenpolitischen Sackgasse, besonders der Wirtschaftsmisere. Soboul/Markov ergänzen das Interesse der Gironde am Krieg als profitablem Geschäft. Aulard und Mathiez erklärten den Krieg – an-

ders als Goodwin z.B. – weniger als Folge der Constituante-Hypotheken, als vielmehr als das Werk Ludwigs XVI., dem die Legislative auf den Leim ging. Wäre der König doch – ob Sieg, ob Niederlage – fein heraus: als siegreicher Oberbefehlshaber, Retter und Beschützer seines Volkes vor Racheakten der Sieger bzw. gestärkt reetablierter, absoluter Monarch.

3.2 Kriegsdebatte und Kriegserklärung

Die Kriegsdebatte

Nach der gescheiterten Flucht nach Varennes am 21.6.1791 und der Deklaration von Pillnitz am 27.8.1791, in der auf Druck der Emigranten Leopold II. und der Preußen-König Frankreich für die königliche Familie haftbar machten und mit Intervention drohten, lag der Krieg in der Luft.

Quellentexte vgl. Lautemann/ Schlenke (Hg.), a.a.O., Bd. 4, S. 281–283

Die öffentlich geführte Kriegsdebatte erreichte zur Jahreswende 1791/92 den Höhepunkt. Sie verursachte einen Linksruck in der Legislative und spaltete den Jakobiner-Club.

Die Girondisten – sowie für ihre unterschiedlichen Zwecke die Emigranten, der Hof samt den Generälen um Kriegsminister Narbonne – bliesen zu einem begrenzten Krieg als der idealen Lösung aller innenpolitischen Probleme. Ihre von Brissot, „dem Mann des Krieges“ (Markov/Soboul), seit dem 20.10.1791 propagierte Massenkriegsbegeisterung mündete in einen revolutionsmissionarischen Nationalismus, der die Girondisten zunächst sehr populär machte.

Im Jakobiner-Club wurden die Auseinandersetzungen um die Kriegsfrage stellvertetend von Robespierre und Brissot als den Hauptkontrahenten geführt. Robespierre galt als der prominente Kriegsgegner. Ursprünglich war er für den Krieg (November 1791), seit Dezember 1791 aus taktischen Gründen dagegen: Er hatte die Kriegsbereitschaft des Hofes und der Generäle registriert, befürchtete den verräterischen Zusammenschluss aller Gegner und damit das Scheitern der Revolution.

In seinen berühmten Reden vom 12.12.1791 und 2.1.1792 argumentierte er: Vor einem bewaffneten Revolutionsexport („Die Völker lieben keine gestiefelten Missionare!“) solle die Nation zunächst einen innenpolitischen Kreuzzug führen: „Schafft bei Euch selbst Ordnung, bevor Ihr darangeht, die Freiheit anderswohin zu tragen!“

Wie sich herausstellte, hatte Robespierre nicht Unrecht: Am 14.12.1791 ließ Ludwig XVI. den Kurfürsten von Trier wissen, dass er ihn als Feind Frankreichs zu betrachten habe, falls die Emigrantentruppen dort nicht bis zum 15.1.1792 aufgelöst würden.
Am selben Tag benachrichtigte er seinen Schwager Leopold II. in Wien mit geheimer Kurierpost, dass ihm an einer Ablehnung des Ultimatums gelegen sei. An die Stelle des Bürgerkrieges werde ein politischer Krieg treten, den Frankreich, in seinem derzeitigen Zustand, nicht „auch nur einen halben Feldzug“ durchhalten werde.

Die Königin äußerte sich am selben Tag in einem Brief an Lt. Fersen erfreut über die wachsende Kriegsbereitschaft: „Diese Dummköpfe. Sie sehen nicht, dass das bedeutet, uns einen Dienst zu erweisen.“ (zit. n. Markov/Soboul, a.a.O., S. 213)

Man solle nicht auf den Hof oder die ruhmsüchtigen Generäle hereinfallen. Hellsichtig warnte er vor einem Cäsar gleich „Generalissimus“ gleich Militärdiktator der Revolution, ohne Napoleon zu meinen. Der unkontrollierbare Einbruch der politisierten Massen als innenpolitischer Reflex des Krieges sei riskant, das Ende der Monarchie damit unausweichlich verbunden.
Brissot dagegen befürwortete in seiner Rede vom 16.12.1791 den Krieg als unumgänglich zur Festigung der Freiheit und im Interesse der Nation. Es sei eine Frage der Ehre und Glaubwürdigkeit für die Durchsetzungskraft der nationalen Revolution. Alle friedlichen Mittel gegen die „Rebellen“ (Emigranten) seien jetzt ausgeschöpft. Am 31.12.1791 offenbarte er das revolutionäre Sendungsbewusstsein: „Der Augenblick für einen neuen Kreuzzug ist gekommen. Es wird ein Kreuzzug für die Freiheit der Welt sein!“ unter dem Girondisten-Motto: „Krieg den Palästen, Friede den Hütten!“

Kriegserklärung

Am 20. April 1792 erklärte die Legislative auf Antrag Ludwigs XVI. vom 19.4. dem „König von Ungarn und Böhmen“ (= Österreich, dem Symbol des Ancien Régime, und damit dem Kaiser/seit 1.3.1792: Franz II.) offiziell den Krieg. Die Legislative stimmte im Taumel des „Patriotismus von 1792“, trotz zahlreicher Gegner unter den Feuillants, schließlich für den Krieg. Nur sieben Abgeordnete waren dagegen.

Friedensschlüsse mit der 1. Koalition:
Preußen: 5.4.1795/Basel

Friedensschlüsse Napoleons mit der 2. Koalition:
Österreich: 9.2.1801/Lunnéville
Neapel: 28.3.1801
Russland/Türkei: 8.10.1802
England: 25.3.1802/Amiens

Die Revolutionskriege wurden ein europäischer Krieg bis zum Wiener Kongress 1815:
1792–1795: gegen die 1. Koalition:
Österreich, Preußen, England, Holland, Piemont, Spanien
1796–1799: expansiv fortgesetzt (Aufstieg Napoleons);
12.3.1799–1802: gegen die 2. Koalition:
Österreich, England, Russland, Türkei, Neapel
1804–1815: gegen die 3. Koalition fortgeführt als die Napoleonischen Kriege.

3.3 Der Krieg gegen die 1. Koalition (1792–1795)

Das Folgende verdeutlicht wichtige, wechselseitig wirksame innen- und außenpolitischen Ereignisse des Krieges bis zum Frieden von Basel am 5.4.1795.

1792

Marie-Antoinette hatte französische Feldzugspläne an den österreichischen Botschafter verraten. Die entscheidenden Ursachen für die die innenpolitischen Spannungen anheizenden Niederlagen der Revolutionsarmeen bis zum 20.9.1792 lagen im schlecht gerüsteten Militärapparat selbst. Im September bedrohen Interventionsarmeen der Preußen und Österreicher Paris. Die anschließende Siegesserie seit Valmy im Krieg an den Grenzen endet bei Neerwinden am 18.3.1793.

1793

Der „Kreuzzug der Freiheit und Brüderlichkeit“ (Péronnet) kommt in der ersten Jahreshälfte wegen massiver gegenrevolutionärer Aufstände der Föderalisten und royalistisch-christlich-bäuerlicher Vendée-Armeen in Frankreich nicht voran. Erst in der zweiten Jahreshälfte werden sie nach und nach von den republikanischen Konventsarmeen niedergeschlagen, die auch gegen die Alliierten an den Grenzen wieder erfolgreich sind.
In Frankreich entstehen die Terreur-Institute. Die innenpolitische Lage eskaliert unter dem Eindruck der katastrophalen Wirtschaftssituation. Die Rüstungsfabrikation läuft auf Hochtouren: 700 Gewehre pro Tag werden produziert; 1 500 Kanonen jährlich allein von Périer in Paris. Die Sansculotten setzen sich mit dem „kleinen“ (4.5.) und „großen Maximum“ (29.9.) durch. Die Girondisten werden nach den Journées vom 31.5.–2.6. aus dem Konvent vertrieben; ihre Anführer am 31.10. hingerichtet. Nach der Levée en masse am 23.8. beginnt im September offiziell die Jakobiner-Schreckensherrschaft mit dem Erlass des Verdächtigen-Gesetzes. Seit dem 10.10. ist die Regierung „bis zum Frieden revolutionär“.

1794

In der zweiten Jahreshälfte 1794 verlagert sich der Krieg von Frankreichs Grenzen weg. Die Rheinarmee erobert Köln und Mainz. Die Pyrenäen-Armee marschiert in Katalonien und Navarra ein, die Italien-Armee auf Turin. Die Österreichischen Niederlande werden mit dem Sieg der Nordarmee unter General Pichegru über die Österreicher am 26.6.1794 bei Fleurus französisch und am 1.10.1795 annektiert. Aus der seit 1795 eroberten Republik der Vereinigten Niederlande wird am 16.5.1795 die Batavische Republik, die erste „Schwesterrepublik“ der Revolution.

Innenpolitik 1792	Krieg 1792
20.4.: **Kriegserklärung an Österreich** Bilanz der revolutionären Militärkraft (nach Furet / Richet, a.a.O., S. 190) Qualität der Bewaffnung: gut Misstrauensklima in der Armee: Offiziere zum größten Teil emigriert oder verdächtig des Verrats oder Überlaufens; Meutereien, Befehlsverweigerungen Truppenstärke: ca. 150 000	Preußen und Österreich im Krieg Bilanz der gegenrevolutionären Armeenstärke (laut Ami du Roi / 20.9.1791): ca. 434 000 Mann Österreich / Kaiser: 80 000 Preußen: 80 000 Reich: 120 000 Russland: 25 000 Schweden: 6 000 + 16 000 Hessen als Söldner Schweiz: 12 000 Sardinien: 20 000 Spanien: 30 000 Portugal: 30 000 Emigranten-Armeen: 15 000
Die Revolutionspropaganda rechtfertigt die Anfangserfolge der „verschwörerischen Könige" mit der militärischen Version des „aristokratischen Komplotts": Subversive Offiziere, Adel, Hof, Emigrierte, Eidverweigerer seien schuld.	**Niederlagen der Revolutionsarmeen** 28.4.: bei Lille General Dillon wird wegen Hochverrats angeklagt.
20.6.: Pariser Journée: Massendemonstration gegen die Obstruktionspolitik des Königs 11.7.: „Vaterland in Gefahr": Behörden tagen in Permanenz; Nationalgardisten unter Waffen, Freiwilligenbataillone mobilisiert seit 8.7.: Eintreffen der Förderierten in Paris	25.7.: **Manifest** des Oberbefehlshabers der preußisch-östereichischen Armee, des **Herzogs von Braunschweig**: fordert die bedingungslose Kapitulation und bedroht im Fall von Übergriffen gegen die königliche Familie Abgeordnete und Beamte mit dem Tod.
9. / 10.8.: Pariser Journée: Sturm auf die Tuilerien, Amtsenthebung des Königs	3.8.: Manifest des preußischen Oberbefehlshabers Brunswick: bedroht Paris mit „militärischer Subversion", Invasionstruppen in Frankreich: 23.8.: Longwy 2.9.: Feste Verdun kapitulieren
2.–5.9.: Septembermorde 21.9.: Zusammentritt des Nationalkonventes, Absetzung des Königs, Frankreich wird Republik seit Herbst 1792: „kleiner Terror" der Commune 19.11.: Konvent versichert „Brüderlichkeit und Sicherheit allen Völkern, die ihre Freiheit erlangen wollen". 11.12.: Prozessbeginn gegen Ludwg XVI. 15.12.: revolutionäre Gesetzgebung für die besetzten Gebiete vom Konvent beschlossen	**Siege** 20.9.: „Kanonade von Valmy" Nordarmee: 6.11.: bei Jemappes / Österr. NL gegen Österreich, Brüssel, Lüttich, Anvers besetzt Rheinarmee: Oktober: linkes Rheinufer erobert Alpenarmee: 27.11.: Savoyen annektiert, Nizza besetzt Seit Dezember: Gegenrevolutionäre Unruhen in den besetzten Gebieten

Innenpolitik 1793	Krieg 1793
Kriegsmaßnahmen des Konvents: Gründung eines zentralen Koordinations-„Komités für die allgemeine Verteidigung“ 6.2.: Ernennung des neuen Kriegsministers Beurnoville 24.2.: Aushebung von 300 000 18- bis 40-jährigen	Revolutionäre Begeisterung in den eroberten Gebieten unter Bauern wie Bürgern geringer als erwartet 1.2.: Kriegserklärung an England und die seit 1581–1648 unabhängige Republik der Vereinigten Niederlande (Holland)
Gebietsgewinne der Gegenrevolution März–Juli: gegenrevolutionäre Aufstände der Föderalisten und in der Vendée. Sie halten u.a. die Normandie, Bordeaux und die Bretagne, Lyon, Marseille, Toulon März / April: Revolutionstribunal, -komitees, Wohlfahrtsausschuss eingerichtet (Kriegskoordinator: Carnot)	General Dumouriez’ Offensivplan zunächst erfolgreich: Einmarsch in die Österreichischen Niederlande 7.3.: Kriegserklärung an Spanien 18.3.: Dumouriez geschlagen von den Österreichern unter Coburg bei Neerwinden / Österreichische Niederlande 4.4.: Dumouriez läuft über
Sommer: royalistische Vendée-Truppen erfolgreich 9. / 18.6.: halten Samur / Angers, nehmen u.a. Lozère, Mende, Marvejols 1.8.: Vernichtungskrieg gegen Vendée-Aufständische beschlossen 323.8.: **Levée en masse**: Wehrpflicht für alle ledigen Männer zwischen 18 und 25 Jahren; Gesamtstärke der 14 Armeen: über 600 000 Mann **Rückeroberungen der Konventsarmeen** 27.7.: Avignon 25.8.: Marseille 18.9.: Bordeaux 7.–29.10.: Lyon 17.10.: „katholische und königliche“ Vendée-Armee bei Cholet von General Kléber geschlagen 23.12.: vollständig bei Savenay 10.10.: „Regierung bis zum Frieden revolutionär“ 23.12.: Carriers Massenertränkungen in Nantes	**Siege / Gebietsgewinne der Alliierten** Preußen: 23.7.: Mainz, Landau England: 27.8.: Mittelmeerflotte in Toulon; Dünkirchen Österreich: Condé, Valenciennes Spanien: über die Pyrenäen Sardinien: Alpenpässe **Siege / Rückeroberungen der Alliierten** Engländer: 8.9. bei Hondschoote / Österreichische Niederlande Österreicher: 15. / 16.10.: bei Wattignies 19.12.: Toulon 26.12.: Preußen: bei Geisberg geschlagen
Innenpolitik 1794 / 95	**Krieg 1794 / 95**
1. Jahreshälfte 1794: Schreckensherrschaft: Ventôse-Dekrete, Hinrichtungswellen, Gesetz vom 22. Prairial: „großer Terror“ 27. / 28.7.: Robespierre gestürzt und hingerichtet 12.11.: Jakobinerclub geschlossen	Frieden mit dem Großherzogtum Toskana 26.61794: Österreicher unterliegen bei Fleurus Österreichische Niederlande französisch 1.10.: von Frankreich annektiert
1.4.1795: Germinal-Aufstand niedergeschlagen 20.–23.5.: Prairial-Aufstand niedergeschlagen: – Sansculotten forderten „Brot und die Verfassung von 1793“ 23.9.: Direktorialverfassung verkündet	19.1.1795: Eroberung von Amsterdam 5.4.: Frieden zu Basel mit Preußen 16.5. Frieden zu Den Haag mit den Niederlanden 16.5.: Batavische Republik gegründet 22.5.: Friedensschluss mit Spanien

Innenpolitisch regiert bis zu Robespierres Sturz am 27.7.1794 die „Grande Terreur“. Danach sammeln sich die Thermidorianer und entschärfen zunächst die wichtigsten Instrumente des Terrors. Am 12.11. wird der Jakobiner-Club geschlossen.

1795

Am 5.4.1795 schließt Preußen Frieden in Basel und scheidet aus der 1. Koalition aus, anschließend Holland und Spanien. Danach werden keine größeren Feldzüge mehr geführt. Der Krieg muss mittels Konfiskationen die Armee ernähren: Getreide, industrielle Güter u.a.m. werden requiriert.

1796

Mit der Ernennung Napoleons zum Oberbefehlshaber der Italien-Armeen am 2.3.1796 und dem Beginn des Feldzuges am 10.4. tritt der Krieg in seine expansive Phase, der seit der offiziellen Kriegserklärung des Direktoriums am 12.3.1799 gegen die 2. Koalition geführt wird.

4 Der Tuileriensturm am 10. August 1792: die zweite, „demokratische“ Revolution

4.1 „Druck der Straße“: Sansculotten, Föderierte und die Sektionen in Paris

Die Sansculotten vom 10.8.1792–23.5.1795

Der Terminus „Sansculotten“ bezeichnete seit 1792 die städtischen Pariser Volksmassen, besonders die in den Arbeiterquartieren Faubourg Saint-Antoine und Saint-Marcel.

Sansculotten erkannten sich u.a. an der Kleidung: lange Hose, Hemd, Weste (die „Carmagnole“), phrygische Mütze (antikes Symbol des befreiten Sklaven), Kokarde und Pike. Für die „republikanischen Tugenden“ Freiheit, Gleichheit und Brüderlichkeit („Bruderkuss“) standen sie „wachsam“ gegen „Komplotte“ im revolutionären Alltag ein, aber auch als „Bürger unter Waffen“ in der Armee.

Der sozialen Schichtung nach repräsentierten sie die frei oder abhängig Beschäftigten, in Assignaten entlohnten städtischen Unterschichten; dazu zählten kleine Ladenbesitzer, Arbeiter, Angestellte, Gesellen, Künstler, Handwer-

Im April 1793 beantwortet eine anonyme Denkschrift „die unverschämte Frage: Was ist denn eigentlich ein Sansculotte?
Ein Sansculotte, Ihr Herren Schufte? Das ist einer, der immer zu Fuß geht, der keine Millionen besitzt, wie Ihr sie alle gern hättet, keine Schlösser, keine Lakaien zu seiner Bedienung, und der mit seiner Frau und seinen Kindern, wenn er welche hat, ganz schlicht im vierten oder fünften Stock wohnt.
Er ist nützlich, denn er versteht ein Feld zu pflügen, zu schmieden, zu sägen, zu feilen, ein Dach zu decken, Schuhe zu machen und bis zum letzten Tropfen sein Blut für das Wohl der Republik zu vergießen.

Eine kleine Mahlzeit auf Pariser Art, wo eine Sansculotten-Familie sich nach den Mühen des Tages erfrischt
(Karikatur von H. Humphrey)

ker, Dienstboten, Mittellose, Vagabunden und Arbeitslose.

Politisch organisiert waren die Sansculotten in den basisdemokratisch und öffentlich tagenden Bürgerversammlungen, Volksgesellschaften der 48 Pariser Sektionen und in den revolutionären Komitees, wo diskutiert, Petitionen und Beschlüsse für die Clubs oder Abgeordneten verfasst, Aktionen geplant wurden.

Repräsentanten bzw. Vordenker, Meinungs- und Wortführer der verschiedenen Sansculotten-Gruppierungen waren vor allem:

- der Cordeliers-Club unter dem Einfluss des am 24.3.1794 hingerichteten Hébert, Herausgeber des wegen seiner Radikalität gefürchteten „Père Duchesne“,
- der am 13.7.1793 ermordete Volksheld Marat,
- Danton und die Dantonisten bis zu deren Hinrichtung am 5.4.1794 sowie insbesondere Robespierre,
- die Montagnards-Abgeordneten im Nationalkonvent,
- die „Linken“ Billaud-Varenne und Collot d'Herbois im Wohlfahrtsausschuss seit dem 6.9.1793,
- bis zu seiner Verhaftung am 5.9.1793 und seinem Selbstmord am 10.2.1794: Jacques Roux, der am 25.6.1793 das „Manifest der Enragés“ („Wütenden“) publizierte.

Und da er arbeitet, kann man sicher sein, weder im Café de Chartres auf ihn zu stoßen, noch in den Spielhöllen, wo man konspiriert; weder im Nationaltheater... noch in jenen literarischen Kabinetten, wo man Euch für zwei Sous, die ihm so kostbar sind... Unflat vorsetzt.
Am Abend tritt er vor die Sektion, nicht etwa... gepudert und gestiefelt,... sondern vielmehr, um mit all seiner Kraft die aufrichtigen Anträge zu unterstützen und jene zunichte zu machen, die von der erbärmlichen Clique der regierenden Politikaster stammen.
Übrigens: Ein Sansculotte hat immer seinen Säbel blank, um allen Feinden der Revolution die Ohren abzuschneiden...“
(zit. n. Müller, U. F. [Hg.], a.a.O., S. 234)

Bereits seit dem Bastille-Sturm sind sie die treibende Kraft, auch der Journées und Volksaufstände von 1792 bis 1795, die die regierungsoffizielle Revolutionspolitik massiv unter Druck setzten:

- 20.6.1792: gegen die Veto-Politik des Königs,
- 10.8.1792: Erstürmung der Tuilerien,
- 25./26.2.1793: Pariser „Ladensturm",
- 31.5.–2.6.1793: Sturz der Gironde-Abgeordneten,
- 5.9.1793: Druck auf den Nationalkonvent,
- 1793/94: in der „Schreckensherrschaft",
- 1.4.1795 (12. Germinal III): Germinal-Aufstand,
- 20.–23.5.1795 (1.–3. Prairial III): Prairial-Aufstand.

Reinalter, H.: Demokratie und Französische Revolution, in: ders. (Hg.), a.a.O., S. 93–114

Auf diesen Journées propagierten die militanten Sansculotten ihre Forderungen. Sie sind gegen:

- Hof, Aristokratie, Reichtum, Großhandel, Großkapital, Kirche, Klerus, Religion.

Sie sind für:

- Republik und Tugend: „Freiheit, Gleichheit" und (seit ca. 1791) „Brüderlichkeit";
- offene, direkte Demokratie mit einem allgemeinen Mitsprache-, Widerstands- und Wahlrecht;
- Garantie der Versorgung mit Grundnahrungsmitteln mit zu subventionierenden Höchstpreisen: das „Maximum";
- Maßnahmen gegen: Assignaten-Inflation, Komplottverdächtige (Denunziationspflicht), Warenhortung, Aufkäufer und Spekulanten mit staatlich begrenzten Profitmargen bzw. Lohngarantien.

Vgl. die Dekrete über das erste oder „kleine Maximum" (für Getreide und Brot): 4.5.1793 und das zweite oder „große Maximum": 29.9.1793

Petersen, S.: Überlegungen zum ökonomischen Kampf der städtischen Volksmasse, in: Schmitt/ Reichardt (Hg.), a.a.O., Bd. 2, S. 131–144

Als politisches Programm blieben solche Forderungen wegen der heterogenen Zusammensetzung der Sansculotten allerdings vage. Auch bei den „Enragés" um den Priester Jacques Roux 1793 und selbst bei den „Gleichen" um Babeuf 1796 kann von einem ideologisch ausgearbeiteten Klassenkampf-Vorläufer-Programm im Sinne von Karl Marx etwa noch nicht die Rede sein.

Zu Babeuf vgl. S. 151 f.

Plakativ zusammengefasst verfolgten die Sansculotten, selbstbewusst auf der Basis der Volkssouveränität gegen den aufkommenden Kapitalismus die politische Umsetzung des Traums vom freien, politisch gleichberechtigten, bürgerlichen Kleinproduzenten in einem Staat der kleinen Eigentümer, in dem jeder jederzeit genug zu essen hat: „Brot und die Verfassung von 1793!"

Vgl. S. 144, 145 (Randspalte, oben)

Die Föderierten

Die Idee der „einen und unteilbaren Nation“ war seit Sommer 1789 mit der Idee der Föderation verbunden. Die Nationalgarden als die revolutionäre Bürgermiliz repräsentierten sie. Zur Verteidigung und Sicherung der revolutionären Ergebnisse und Ordnung entstanden, stellten sie sowohl in Paris als auch in den Provinzhauptstädten einen wichtigen Machtfaktor dar.

Ein Dekret vom 12.7.1790 gab ihnen ein Statut, definierte Aufgaben und Organisation. Seit dem 8.7.1792 trafen 20 000 Föderierte zum Föderationsfest am Bastille-Sturm-Nationalfeiertag zu den Zeremonien und zur Verteidigung in Paris ein, am 30.7.1792 das berühmte Regiment aus Marseille.

Deren Marschlied, der „Chant de guerre pour l'armée du Rhin“, im April 1792 von Rouget de Lisle (1760–1837) in Straßburg komponiert, wurde die heutige Nationalhymne Frankreichs, die Marseillaise: „Allons enfants de la patrie…“ Am Sturm auf die Tuilerien nehmen die Föderierten aktiv aufseiten der Sansculotten teil.

1793 gerieten sie in das Kreuzfeuer zwischen den zentralistischen Pariser Jakobinern und den an Macht verlierenden, dezentralistischen Girondisten, auf dessen Seite sie sich in vielen Departements stellen. Die Montagnards im Konvent warfen ihnen Spaltungsabsichten der „einen, unteilbaren Republik“ vor. Im Sommer 1793 erfasste die Föderalisten-Rebellion große Teile, besonders des südlichen Frankreichs. Sie wurde am 19.12. von den Konventstruppen endgültig niedergeschlagen.

Folge: Die Revolutionsregierung in Paris überwachte und verfolgte durch Nationalagenten und revolutionäre Kommissare kompromisslos jegliche separatistische Tendenz in den Departements bis hin zum Verbot von Dialekten.

Diese straffe Rezentralisierung wurde unter dem Direktorium fortgesetzt und nach dem Brumaire-Staatsstreich Napoleons durch die Einsetzung von einem Präfekt (je Departement) und Unterpräfekt (je Arrondissement) als direkten Agenten der Zentralgewalt perfektioniert (17.2.1800).

Danton – Marat – Robespierre

Unter den politischen Anführern der Pariser Sektionen, der sansculottischen „Kleinbürgerelite in Stadtviertelformat“ (Furet/Richet), ragten seit 1792 drei besonders hervor: das „Dreigestirn“ Danton (der „Barbar“), Marat (der „Narr“) und Robespierre (der „Pedant“).

George Danton (1759–1794) ist Gegenstand zahlreicher wissenschaftlicher, literarischer (Georg Büchner: „Dantons Tod“) und filmischer Bearbeitungen geworden. Von massiger Statur, wird der temperamentvolle, lebenslustige,

George Danton hält eine Rede.

zu Mirabeau vgl. S. 45, 51

mutige, luxusverliebte und impulsive Charakter des „Mirabeau der Straße“ (Schulin) mit dem des am 2.4.1791 gestorbenen, aristokratischen Constituante-Volkshelden verglichen. Dass Danton z. B. ebenfalls hoch verschuldet und bestechlich war, beweisen notarielle Urkunden.

Von Beruf Anwalt, gehörte der Volkstribun der kritischen Tage zu den Mitbegründern des Cordeliers-Clubs 1790. Seit 1791 überzeugt er als Mitglied der Pariser Stadtverwaltung und Realpolitiker mit demagogischem Rednertalent. Maßgeblich trägt er zur Radikalisierung der Revolution nach dem Tuileriensturm und zum Sturz des Königtums als Konventsabgeordneter bei. Nach dem 10.8.1792 avanciert er als Justizminister, der die Septembermassaker absegnet, zum Sansculotten-Helden neben Marat. Er organisiert den kleinen Terror der Commune mit, predigt im Krieg mitreißend den patriotischen Widerstand. Seit April 1793 setzt er seine Politik als Zentralfigur des Wohlfahrtsausschusses fort, schwenkt aber seit Juli auf eine gemäßigtere, „nachsichtige“ Linie ein, die ihn in einen scharfen Gegensatz zu Robespierre bringt. Der lässt ihn und seine Anhänger nach einem Aufsehen erregenden Schauprozess am 5.4.1794 hinrichten. Mit ihm sei das revolutionäre Frankreich getötet worden, urteilte der Historiker Michelet.

Vgl. S. 135

Hartig, A. I.: Jean Marat. Ich bin das Auge des Volkes. Ein Portrait in Reden und Schriften. Berlin 1987

Jean Paul Marat (1743–1793), der in Neuchâtel/Preußen (heute: Schweiz) geborene Publizist, wird physisch als das Gegenteil Dantons geschildert: schmächtig, angegriffen, übernervös mit einem Turban gegen ständige Migräne, hautkrank, geplagt von Ängsten und ständig Pistolen bei sich tragend.

Bereits in London als Verfasser aufklärerisch-anthropologischer Schriften hervorgetreten, veröffentlicht Marat seit 1789 zahlreiche Pamphlete. Seit September 1789 gibt er die Zeitung „Ami du Peuple“ heraus. Das „Auge der Wahrheit“ war wegen seiner scharfsichtigen und -züngigen, kompromisslosen Analysen und Parteinahme für das Volk verehrt, aber auch verhasst wegen seiner gnadenlosen „Mordhetze“ (Schulin) gegen politische Gegner. Mitleid und ihm unerträgliches Unrecht, nicht Wahnsinn oder Delirium, erkannte der Historiker Aulard als Marats Motive.

1792 avanciert Marat zum Hoffnungsträger der Pariser Sansculotten neben Danton und Robespierre. Als jakobinischer Konventsabgeordneter steht er für die radikaldemokratische Revolution, die er nicht nur als eine gegen

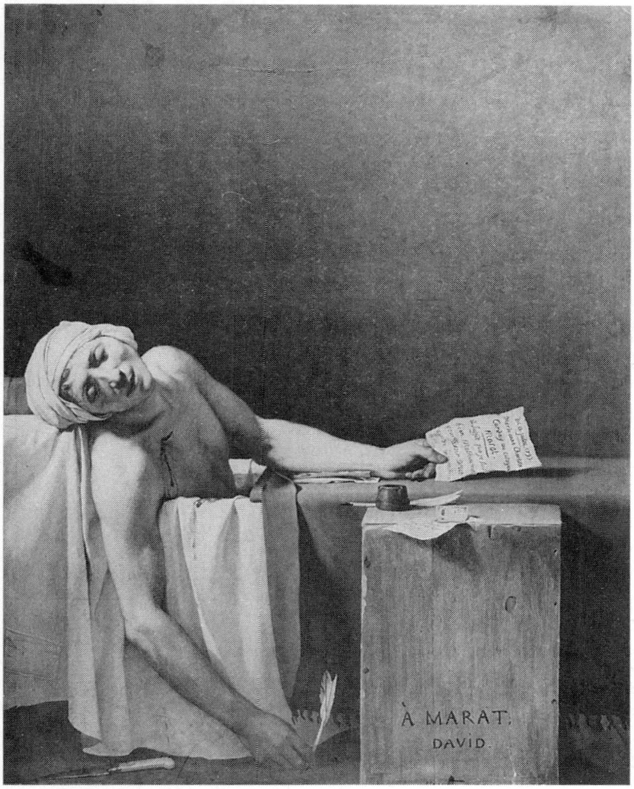

Der ermordete Marat
(Gemälde von J. L. David 1793)

Despotismus und Privilegierte des Ancien Régime versteht, sondern auch als eine der fortgesetzt deklassierten Unterschichten gegen die neuen bürgerlichen Herren. Immer wieder verdächtigt und angegriffen, taucht er öfter für längere Zeit unter und kehrt gefeiert im „Triumph Marats“ (so der Titel eines Gemäldes des Revolutionsmalers David) in die Politik zurück. Die Septembermassaker und die Vertreibung der Girondisten aus der Legislative unterstützt er offen. Am 13.7.1793 wird Marat von der dafür hingerichteten Charlotte Corday ermordet, was seine Popularität noch einmal steigert. Feierlich „pantheonisiert“, d.h. im Panthéon, der nationalen Ruhmeshalle in Paris beigesetzt, werden auch seine Überreste nach dem Ende der Terreur am 8.2.1795 wieder entfernt.

Fabre d'Eglantine über die Kompromisslosigkeit Marats: „Er war vielleicht der Einzige, der den Mut hatte, alles zu sagen, was er dachte.“

„Nicht Brutus, nicht Nero, weder Robespierre noch Lenin, nicht einmal Hitler sammelte soviel Wut der Welt auf sich wie der Journalist und Modearzt, der Armenfreund und Revolutionär Jean-Paul Marat, der vor 200 Jahren im Bad erstochen wurde.“ (M. Winter in: Die Zeit *Nr. 28 vom 9.7.1993, S. 54 unter dem Titel „Wie, er wurde geliebt?“)*

Marat über Charakter und Ergebnis der Revolution:
„Denn es ist nicht wahr, dass sich die ganze Nation gegen den Despoten erhoben hat... Wenn auch anfangs die gebildeten, wohlhabenden und intrigierenden Angehörigen der niederen Klassen gegen den Despoten Partei ergriffen, so taten sie es nur, um sich gegen das Volk zu wenden, nachdem sie sich mit seinem Vertrauen umgeben und sich seiner Kräfte bedient hatten, um sich den Platz der privilegierten Stände, die sie abgeschafft hatten, zu sichern.
Auf diese Weise wurde die Revolution nur durchgeführt und getragen von den unteren Klassen der Gesellschaft, von den Arbeitern, den Handwerkern, den Kleinhändlern, den Bauern, der Plebs, von jenen Unglücklichen, die die unverschämten Reichen mit Kanaille bezeichnen und die römischer Übermut einst Proletarier nannte.
Aber dass sich die Revolution einzig zugunsten der Grundbesitzer, der Juristen und Rechtsverdreher auswirken würde, hätte man nie gedacht.“
(zit. n. Schulin, a.a.O., S. 193)

Maximilien Robespierre:
Sein politisches Testament in der Konventsrede vom 5.2.1794, vgl. S. 46, Anm.

Maximilien Robespierre (1758–1794): Der in Arras/ Nordostfrankreich geborene ehrgeizige Jesuitenschüler und Jurist war seit ca. 1791 der bei weitem populärste Revolutionsheld. Nach der Generalständeversammlung verschaffte sich der prinzipientreu, redlich und sittenstreng auftretende „Unbestechliche" nicht nur im Jakobiner-Club mit seinen Reden – leidenschaftlich in der Sache, akkurat und akademisch im Vortrag – Respekt. Rousseau war Robespierres Idol. Wie jener glaubte er an das vernünftige, mündige, gute Volk und dessen „Tugend". Dafür trat „der großartige Taktiker" (Michelet) kompromisslos ein, beantragte z. B. bereits im April 1791 das allgemeine Wahlrecht. Sein Revolutions-Credo hat die „Parlamentarierpersönlichkeit" (Furet/Richet) in der Konventsrede vom 5.2.1794, seinem „politischen Testament", ausgesprochen.

Dort rechtfertigte der so beliebte Idealist, der Kriegsgegner von 1792, auch die unter seiner Kollektiv-Diktatur des Wohlfahrtsausschusses 1794 grausam kulminierende Schreckensherrschaft: Der Zweck heiligt die Mittel. Die Zukunftsvision der Revolution bedürfe gegen die zahlreichen inneren und äußeren Feinde des regierungsamtlichen Terrors, um sie zu vollenden: „Tugend" sei machtlos ohne „Schrecken".

Vgl. S. 134 f.

Zahlreich sind die Untersuchungen zu Robespierre. Einige widmen sich auch unbekannteren Themen, wie dem gescheiterten Versuch, einen religiösen Ersatz-Kult der Vernunft mit ihm als Oberpriester zu etablieren, prominent auf dem „Fest des höchsten Wesens" am 8.6.1794.

Am 27.7.1794 wurde Robespierre im Wohlfahrtsausschuss gestürzt, am 28.7. mit seinen Anhängern hingerichtet.

4.2 Der Tuileriensturm vom 10.8.1792: Ursachen, Verlauf, Ergebnisse

Ursachen

Die Krise von Varennes zerstörte seit Juni 1791 das Vertrauen in die konstitutionelle Monarchie. Der König setzte auch 1792 seine Veto-Politik fort.

Der Krieg polarisierte und radikalisierte seit Mai 1792 die innenpolitischen Auseinandersetzungen und verschärfte die Wirtschaftskrise und die sozialen Spannungen. Die „Linken" forderten die Republik.

Die innenpolitische Atmosphäre war im Sommer 1792 als direkter Reflex der kritischen Kriegslage nach Niederlagen der Revolutionsarmeen aufgeladen. Die Furcht vor einem Scheitern der Revolution durch das Komplott aller Revolutionsfeinde kulminierte erneut.

Verlauf

Ausführlich Markov /Soboul, a.a.O., S. 220–232

20.6.1792: Eine bewaffnete Sansculotten-Massendemonstration scheitert am Jahrestag des Ballhausschwures beim ersten Versuch, die Tuilerien zu stürmen. Sie fordert vom König vergeblich die Aufgabe seiner Veto-Politik und die Rückberufung der am 13.6.1792 entlassenen Gironde-Minister. Ludwig XVI. bleibt aber trotz eines öffentlichen Schluckes auf das Wohl des Volkes mit aufgesetzter Freiheitsmütze hart, rettet noch ein Mal die Monarchie.
Juli 1792: Die Kriegslage ist äußerst kritisch, seit dem 11.7. ist das „Vaterland in Gefahr“. Das seit dem 1.8. in Paris bekannte Manifest des Herzogs von Braunschweig vom 25.7. schürt die konvulsive Panikstimmung. Die Departementsversammlungen tagen durchgehend. Alle waffenfähigen Bürger sind in Alarmbereitschaft. 20 000 Föderierte aus ganz Frankreich treffen trotz des Vetos des Königs zur Verteidigung von Paris und zum nationalen Föderationsfest am 14. Juli ein. 47 der 48 Pariser Sektionen fordern den Sturz des Königs. Die Föderierten schließen sich dem mit Petitionen vom 17. und 23.7. an.
Robespierre vereitelt im Parlament Pläne der Girondisten, mit Hilfe des Königs die Macht zu übernehmen. Der Appell an die Volksmassen gegen das Bürgertum gelingt. Mit Beschluss vom 10.8.1792 soll die Legislative durch einen nach allgemeinem Wahlrecht neu zu wählenden Nationalkonvent ersetzt werden, dessen Aufgabe es ist, eine neue, republikanische Verfassung auszuarbeiten (= die Jakobinerverfassung von 1793).

Vgl. S. 128–131

Zerstörung monarchischer Embleme am 10. August 1793

9./10. August 1792: In der Nacht erobern 15 000 von den Sturmglocken mobilisierte Sansculotten aus den Vorstädten und Föderierte das verlassene – die königliche Familie ist zu ihrem Schutz ins Parlament geflohen – Tuilerien-Stadtschloss. Ca. 100 Pariser Bürger und Föderierte werden von der verteidigenden Schweizergarde getötet, 270 verletzt.
Nach Augenzeugenberichten, wie z. B. dem des Deutschen Oelsner, unerhört brutalen und barbarischen Racheakten der Eroberer fallen fast alle 600 Schweizergardisten zum Opfer, 80 von ihnen erst nach der Gefangennahme.

Pariser Commune (vgl. S. 39 f.) Stadtgemeinde von Paris, nach dem Gesetz vom 21.5.1790 zuständig für die Nationalgarde, Polizei, Gefängnisse, Lebensmittelversorgung; überwachte auch Steuern, Finanzen, öffentliche Arbeiten. Die revolutionäre (insurrectionelle) Commune, konstituiert am 9./10.8.1772, wurde am 31.8.1794 vom Thermidorianer-Konvent aufgelöst.

10.10.1792: Ausschluss Brissots

Ergebnisse

Das Verfassungsmodell der konstitutionellen Monarchie ist gescheitert. Der König wird abgesetzt und mit seiner Familie im Temple-Gefängnis inhaftiert. Frankreich ist seit dem 22.9.1792 Republik.

Die erfolgreiche zweite, demokratische Revolution der Pariser Sansculotten bestimmt bis zum Sturz Robespierres am 27.7.1794 auch auf Parlaments- und Regierungsebene den radikalisierten Kurs der nationalen Revolution.

Ein von den Girondisten bekämpfter Pariser Revolutionszentralismus sansculottischer „Gleichheitsfanatiker“ und „Tugendpriester“ usurpiert die legitime Gewalt der Legislative. Diese neue, tatsächliche Macht repräsentiert die aufständische Pariser „Commune insurrectionelle“ mit 288 gewählten Mitgliedern ihres Generalrates.

„Wohlfahrtsmaßnahmen“, die „kleine Terreur“ der Commune, geben einen Vorgeschmack auf die Schreckensherrschaft ab Herbst 1793: Beschlagnahme von Kornvorräten, Hausdurchsuchungen, 3000 Verhaftungen von Verdächtigen, Royalisten, Eidverweigerern allein im August 1792 und die Septembermassaker Anfang September.

Linksruck im Jakobinerclub und in der Legislative mit ca. 200 verbliebenen Abgeordneten. Die letzten Monarchie-Anhänger, die Feuillants, werden vertrieben. Die Montagnards sind die Abgeordneten der Stunde. Die Girondisten rücken nach rechts, übernehmen das Rumpfparlament und regieren weniger mit als gegen die Commune provisorisch mit einem Zwölferausschuss und Sechser-Ministerrat. Danton aus der Sektion „Théâtre Français“ wird – Bonbon für die Commune – Justizminister und damit de facto Regierungschef (10.8.–11.10.1792), anschließend Konventsabgeordneter.

5 Girondisten, Montagnards und die Ebene im Nationalkonvent

5.1 Parteiungen im Nationalkonvent (Convention Nationale) 21.9.1792–26.10.1795

„Linke“ 745 Abgeordnete gewählt nach allgemeinem Wahlrecht ab 21 Jahre (inklusive Dienstpersonal) + 28 Mitglieder aus den Kolonien **„Rechte“**

Montagnards / „Berg“	**„Plaine“ = „Ebene“ / „Marais“ / „Sumpf“ / „Bauch“ / „Unabhängige“**	**Girondisten Partei der Gesetzlichkeit**
ca. 150 Abgeordnete	ca. 400 Abgeordnete	ca. 200 Abgeordnete
um Robespierre († 28.7.1794) **Danton** († 5.4.1794) **Marat** († 13.7.1793) u. a.: Hanriot, Couthon, David, Fouquier-Tinville, Lebon, Legendre, Billaud-Varenne, Chénier, Desmoulins, Carnot, Petion, Collot d'Herbois, Saint-Just, Fabre d'Eglantine	aus der Constituante wieder vertreten: Sieyès, Abbé Grégoire z. T. zur Montagne: Barère, Carnot, Chambon, Lindet	2.6.1793: 29 Abgeordnete vertrieben 31.10.1793: Girondeführer hingerichtet 8.12.1794: „Girondistische 73“ in den Konvent zurückgerufen
Vertreter des Kleinbürgertums und der Unterschichten; tonangebend im Konvent: 2.6.1793–27.7.1794 versuchen, die Revolution durch Kanalisierung der radikalen Sansculotten-Forderungen zu retten: Einschränkung des Privateigentums, der Wirtschaftsfreiheit, der persönlichen Freiheit: „Maximum“, Zwangsanleihen u. a. Zentralisten	„Partei der Phlegmatiker“ (Desmoulins) tonangebend im Konvent: 28.7.–25.10.1794 stimmen unterschiedlich mit Girondisten und Montagnards; z. B. mit dirigistischen Kompromissmaßnahmen einverstanden, republikanische Bürger, zahlreich aus der Provinz	bis 2.6.1793 tonangebend im Konvent Gegner des revolutionären Pariser Zentralismus der Sansculotten und Montagnards Vertreter des Besitzbürgertums für freie Wirtschaft gegen Dirigismus: Höchstpreise, Zwangskurs und weitergehende Demokratisierung

5.2 Der Nationalkonvent (21.9.1792–26.10.1795)

„Convention Nationale“
Dienstboten inklusive

Hauptaufgabe des am 26.8. und 2.9.1792 nach allgemeinem Wahlrecht ab 21 Jahre gewählten Nationalkonventes war die Ausarbeitung der neuen republikanischen Verfassung. Nur ca. 10% der Berechtigten beteiligten sich an der Wahl der 745 Abgeordneten. Wegen des Krieges vereinigte das dritte Revolutionsparlament die legislative und exekutive Gewalt in sich. Traditionell wird seine Geschichte nach der jeweils vorherrschenden Parteiung getrennt betrachtet im:

1. Girondisten-Konvent: 21.9.1792–2.6.1793
2. Montagnards-Konvent: 2.6.1793–27.7.1794
3. Thermidorianer-Konvent: 27.7.1794–26.10.1795

Karikatur des Nationalkonvents
(C. A. Ehrensvärd)

Der Girondisten-Konvent 1792 / 93

ca. 200 Girondisten, Meinungsführer bis zur Vertreibung von 29 ihrer Abgeordneten nach der Sansculotten-Journée vom 2.6.1793, mit der die Jakobinerherrschaft beginnt

Die Linken der Legislative waren nach dem Ausscheiden der Feuillants die Rechten im Konvent.
Der politische Gegensatz zu den ca. 150 Montagnards der neuen Linken kennzeichnete diese Konventsphase.
Vor allem bekämpften die dezentralistischen Girondisten als Interessenvertreter des Besitzbürgertums die Zusammenarbeit der Bergpartei mit den Sansculotten, deren „Anarchismus und Gleichmacherei". Radikalere Maßnahmen wie Beschlagnahmungen, Höchstpreise, Assignaten-Zwangskurs u.ä. lehnten sie strikt ab. Die Spaltung wurde mit dem Ausschluss Brissots aus dem Jakobinerclub am 10.10.1792 politisch zementiert. Im Konvent personalisierten sich die Auseinandersetzungen zunehmend gegen das Berg-„Triumvirat": Danton, Marat und Robespierre. Danton wurde eine Korruptionsaffäre angelastet, Robespierre am 29.10.1792 von Louvet öffentlich bezichtigt, die Diktatur anzustreben.
1793 schwand mit dem Kriegsglück seit der Märzkrise (Assignaten-Inflation, Versorgungskrise, Bürgerkrieg) auch der Einfluss der Girondisten in Paris, die in den Provinzen mit gegenrevolutionären Föderalisten paktierten.

Vgl. S. 99

Eine Sansculotten-Journée vom 31.5.–2.6.1793 erzwingt den Ausschluss der wichtigsten Gironde-Abgeordneten aus dem Konvent. Deren Führungskern wird am 31.10.1793 hingerichtet.

Beschlüsse des Girondisten-Konvents 1792 / 93

Sofort nach seinem Zusammentreten traf der Konvent wichtige Grundsatzentscheidungen, die die Forderungen des 10.8.1792 erfüllten: Die Monarchie wird abgeschafft. Frankreich wird Republik, und zwar eins und unteilbar

(„unie et indivisible"). Zugleich wird auf amtlichen Dokumenten fortan ab dem Jahr I datiert, der erste Schritt zu dem am 5.10.1793 offiziell gebilligten Revolutionskalender Fabre d'Eglantines.
21.9.1792: Eingeführt wird das Zivilstandregister anstelle der bisherigen kirchlichen für Geburt, Taufe, Sterbefälle. Die Ehescheidung wird legalisiert.
9.3.1793: Einrichtung der „Volksvertreter in Mission" zur Durchsetzung der Konventsbeschlüsse in der Provinz;
10.3.: Revolutionstribunal eingesetzt;
6.4.: Wohlfahrtsausschuss (Comité du Salut Public) auf Antrag Dantons gegründet;
4.5.: Dekret über das erste oder kleine Maximum: Höchstpreise für Getreide z. B. zur Sicherstellung der Lebensmittelversorgung;
20.5.: Dekret über eine nationale Zwangsanleihe in Höhe von 1 Mrd. Livres.

Einigkeit und Unteilbarkeit der Republik

Ebenfalls geändert wurde die offizielle Anrede: „citoyen/ne": „Bürger/in" und das vertraulichere „tu/toi": du statt des Sie

Der Montagnards-Konvent 1793/94

Nach dem Machtwechsel im Konvent am 2.6.1793 verschärfen die Jakobiner-Montagnards angesichts der krisengeschüttelten innen- und außenpolitischen Lage die radikalrevolutionären Maßnahmen mit Hilfe der bereits im Frühjahr eingerichteten Komitees, die als provisorische Ausschuss-Regierung arbeiten. Schwerpunkte sind die Garantie der Lebensmittelversorgung zu festgesetzten Höchstpreisen und Kriegsmaßnahmen wie die Levée en masse. Am 10.8. wird die neue, nie in Kraft getretene, radikaldemokratische Jakobinerverfassung von 1793 nach einem Referendum verkündet. Die gegenrevolutionären Aufstände in der Vendée und die der Föderalisten in der Provinz werden erst Ende des Jahres endgültig niedergeschlagen.
Mit dem Gesetz über die Verdächtigen vom 17.9.1793 beginnt offiziell die verschärfte Terreur-Herrschaft der von den Jakobinern beherrschten Komitees, die in der Diktatur Robespierres bis zu dessen Sturz am 27.7.1794 gipfelt. Die Hinrichtungswellen des Frühjahrs 1794, denen u.a. die Hébertisten und Dantonisten zum Opfer fallen, gipfeln mit dem Gesetz vom 22. Prairial (10.6.1794) im „großen Terror". Nach dem entscheidenden Sieg über die Österreicher bei Fleurus am 26.6. ist die militärische Gefahr abgewendet. In der gelähmten Konventsopposition der „Plaine" und in den Komitees regt sich angesichts eines dennoch verstärkten Terrors Furcht und Widerstand.

Revolutionskalender
22. September 1792 = 1. Vendémiaire I = der erste Tag der neuen Zeitrechnung
Der Kalender galt ab 24. 9. 1792 und blieb bis 1806 in Kraft.
Die Monate bestehen aus zwölfmal dreißig Tagen plus fünf Ergänzungstagen. Sie heißen:
Vendémiaire (Weinlese)
Brumaire (Nebel)
Frimaire (Frost)
Nivôse (Schnee)
Pluviôse (Regen)
Ventôse (Wind)
Germinal (Sprossen)
Floréal (Blüte)
Prairial (Wiesen)
Messidor (Ernte)
Thermidor (Wärme)
Fructidor (Frucht)
Jeder zehnte Tag – statt des alten Sonntag – war Feiertag.

Nach zwei bereits misslungenen Attentaten auf Collot d'Herbois und Robespierre am 23.5. und 15.6.1794 wird dieser am 27.7.1794 (9. Thermidor II) im Wohlfahrtsausschuss gestürzt und am nächsten Tag mit 21, Ende Juli weitere 81 seiner Anhänger hingerichtet.

Vgl. S. 97

Beschlüsse des Montagnards-Konvents 1793/94

8.6.1793: Aufteilung aller Emigranten-Güter,
3., 5., 10.6./17.7.: Bodengesetze verabschiedet: Entschädigungslose Aufhebung aller feudalen, grundherrlichen Rechte („endgültige Bauernbefreiung"),
23.8.: Dekret über das Volksaufgebot der Levée en masse: allgemeine Wehrpflicht eingeführt,
26.7.: Todesstrafe für Wucher und Warenhortung,
1.8.: Einführung des metrischen Systems,
17.9.: „Gesetz über die Verdächtigen": Beginn der „Terreur",
29.9.: Dekret über das „zweite" oder „große Maximum",
10.10.: Errichtung der Revolutionsregierung, die „bis zum Frieden revolutionär" bleibt,
2.11.: Gleichberechtigung unehelicher Kinder,
19.12.: Einführung der allgemeinen Schulpflicht,
3.3.1794: Ventôse-Dekrete: Besitz der Verdächtigen zugunsten armer Patrioten beschlagnahmt,
10.6.: Gesetz vom 22. Prairal II: Verschärfung des Terrors.

Vgl. S. 141 ff.

Der Thermidorianer-Konvent 1794/95

Vollständige Assignaten-Entwertung, Hunger- und Teuerungsunruhen, eine nach der Terreur zerrüttete Revolution. Das war die politische Situation, in der die „Thermidorianer" der bürgerlichen Mitte die Konventsherrschaft schrittweise übernahmen. Instrumente der Jakobinerdiktatur werden nach und nach beseitigt und noch im August die politischen Gefangenen freigelassen, am 12.11.1794 der Jakobiner-Club geschlossen, am 24.12. das Maximum abgeschafft. Den Jakobiner-Terror ersetzt ab 1795 ein „weißer Terror" gegen die Gestürzten.
Angesichts der katastrophalen Versorgungslage sind Sansculotten-Hungerunruhen und Aufstände an der Tagesordnung. Im Germinal-Aufstand gegen den Konvent vom 1.4.1795 fordern sie „Brot und die Verfassung von 1793!" Der vom 20.–23.5. blutig niedergeschlagene Prairial-Aufstand kennzeichnet die letzte große Pariser Journée und das Ende des politischen Sansculottismus als maßgeblicher politischer Faktor der Revolution. Die letzten Terreur-In-

stitutionen werden nach und nach abgeschafft, am 23.8. schließlich die Volksgesellschaften aufgelöst.
Die Verkündung der Direktorialverfassung des Jahres III am 23.9.1795 markiert den Beginn der letzten Revolutionsphase: das „Direktorium“ bis zum Staatsstreich Napoleons am 10.11.1799.

Beschlüsse des Thermidorianer-Konvents 1794/95

24.8.1794: Dekrete über die Reorganisation der Regierung, der Revolutionskomitees und der Pariser Stadtverwaltung,
30.10.: Ecole normale supérieure gegründet,
8.12.: Aufhebung aller Maximum-Gesetze,
6.1.1795: Aufhebung des Konventsbeschlusses vom 13.4.1793 über die Nichtintervention in fremde Länder,
31.5.: Revolutionstribunal abgeschafft,
23.8.: Volksgesellschaften aufgelöst,
23.9.: Direktorialverfassung verkündet,
5.10.: royalistischer Vendémiarie-Aufstand in Paris von Truppen unter General Bonaparte niedergeschlagen,
26.10.: letzte Sitzung des Nationalkonvents.

6 Kein Zurück mehr: „Ludwig der Letzte“

Am 21.1.1793 gegen 11 Uhr vormittags wurde der abgesetzte König auf der Pariser Place de la Révolution (heute: Place de la Concorde) guillotiniert; Marie-Antoinette am 16.10.1793. Weder die Girondisten im Konvent noch die europäischen Absolutisten noch „das gute Volk“ hatten die Monarchie retten können oder wollen.
Stationen: Über diejenigen der Thronsitzung vom 23.6.1789 hinaus hatten König und Hof keine weiteren Zugeständnisse gemacht.

Vgl. S. 36 unten

Flucht und Krise nach Varennes 20./21.6.1791: Der gescheiterte Fluchtversuch diskreditierte Person und Politik des „janusgesichtigen“ Monarchen.

Anonymes Plakat an den Tuilerien 1791: „Mitteilung an die Bürger, dass ein fettes Schwein aus den Tuilerien entflohen ist. Wer ihm begegnet, wird gebeten, es in seinen Stall zurückzubringen, eine angemessene Belohnung wird er dafür erhalten.“ (zit. n. Lautemann/Schlenke, a.a.O., Bd. 4, S. 252; S. 250–255 mit weiteren Quellentexten zur Flucht und den Folgen)

Veto: Der kurzfristig von seinem Amt suspendierte König blieb trotz öffentlich gefeierter Eidesleistung auf die Verfassung von 1791 am 14.9. bei seiner Veto-Obstruktionspolitik. Er bediente sich dazu abwechselnd einer Feuillants- bzw. Gironde-Minister-Regierung, verließ sich aber im Übrigen auf den Sieg der europäischen Monarchien.
Nach dem Tuileriensturm (10.8.1792) wird der König abgesetzt und mit seiner Familie seit dem 13.8.1792 im Pari-

Soboul, A.: Le procès de Louis XVI. Paris 1966

ser Temple-Gefängnis inhaftiert, das Königtum am 21.9.1792 offiziell abgeschafft, Frankreich Republik. In der Verfassung von 1793 ist kein Platz mehr für einen Monarchen, dessen Integration im Verfassungsmodell der konstitutionellen Monarchie von 1791 gescheitert ist.

Der Prozess gegen den König begann nach umfangreichen juristischen Voruntersuchungen über die Natur des Prozesses und den Status des Angeklagten vor dem Konvent als Richter am 11.12.1792. Als Rechtfertigung für die Prozesseröffnung dienten am 20.11.1792 im „eisernen Schrank“ in den Tuilerien entdeckte, mit der Gegenrevolution konspirierende Dokumente des Königs.

Es war ein juristischen Normen angepasster, politischer Prozess, den Ludwig und seine Verteidiger De Sèze („Ich suche Richter, finde aber nur Ankläger.“ – Schlussplädoyer am 26.12.), Tronchet und Maleherbes verloren.

Der Konvent legte sich in der entscheidenden Prozessphase drei Fragen zur Abstimmung vor:

1. 15.1.: Ist „Ludwig Capet, vormals König der Franzosen, des Verrats an der Freiheit und des Anschlags auf die allgemeine Sicherheit überführt?“ Ja-Stimmen: 673.
2. „Soll es einen Appell an die Nation über den Urteilsspruch geben?“ Ja-Stimmen: 286; Nein-Stimmen: 423.
3. „Welche Strafe soll Ludwig erhalten?“

Die Urteilsverkündung nach 24-stündiger namentlicher Abstimmung der dritten Frage ergab am 18.1.1793:
Abgegebene Stimmen: 721,
- für die Todesstrafe: 387,
- Haft/Aussetzung der Todesstrafe zur Bewährung: 334, davon abwesend bzw. Enthaltungen: 28 Abgeordnete.

Ein am 19.1. nochmals getrennt abgestimmter Antrag auf Verschiebung der Vollstreckung bis Kriegsende wurde mit 383 gegen 310 Stimmen abgelehnt.

Folgen: Die revolutionäre Entfesselung der Massen nach dem Kriegseintritt implizierte das Ende der Monarchie.

Der Mythos der sakrosankten, quasi-religiösen, durch eine fast tausendjährige Tradition tief verwurzelten Monarchie war auf einen Schlag entzaubert. Zwar wird sie 20 Jahre später wieder errichtet, doch ihr Mythos ist zerstört. Für die Revolution gab es mithin kein Zurück mehr. Die Brücken zwischen der alten und der neuen Ordnung waren abgebrochen, erkannte Lebas: Man müsse nun „… vorwärts gehen … frei leben oder sterben!“

Ludwig XVI. vor dem Nationalkonvent
(Gravur von Schiavonetti nach W. Miller)

Die unmittelbare Folge der Hinrichtung war zunächst weniger eine innenpolitische als eine außenpolitische Krisenverschärfung. Die moralische Entrüstung der europäischen Kabinette über die „Königsmörder“ trieb seit dem 1.2.1793 England und in dessen Gefolge die Vereinigten Niederlande, Spanien, Neapel und das Reich in den bis dahin begrenzten Krieg, der sich zum ersten Koalitionskrieg des revolutionären Frankreich gegen Europa ausweitete.

Letzte Skizze von Marie-Antoinette auf dem Schinderkarren vor der Hinrichtung am 16.10.1793, gezeichnet an der Ecke der Rue St. Honoré

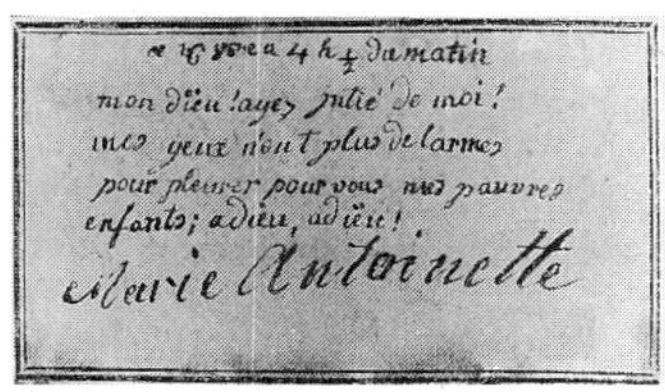

ce 16 8bre a 4 h ½ du matin
mon dieu ! ayez pitié de moi !
mes yeux n'ont plus de larmes
pour pleurer pour vous mes pauvres
enfants; adieu, adieu !
Marie Antoinette

Ihre letzten schriftlichen Worte auf dem Einband eines Gebetsbuches vom 15.10.1793, 4.30 Uhr:
„Mein Gott, erbarme dich meiner! Meine Augen haben keine Tränen mehr zu weinen um euch, meine armen Kinder; adieu, adieu! Marie-Antoinette“

5 Radikalisierung der Revolution 1793 / 94: Terreur und Tugend regieren die Republik

Ausführlich: Furet / Richet, a. a. O., S. 204–334

Saint-Just in einer Rede am 26.2.1793: „Mag sein, dass die Macht der Tatsachen uns zu Resultaten führt, an die wir überhaupt nicht gedacht haben.“ (zit. n. Labica, G.: Robespierre. Eine Politik der Philosophie. Hamburg 1994, S. 59)

Im Juli 1793 befand sich die Französische Revolution in ihrer kritischsten Phase. Die „Tatsachen“, die ihr nach Saint-Justs Worten einen ungeahnten Verlauf aufzwangen, lassen sich unter vier Komplexen zusammenfassen, die 1793/94 die existentielle Krise der Revolution verursachten. Damit werden zugleich die zentralen Ereignisse dieser Revolutionsphase markiert.

1 Die Revolution 1793 / 94: existentielle Krise und Radikalisierung

1.1 Negativer Kriegsverlauf 1793

Der Krieg erwies sich in seinem Verlauf 1793 tatsächlich als eine „einzige große Falle“ (Robespierre). Er verhärtete die sozialen Trennungslinien, polarisierte die Parteiungen, zerrüttete die Finanzen, fanatisierte die Ideale und veranlasste die Regierung zur Diktaktur.

Er bestand inzwischen aus vier verschiedenen Kriegsschauplätzen:

Krieg gegen die 1. Koalition 1793

- einem äußeren: mit der Kriegserklärung am 1.2.1793 an England, Holland und Spanien (7.3.) gegen die komplettierte 1. Koalition der europäischen Monarchien;

Vgl. S. 121

- einem gesellschaftlichen: gegen Ungerechtigkeit, Aristokratie, Verrat, Reste des Despotismus, Reiche und Revolutionsgegner verschiedenster Couleur;
- einem Bürgerkrieg zwischen der jakobinischen Pariser Zentralregierung und Aufständischen in den Departements: enttäuschten Bauern, Katholiken, subversiven Emigranten, am 2.6.1793 aus dem Konvent vertriebenen Girondisten, Föderalisten, Royalisten, Dezentralisten, Eidverweigerern u. a. m.;
- einem religiösen Krieg: massiv in einer besonders von den Hébertisten im Oktober/November 1793 vorgetragenen Dechristianisierungskampagne gegen Eidverweigerer und Anhänger der „Priesterherrschaft“.

Höhepunkt des für die Revolution negativen Kriegsverlaufs 1793 war die Niederlage bei Neerwinden/Österreichische Niederlande am 18.3.1793. Der von girondistischen Kriegsbefürwortern dominierte Verteidigungsausschuss des Konventes versagte, was deren Machtverlust beschleunigte. Im Sommer 1793 wurde wieder an den französischen Grenzen gekämpft.

Zudem lief der unterlegene General Dumouriez am 5.4. zu den Österreichern über, was Verratsängste und die Komplottfurcht schürte, eher aber das Dilemma des revolutionären Freiheitskrieges verdeutlichte, der mit den militärischen Strukturen und Organisationen (Freikaufsmöglichkeit von der Einziehung, Führungseliten emigriert) des Ancien Régime kaum zu gewinnen war.

Die Antwort der Revolutionsregierung auf diese „Tatsachen" waren vier entscheidende Maßnahmen:

1. Dekret vom 24.2.1793 über die Aushebung von ca. 300 000 18- bis 40-jährigen Freiwilligen. Es erweiterte die Basis für den patriotischen „Volkskrieg für die Freiheit", hatte aber keinen rechten Erfolg. Es fanden sich nicht genügend Freiwillige. In der Vendée war es das Signal für den Aufstand gegen die Zentralregierung.
2. Für militärische Niederlagen wurden stets verratsverdächtige hohe Offiziere, insbesondere besiegte Generäle, verantwortlich gemacht. Der Wohlfahrtsausschuss ließ einen nach dem anderen guillotinieren: Luckner, Custine, Lécuyeur, Romé u.a.
   Parallel dazu gelangten junge Revolutionsgeneräle nach z.T. erheblichen Karrieresprüngen an das Kommando.

Jourdan, der Befehlshaber der Nordarmee, war 31 Jahre alt; Pichegru 32; Hoche, der die Mosel-Armee befehligte, 25. Der Korse Napoleon Bonaparte wurde mit 25 Jahren Brigadegeneral und war 1796 als Oberbefehlshaber der Italien-Armeen 27 Jahre alt.

3. Nach Leistung und Loyalität zu befördern, gehörte – neben der Organisation eines patriotisierten Massenheeres mit neuen, erfolgreichen Taktiken und Schlachtordnungen – zu den Reformen des Kriegskoordinators im Wohlfahrtsausschuss Carnot (zugewählt am 14.8.1793).
4. Die wichtigste Maßnahme, die den Kriegsverlauf nach dem Sieg bei Wattignies am 16.10.1793 bis zum entscheidenden Sieg über die Österreicher am 26.6.1794 bei Fleurus positiv für die Revolution gestaltete, war die Levée en masse seit dem 23.8.1793. Eingeführt wurde – historisches Novum – die allgemeine Wehrpflicht für alle unverheirateten Männer zwischen 18 und 25 Jahren. Die Stärke der revolutionären Armeen stieg auf weit über 800 000 Mann in 14 Armeen. Der Krieg wurde dadurch als existentielle Angelegenheit der „Verteidigung der Freiheit gegen den Despotismus", Verpflichtung für jede/n Bürger/in als Patriot/in, nationalisiert.
   Innenpolitisch polarisierte diese Kräftekonzentration die Auseinandersetzung auf allen Ebenen.

Robespierre rechtfertigte in einer Konventsrede „Über die Lebensmittel“ am 2.12.1792 den Vorrang des Existenzrechtes gegenüber dem Eigentumsrecht:
„Der Händler kann wohl die Waren, die Luxus und Eitelkeit begehren, solange in seinen Lagern hüten, bis er den Zeitpunkt findet, sie zum höchstmöglichen Preis zu verkaufen; kein Mensch aber hat das Recht, neben seinem Mitmenschen, der vor Hunger stirbt, Getreide aufzuhäufen. Was ist das erste Ziel der Gesellschaft? Die Erhaltung der unverjährbaren Menschenrechte. Das erste gesellschaftliche Gesetz ist daher jenes, das allen Mitgliedern der Gesellschaft die Existenzmöglichkeit garantiert; alle anderen sind diesem untergeordnet. Das Eigentum ist nur eingeführt oder garantiert worden, um es zu festigen; denn zunächst hat man Eigentum, um zu leben.“
(zit. n. Labica, G., a. a. O., S. 46 f.)

1.2 Katastrophale wirtschaftliche Lage

Die ererbte und durch den revolutionären Umbau intensivierte, anhaltende ökonomische Krise überwand auch das Kriegsglück seit Herbst 1793 nicht.
Die Kriegswirtschaft strapazierte die ständig vom Zusammenbruch bedrohte Wirtschaft aufs Äußerste:
Die Assignaten-Inflation führte zu Annahmeverweigerungen des „Affengeldes“, Waren-, besonders Getreidehortung und Spekulation. Steuern wurden massiv hinterzogen oder gar nicht bezahlt. Die Preise für knappe Waren, besonders für Grundnahrungsmittel wie Brot, stiegen. Die Kaufkraft – besonders schmerzlich für die ärmeren Schichten – fiel: Teuerungs-, Hungerunruhen, Streiks, wie der von Mai bis Juli 1794 in Paris, hielten an.
Das Haushaltsdefizit wuchs und wurde mit der Assignatenpresse kaschiert ebenso wie die Kapitalflucht.
Die Exportwirtschaft wurde durch die englische Blockade zusätzlich geschwächt.
Der Wohlfahrtsausschuss reagierte 1793 mit dirigistischen, zwangswirtschaftlichen Maßnahmen. Mit ihnen wurde teilweise dem Existenzrecht Vorrang vor dem Eigentumsrecht eingeräumt.
4.5.: Eingeführt wurde das „kleine Maximum“, das Höchstpreise für Getreide und Mehl festsetzte.
29.9.: Das „große Maximum“ dehnte die gesetzliche Preisbindung auf alle wichtigen Lebensmittel und Konsumgüter aus. Für Löhne wurden ebenfalls Maxima festgesetzt, was heftigen Widerstand hervorrief.
Für die Assignaten, deren Annahmeverweigerung strafbar war, wurde ein Zwangskurs eingeführt.
26.7.: Warenhortung wurde mit der Todesstrafe geahndet;
9.8.: Staatliche Vorratskammern eingerichtet;
17.8.: Ernte auf Betreiben Saint-Justs beschlagnahmt;
24.8.: Aktiengesellschaften verboten;
4.9.: Handelskontrolle für Grundnahrungsmittel;
26.2./3.3.1794: Die Ventôse-Dekrete sahen vor, das Vermögen der nach dem Gesetz vom 17.9.1793 Verdächtigen einzuziehen und an bedürftige Patrioten zu verteilen.
Die Ventôse-Dekrete wurden z.T. gar nicht oder nur inkonsequent realisiert.

Existenz–/Eigentumsrecht: Grundsätzlich klärte er das während der Revolution stets umstrittene Verhältnis der beiden Grundrechte in der Konventsrede „Über das Eigentum“ am 24.4.1793 im Sinne einer „gesetzlichen Sozialbindung“:
„... Artikel 1: Das Eigentum ist das Recht eines jeden Bürgers, über den Teil seiner Güter frei zu verfügen, der ihm durch das Gesetz garantiert wird.
Artikel 2: Das Eigentumsrecht ist wie jedes andere Recht durch die Verpflichtung eingeschränkt, die Rechte des Nächsten zu respektieren.
Artikel 3: Das Eigentum darf weder die Sicherheit, die Freiheit, die Existenz noch das Eigentum unserer Mitmenschen beeinträchtigen.“

1.3 Gegenrevolutionäre Aufstände in den Provinzen

Die dritte Front, an der die mit diktatorischen Vollmachten ausgestattete provisorische Revolutionsregierung des Wohlfahrtsausschusses gegen das Scheitern der Revoluti-

on insgesamt kämpfte, waren Aufstände in den Provinzen gegen die jakobinische Pariser Zentralregierung.
Gut zwei Drittel Frankreichs, 60 von 83 Departements, machten gegen sie mobil: vor allem die Bretagne, die Normandie und der Westen sowie der Süden und Südosten Frankreichs fielen von Paris ab. Volksvertreter in Mission wurden verjagt, die Arbeit der Konventskommissare für die Provinz sabotiert, Jakobiner angegriffen und getötet. In Lyon wurde die jakobinische Stadtregierung am 29.5.1793 gestürzt.
Die Revolutionsregierung reagierte mit massiven Truppenentsendungen, die die Aufstände bis zum 25.12.1793 niederschlugen. Revolutionskommissare, wie z.B. Fouché (Lyon), Carrier (Nantes), Fréron (Marseille) organisierten bis in das Frühjahr 1794 den Rachefeldzug.

Im Artikel 4 spricht er sich für eine progressive Besteuerung aller aus, deren Einkommen über dem Existenz-Minimum liegt. (zit. n. Kirchberger, J. H., a. a. O., S. 171)

Nach Ermittlungen des Historikers Secher aus dem Jahr 1986 sind allein im Bürgerkrieg in der Vendée zwischen 1792 und 1802 ca. 120 000 Menschen ums Leben gekommen bzw. „verschwunden“. (zit. n. Schulin, a. a. O., S. 217, Anm. 197)

1.4 Innenpolitische Radikalisierung

Vor dem Hintergrund dieser Bedingungsfaktoren: negativer Kriegsverlauf – katastrophale Wirtschaftslage – Bürgerkrieg – ist die innenpolitische Radikalisierung seit dem Tuileriensturm am 10.8.1792 bis zum Ende der Jakobiner-Notstandsdiktaur am 27.7.1794 zu verstehen.
Nach dem Tuileriensturm setzten die Sansculotten den massendemokratisch-egalitären Kurs der Revolution durch. Ihre außerparlamentarischen politischen Organe – Pariser Commune, Jakobiner-Club mit Danton und Robespierre, Cordeliers-Club mit Hébert, Komitees, Volksgesellschaften – setzten ihre parlamentarischen Interessenvertreter, die Bergpartei im Nationalkonvent, unter Druck, um ihre radikalen sozialpolitischen, demokratischen Vorstellungen durchzusetzen.

Lenins Definition der Diktatur: „Der wissenschaftliche Begriff Diktatur bedeutet nichts anderes als eine durch nichts beschränkte, durch keine Gesetze und absolut keine Regeln eingeengte, sich unmittelbar auf Gewalt stützende Macht.“ (Lenin [LW Bd. 29], zit. n. Labica, G., a. a. O., S. 71)

Die „dritte Revolution“ der Pariser Sansculotten vom 31.5.–2.6.1793

Die innenpolitische Radikalisierung kulminierte in der „dritten Revolution“ (Mathiez, Lefebvre) – nach der ersten, dem Bastille- und der zweiten, dem Tuileriensturm – vom 31.5.–2.6.1793: Die girondistischen Abgeordneten wurden auf massiven Druck von ca. 80 000 den Konvent belagernden Sansculotten und Nationalgardisten entmachtet.
Ursachen: Seit der Märzkrise 1793 (Niederlage bei Neerwinden, katastrophale Wirtschaftslage, Ausbruch der Vendée-Aufstände, Hungerunruhen) spitzte sich die Auseinandersetzung zwischen Girondisten einerseits und Ja-

Am 25.6.1793 trug Jacques Roux sein später publiziertes „Manifest der Enragés“ vor und wurde – noch – von der Konventsmehrheit ausgezischt: „... Abgeordnete des Berges, warum seid ihr nicht in die oberen Stockwerke, von der dritten bis neunten Etage, der Häuser dieser revolutionären Stadt hinaufgestiegen: das Herz hätte sich euch erweicht angesichts der Tränen und Seufzer eines ungeheuren Volkes ohne Brot und Kleidung, das in diesen Zustand der Not und des Elends geraten ist durch die Schuld der

Börsenspekulanten, weil die Gesetze grausam waren für die Armen, weil sie nur von Reichen und für die Reichen gemacht sind...“ (zit. n. Kirchberger, J. A., a. a. O., S. 176)

Brissot in einer Adresse an den Konvent vom 24. 10. 1792: „Die Desorganisatoren sind jene, die alles gleichmachen wollen, den Besitz, den Wohlstand, den Lebensmittelpreis... die wollen, dass der Schanzarbeiter den Lohn der Gesetzgeber erhält.“ (zit. n. Labica, G., a. a. O., S. 56)

1793 gab ein Arbeiter durchschnittlich 70% seines Tagesverdienstes für Brot aus.

kobiner-Montagnards und den mit ihnen verbündeten Sansculotten andererseits zu.

Der negative Kriegsverlauf diskreditierte die girondistischen Kriegsbefürworter. Darüber hinaus wurde ihre liberalkapitalistische Wirtschaftsphilosophie angesichts der katastrophalen ökonomischen Lage heftig angegriffen. Alte Positionen, z.B. die Schonung für den König u.a., wurden gegen sie aufgerechnet.

Bereits am 15.4.1793 bringen 35 Pariser Sektionen eine Petition gegen den Führungskern der Gironde ein.

Die Girondisten ihrerseits, u.a. mit Lebrun (Auswärtiges), Roland (Innen), Clavière (Finanzen) noch stark in der Regierung und mit Präsident Isnard im Konvent vertreten, bekämpfen „Gleichmacherei“, „Anarchie“ und Gesinnungsterror von Commune, Clubs, Straße und Bergpartei und verurteilen den von Marat gerechtfertigten „Despotismus der Freiheit“. Am 18.5.1793 holt Guadet zum Generalangriff gegen die Commune aus, die er „eine anarchistische Behörde“ nennt, die „gleichzeitig nach Geld und Herrschaft gierend“ ist. Sie solle aufgelöst werden.

Zusätzlich lässt die girondistische Konvents-Kommission der Zwölf am 24.5.1793 Unruhestifter wie Hébert, Varlet und den Präsidenten der Sektion Cité verhaften.

Den Girondisten gelingt die Ausschaltung des Sansculottismus jedoch nicht; ebenso wenig wie der Bergpartei, dessen radikalen Aktivismus zu bremsen.

Verlauf: Die Journée vom 31.5.–2.6.1793 verläuft nach dem Muster des Tuileriensturmes.

31.5.: Die Sturmglocken werden geläutet, Petitionäre der Sektionen und Commune erscheinen vor dem Konvent. Sansculotten umstellen das gefangen gesetzte Parlament. Ihre Forderungen sind:

- Ausschluss der führenden Girondisten aus dem Konvent;
- sofortige Verhaftung von Verdächtigen, Säuberung der Verwaltungen, Auflösung der Zwölfer-Kommission;
- auf Sansculotten (!) beschränktes Wahlrecht;
- garantierter Brotpreis von drei Sous/Pfund;
- Beihilfen für Alte, Kranke und Patrioten.

Zugestanden wird nur die Auflösung der Zwölfer-Kommission. 73 dagegen protestierende girondistische Abgeordnete werden aus dem Konvent ausgeschlossen. Sie kehren erst nach Robespierres Sturz am 8.12.1794 in den Konvent zurück.

2.6.: Unzufrieden mit dem mageren Ergebnis vom 31.5., wird die Aktion mit ca. 80000 Sansculotten und den Nationalgardisten Hanriots und Kanonen erfolgreich wiederholt. Der Konvent lässt die 29 führenden Gironde-Abgeordneten und zwei Minister unter Hausarrest stellen. 20 Verhafteten gelingt die Flucht in die Provinz, wo sie föderalistische Aufstände gegen die neue jakobinische Zentralregierung anführen; am 31.10.1793 wird der Führungskern der Gironde (u.a. Brissot, Vergniaud) guillotiniert.

Ergebnisse: Seit dem 2.6.1793 sind die Girondisten entmachtet.

Der bewaffnete Zwang der Straße gegenüber der gewählten Volksvertretung, eigene Abgeordnete verhaften zu lassen, bedeutete einen schweren Schlag für die junge repräsentative Demokratie und deren Idee, wie sie das aufgeklärte 18. Jh. entwickelt hatte.

Bis zum Sturz Robespierres am 27.7.1794 bestimmte für ein Jahr der radikale politische Sansculottismus, gestützt auf die Terreur-Gesetze und -Institutionen der Revolutionsregierung, den Kurs der nationalen Revolution.

Frankreich auf dem Höhepunkt seines Ruhms. Der Gipfel der Freiheit, 1793 (James Gillray)

2 Strukturen und Politik der provisorischen Revolutionsregierung 1793 / 94

2.1 Strukturen und Institutionen

Entstehung

Strukturen und Institutionen der provisorischen Revolutionsregierung etablierten sich im Verlaufe des Jahres 1793. Mit den Dekreten vom 10.10. und 4.12.1793 wurde sie institutionalisiert. Sie bestand formell bis zum offiziellen In-Kraft-Treten der Direktorialverfassung (27.10.1795). *s. S. 138ff.*

Wichtigstes Kennzeichen war die fehlende, verfassungsmäßig abgesicherte Legitimität. Sie war gemäß dem Dekret vom 10.10.1793 nur provisorisch, „bis zum Friedensschluss revolutionär“. Das bedeutet: Sie war eine von der gewählten Volksvertretung, dem Konvent, mit repressiv-diktatorischen Sondervollmachten auf Zeit ausgestattete Notstandsexekutive, die nach dem Friedensschluss durch die in der (allerdings auch bis dahin ausgesetzten) Verfassung von 1793 vorgesehene des Vollzugsrates (conseil exécutif) zu ersetzen sein würde. Bis dahin wurden

Vgl. Labica, G., a. a. O., S. 65–72

Vgl. S. 129

Strukturen, Institutionen und Politik vom Konvent lediglich legalisiert, d.h. de facto die Maßnahmen der beiden „Regierungsausschüsse“, des Wohlfahrts- und Sicherheitsausschusses, abgesegnet.

Strukturen und Institutionen

Der Konvent tagte seit dem 10.5.1793 im Theatersaal der Tuilerien

Palmer, R.: Twelve who ruled: The Committee of Public Safety during the Terror. Princeton 1941

Von den 21 Konventsausschüssen, die praktisch die Regierung bildeten, übten faktisch zwei die politische Macht aus: der Wohlfahrts- und der Sicherheitsausschuss. Alle anderen Insititutionen waren ihnen untergeordnet bzw. arbeiteten ihnen zu. Folgende sind hervorzuheben:
Der Wohlfahrtsausschuss (Comité du Salut Public) wurde am 6.4.1793 vom Konvent anstelle des Verteidigungsausschusses eingesetzt. Er entschied letztlich alles. Er war das eigentliche Machtzentrum, der Kopf der Revolutionsregierung. Er wies die Exekutive an, den aus sechs Ministerien bestehenden provisorischen Vollzugsrat bzw. die zwölf Vollzugskommissionen, die seit dem 1.4.1794 die Ministerien ersetzten. Des Weiteren oblag ihm die Inspektion aller Behörden und Beamten. Seine Hauptaufgabe war die „Abwehr innerer und äußerer Feinde der Revolution“. Dafür wurde er vom Konvent mit Sondervollmachten, seit Mai 1794 auch mit einer eigenen Polizei ausgestattet. Die täglich bis zu 16 Stunden arbeitenden neun (zwölf seit 20.9.1793) Mitglieder wurden monatlich von und aus dem Konvent gewählt, dem sie wöchentlich Bericht erstatteten. Ihre Entscheidungen billigte der Konvent oder lehnte sie – theoretisch – ab. Nach dem Sturz Robespierres, dem Präsidenten des Ausschusses, am 27.7.1794, wurde er in seinen Kompetenzen streng beschnitten und mit der Direktorialverfassung von 1795 aufgelöst.

Antoine Quetin Fouquier-Tinville (1746–1795)

Der Sicherheitsausschuss (Comité de la Sûreté Générale) mit dem Vorsitzenden Amar (Mitglieder: Moyse Bayle, David, Lebas, Louis, Vadier, Voulland) war neben dem Wohlfahrtsausschuss die mächtigste und gefürchtetste Institution der Revolutionsregierung. Er wurde nach dem Tuileriensturm am 17.10.1792 vom Konvent eingesetzt und etablierte sich seit April 1793. Der Ausschuss war zuständig für die Polizeigewalt, die Terreur-Rechtsprechung, deren Lenkung und konsequente Durchführung entsprechend dem Gesetz über die Verdächtigen vom 17.9.1793. Schwelende Kompetenzkonflikte mit dem Wohlfahrtsausschuss, besonders wegen dessen eigener Polizeibefugnisse, führten ab Frühjahr 1794 mit zu Robespierres Sturz.

s. S. 127

Radikalisierung der Revolution 1793 / 94

Krieg

1793
negativer Verlauf

Kriegserklärung an England und die Niederlande
18.3.: Niederlage bei Neerwinden
Alliierte erobern Mainz, Valenciennes, Toulon: Krieg wieder innerhalb der Grenzen Frankreichs

23.8.1793
Nationale Mobilmachung
Levée en masse
Heeresreformen Carnots

1794
positiver Verlauf
26.6.: Entscheidender Sieg bei Fleurus / ÖNL
Krieg fortan expansiv

Verfassung von 1791
Journées vom
14.7., 5. / 6.10.1789,
17.7.1791, 20.6.1792

Tuileriensturm
10.8.1792:
zweite demokratische Revolution

„dritte Revolution" (Mathiez)
31.5.–2.6.1793:
„Brot und die Verfassung von 1793!"

Nationalkonvent
Montagnards-Plaine-Gironde

Revolutionsregierung
Terreur
17.9.1793:
Verdächtigen-Gesetz

Notstandsdiktatur des Wohlfahrtsausschusses

„großer Terror" (Mathiez) seit 10.6.1794
Kollektivdiktatur des Bürgers Robespierre

27.7.1794: Machtübernahme durch die verängstigte Plaine-Mehrheit
„Thermidorianer"

Wirtschaftliche Lage anhaltend negativ

Kriegswirtschaft
Kapitalflucht
Haushaltsdefizit
Inflation
Teuerungsrate
Warenhortung
Spekulation
Steuerverweigerung
Assignaten-Wertverfall

Dirigistische Maßnahmen
Höchstpreise festgesetzt

4.5.1793:
kleines Maximum
29.9.1793:
großes Maximum

Zwangsanleihen
Todesstrafe für Wucher
Löhne eingefroren
Ventôse-Dekrete

Bürgerkrieg in den Provinzen

1793
Vendée
Royalisten, Katholiken, Föderalisten, Chouans, Girondisten
gegen:
Jakobiner, Pariser Zentralregierung
endgültig niedergeschlagen:
23.12.1793

Innenpolitische Radikalisierung
„Tugendterror"
Gegenrevolution
17.9.1793:
Verdächtigen-Gesetz
Dechristianisierung
Links- und Rechtsopposition ausgeschaltet: Enragés,
24.3.1794: Hébertisten,
5.4.1794: Dantonisten
10.6.1794: Prairial-Gesetz
Zentralisierung

→ zeitlicher Ablauf
- - -→ Auswirkungen der Notstandsdiktatur

Strukturen der Revolutionsregierung (1793/94)

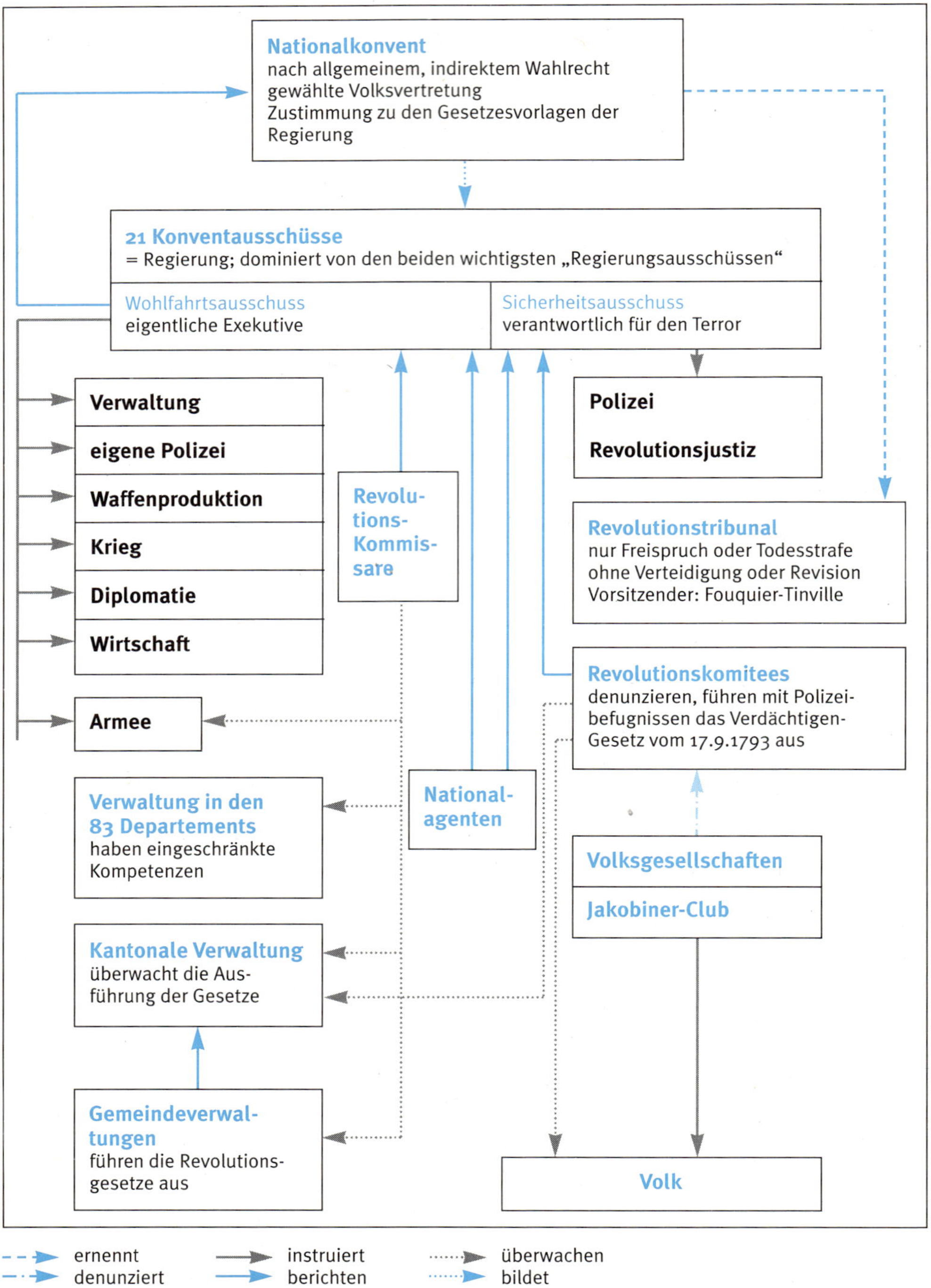

Das Pariser Revolutionstribunal als revolutionärer Sondergerichtshof zur Aburteilung von Revolutionsfeinden wurde am 10.3.1793 per Dekret vom Nationalkonvent eingesetzt, ursprünglich um der Lynchjustiz zu begegnen, dann zur Abschreckung. Je zwei der vier Abteilungen des Tribunals arbeiteten gleichzeitig. Richter und Geschworene wurden vom Sicherheits- und Wohlfahrtsausschuss gemeinsam vorgeschlagen und vom Nationalkonvent ernannt.

Der Aufsehen erregende Prozess gegen die am 2.6.1793 entmachteten, prominenten „girondistischen 21" im Oktober 1793 zog sich allerdings hin. Zur Beschleunigung erklärte ein Dekret, das der Willkürjustiz Tür und Tor öffnete, nun Verhandlungen für beendet, falls die Geschworenen ihr Gewissen nach drei Tagen für „hinreichend unterrichtet" erklärten, was sie im Fall der redegewandten Girondisten am 30.10.1793 sogleich taten.
Diese endeten am 31.10.1793 unter der „heiligen Guillotine".

Vorsitzender und öffentlicher Chefankläger war Fouquier-Tinville, einer der meistgehassten, am 7.5.1795 mit 14 anderen Mitgliedern des Tribunals hingerichteten Männer der Terreur.

Das Urteil des Tribunals konnte (ohne anwaltliche Verteidigungsmöglichkeit oder die einer Revision) nur Freispruch (in Sonderfällen Deportation) oder Todesstrafe lauten. Es musste binnen 24 Stunden vollstreckt werden.

Gleiche wurden in den Départements eingerichtet

Ab Oktober 1793 begannen unter lebhafter Beteiligung von Schaulustigen die demütigenden politischen Schauprozesse gegen die Girondisten, Marie-Antoinette, die Hébertisten, Dantonisten u. v. a. m.

Allein während der sechs Wochen des großen Terrors vom 10.6. – 27.7.1794 fielen 1376 zum Tode Verurteilte der „Sichel der Gleichheit", der öffentlichen Hinrichtung durch die Guillotine, zum Opfer.

„Niesten in den Sack", wie ein Sansculotte zynisch formulierte

Die Überwachungsausschüsse / Revolutionskomitees waren landesweit in jeder Gemeinde bzw. Sektion vorhanden. Die reorganisierten, mit zwölf Mitgliedern besetzten Revolutionskomitees hatten Überwachungs- und Polizeibefugnisse, nicht nur bei den Bürgern, sondern auch in der Verwaltung. Sie bildeten vor Ort die eigentlichen Vollzugsorgane der Terreur-Dekrete. Alle zehn Tage legten sie ihre Berichte dem Sicherheitsausschuss vor.

Das zentralistische Überwachungssystem wurde durch wechselseitige Kontrollmechanismen stabilisiert. Die Gemeinde-, Kantonal- und Departementverwaltungen hatten sich nur noch um den Steuereingang, öffentliche Arbeiten und den Nationalgüter-Verkauf zu kümmern. Die Kantonalverwaltung überwachte die Ausführung der Terreur-Dekrete. Alle zehn Tage legten die Gemeindeverwaltungen dem Kanton, dieser den beiden Regierungsausschüssen Rechenschaftsberichte ab.

21 Revolutionskommissare wurden am 19.4.1794 abberufen. Der Sicherheitsausschuss, dem sie unterstellt waren, zog es vor, eigene, verlässliche Gesandte einzusetzen. Jullien zeigte z. B. Machtmissbräuche und Übergriffe von Carrier in Nantes und Tallien in Bordeaux an, woraufhin beide „représentants en mission" entlassen wurden. Ausnahmsweise wurde ein Ausschuss-Mitglied höchstpersönlich in besonders kritischen Gebieten eingesetzt, wie z. B. Saint-Just 1793 an der Nordfront.

Die Nationalagenten überwachten ebenfalls die Anwendung der Gesetze und gingen gegen Vernachlässigungen vor. Sie erstatteten den beiden Ausschüssen alle zehn Tage Bericht.

Die Revolutionskommissare/„Volksvertreter in Mission“, die 1793 mit nahezu unbeschränkten Sondervollmachten ausgestatteten Spezialbeamten der Zentralregierung bei jeder der Armeen sorgten dort für die zuverlässige und schnelle Umsetzung der Dekrete und überwachten Heereslieferanten, Generäle und Offiziere. Im Verlauf des Jahres 1793 wurden ihre Kompetenzen zunehmend eingeschränkt.

2.2 Systematische Terreur als politisches Mittel der Notstandsdiktatur

Einteilung der Terreur

Drei Phasen der Terreur sind zu unterscheiden:

1. Der kleine Terror vom 10.8.1792–6.4.1793, der vor allem von der Pariser Commune ausgeht.
2. Die verschieden eingegrenzte Hauptphase des jakobinischen Terror-Regimes vom 6.4.1793 (Gründung des Wohlfahrtsausschusses) bzw. 27.7.1794 (Zuwahl und Präsidentschaft Robespierres) bzw. 2.6.1793 (Entmachtung der Girondisten/Beginn der totalitären Sansculotten-Herrschaft) bzw. 17.9.1793 (Erlass des Verdächtigen-Gesetzes: offizieller Beginn der Terreur) bis zum 10.6.1794. Zentrale Ereignisse dieser Phase sind ferner die Ausschaltung der radikalen Hébertisten am 24.3.1794 sowie der „nachsichtigen“ Dantonisten am 5.4.1794.
3. Der große Terror vom 10.6.–27.7.1794/Sturz Robespierres. Zentrales Ereignis ist die erneute Verschärfung des Terrors durch die „Prairial-Dekrete“ vom 10.6.1794, mit denen sich die Kollektivdiktatur verselbstständigte und isolierte.

Einer der zahlreich zirkulierenden „revolutionären Katechismen“ konkretisierte die revolutionären Tugenden. Die 10 Gebote des wahren Republikaners:

1. *Franzose, du wirst dein Vaterland verteidigen, um frei zu leben.*
2. *Alle Tyrannen wirst du verfolgen bis Hinterindien.*
3. *Die Gesetze, die Tugenden wirst du achten, auch wenn das dein Blut kostet.*
4. *Die Verschwörer wirst du schonungslos denunzieren.*
5. *Niemals wirst du der Bekehrung eines „Grand“en Glauben schenken.*
6. *Wie einem Bruder wirst du deinem Kompatrioten helfen.*
7. *Als Sieger wirst du dich betrachten, sei stolz, aber auch mitleidig.*
8. *Bei der Arbeit wirst du wachsam sein, um den Intriganten von dort zu vertreiben.*
9. *Den 10. August wirst du heiligen, um ihn ewig zu lieben.*
10. *Hab und Gut der Flüchtigen wirst du dem bedürftigen Sansculotten übergeben.*

(zit. n. Mathiez, A., a. a. O., S. 245, übersetzt v. Verf.)

Legitimierung: Tugend und Terror

„Kollektivdiktator“ Robespierre rechtfertigte die unter dem Sammelbegriff „Terreur“ zusammengefassten, auf gewaltsamer Durchsetzung basierenden Maßnahmen der jakobinischen Notstandsdiktatur prägnant in seiner Grundsatzrede vom 5.2.1794 vor dem Konvent:
„Die Revolutionsregierung ist der Despotismus der Freiheit gegen die Tyrannei.“ Der Terror sei eigentlich die Tugend in kritischer Zeit. Tugend ohne Terror sei machtlos. Sie sei „... nichts anderes als die unmittelbare, strenge und unbeugsame Gerechtigkeit, ... eine Konsequenz des allgemeinen Prinzips der Demokratie, angewandt auf die drin-

Zit. n. Labica, G., a. a. O., S. 70

gendsten Bedürfnisse des Vaterlandes." Moralische Legitimität sollte die verfassungsmäßige ersetzen. Der Zweck heiligte die Mittel.

Ähnlich argumentierte Robespierre in der „Rede über die Revolutionsregierung" vom 25.12.1793

Die wichtigsten Terreur-Dekrete

Vgl. dazu auch die Übersicht der Maßnahmen des Girondisten- bzw. Montagnard-Konventes 1793/94, S. 111

Auf drei Bereiche konzentrierten sich die Terreur-Dekrete:

1. Auf ökonomischem Gebiet stützten sich die dirigistischen, zwangswirtschaftlichen Maßnahmen auf die Dekrete gegen Warenhortung, die Höchstpreise für Grundnahrungsmittel bzw. knappe Waren sowie Löhne. Brotkarten wurden ausgegeben, die Bäckereien und die Lebensmittelverteilung städtischer Regie unterstellt. Händler und Produzenten wichtiger Güter wurden gezwungen, ihre Vorräte anzugeben und den Gemeindeverwaltungen zur Verfügung zu stellen.
2. Die Maßnahmen auf militärischem Gebiet bestanden angesichts der bedrohlichen Kriegs- und Bürgerkriegslage vorrangig in der Verstärkung der Armee: Freiwilligen-Aushebung (24.2.1793), die allgemeine Wehrpflicht (23.8.1793) und die revolutionäre Reorganisation der Armee (Carnot). Dazu diente die Überwachung der Armeeführung durch Kommissare, Beförderungen nach Leistung und neue militärische Taktiken.
   Diese Maßnahmen waren im Großen und Ganzen erfolgreich. Mit den Siegen bei Wattignies am 16.10.1793 und Fleurus 26.6.1794 war der existentielle Notstand für die Revolution überwunden.
3. Die Terreur-Dekrete im innenpolitischen Bereich bestanden aus dem Verdächtigen-Gesetz und den Prairial-Dekreten.

Das Gesetz über die Verdächtigen vom 17.9.1793 war eine der beiden fundamentalen gesetzlichen Grundlagen der Terreur-Maßnahmen. Die Revolutionskomitees und zentral der Sicherheitsausschuss setzten es um. De facto war es die Blankovollmacht der repressiv-totalitären Jakobiner-Herrschaft. Es bestimmte im Einzelnen:

Quelle: Lautemann/Schlenke (Hg.), a. a. O., Bd. IV, S. 377 f.

Artikel 1: die sofortige Verhaftung aller „Verdächtigen",
Artikel 2: definiert die Kategorie. Dazu zählen:

1. „alle, die sich durch ihr Verhalten oder ihre Beziehungen oder ihre mündlich oder schriftlich geäußerten Ansichten als Parteigänger der Tyrannen ... und Feinde der Freiheit zu erkennen gegeben haben";
2. „alle, die sich nicht auf die ... vorgeschriebene Weise über ihre Existenzmittel und die Erfüllung ihrer Bürgerpflichten ausweisen können";

Bürgerzeugnis: Eine politische Unbedenklichkeitsbescheinigung, die die Pariser Sektionen bereits seit März 1793 ausstellten. Vor die Überwachungsausschüsse konnte man z. B. schon vorgeladen werden, weil man nach der Einsetzung eines patriotischen Pfarrers die Messe nicht mehr besuchte oder die Ehefrau echten Schmuck trug, den sie längst für die Armee hätte gespendet haben müssen.

3. „alle, denen das Bürgerzeugnis verweigert worden ist";
4. alle vormaligen Adligen und ihre Verwandten;
5. alle zwischen dem 1.7.1789 und 8.6.1792 Emigrierten.
Artikel 8: Alle Verdächtigen sollen bis zum Friedensschluss in Haft bleiben.

Mit dem Prairial-Dekret vom 10.6.1794 gegen die „Volksfeinde" trat die Schreckensherrschaft in ihre letzte Phase, den nochmals verschärften großen Terror.
Als Feinde des Volkes galten (Artikel 6):
Anhänger der Monarchie, Gegner des Konvents oder der Republik, wer gegen die Maximum-Gesetze verstieß, „... wer Mutlosigkeit zu verbreiten sucht ..." und „... wer falsche Nachrichten ausstreut ..."
Artikel 7–9: Volksfeinde wurden ausschließlich mit dem Tod bestraft. Für die Urteilsfindung genügte „das von der Vaterlandsliebe erleuchtete Gewissen der Richter". Bürger hatten das Recht, Verschwörer und Revolutionsfeinde festzunehmen. Sie anzuzeigen, war Pflicht.
Artikel 8, 12 und 16: vereinfachten das öffentliche Verfahren vor dem Tribunal durch die „Anwendung einfacher Mittel, die der gesunde Menschenverstand an die Hand gibt, um ... zur Erkenntnis der Wahrheit zu gelangen" mit öffentlichem Verhör vor ausschließlich „patriotisch gesonnene(n) Geschworene(n)" ohne Verteidigung für „Verschwörer".

Zit. n. Kirchberger, J. H., a. a. O., S. 192 f.

3 Zielvorstellung: das Glück aller – Jakobiner-Verfassung von 1793

Wie schon für seine beiden Vorgänger-Parlamente bestand die Hauptaufgabe des Konvents in der Verabschiedung einer Verfassung, für die seit dem 22.9.1792 existierende Republik. Sie wurde nach umfangreichen kontroversen Debatten am 24.6.1793 beschlossen und am 10.8.1793, dem ersten Jahrestag des Tuileriensturms, nach einer Volksabstimmung verkündet.
Die Verfassung war provisorisch, d.h., sie sollte nach dem Friedensschluss in Kraft treten. Tatsächlich trat sie jedoch nie in Kraft

Vergleich der Verfassungen von 1791, 1793, 1795, 1799 in: Reichardt (Hg.), a. a. O., S. 138–143

Ergebnis: ca. 1,8 Mio. Ja- gegen ca. 180 000 Nein-Stimmen

Die Jakobiner-Verfassung von 1793

beschlossen am 24.6., verkündet am 10.8.1793
nach Referendum am 4.8.1793:
Ja-Stimmen: ca. 1,8 Mio.
Nein-Stimmen: ca. 18 000

nie in Kraft getreten

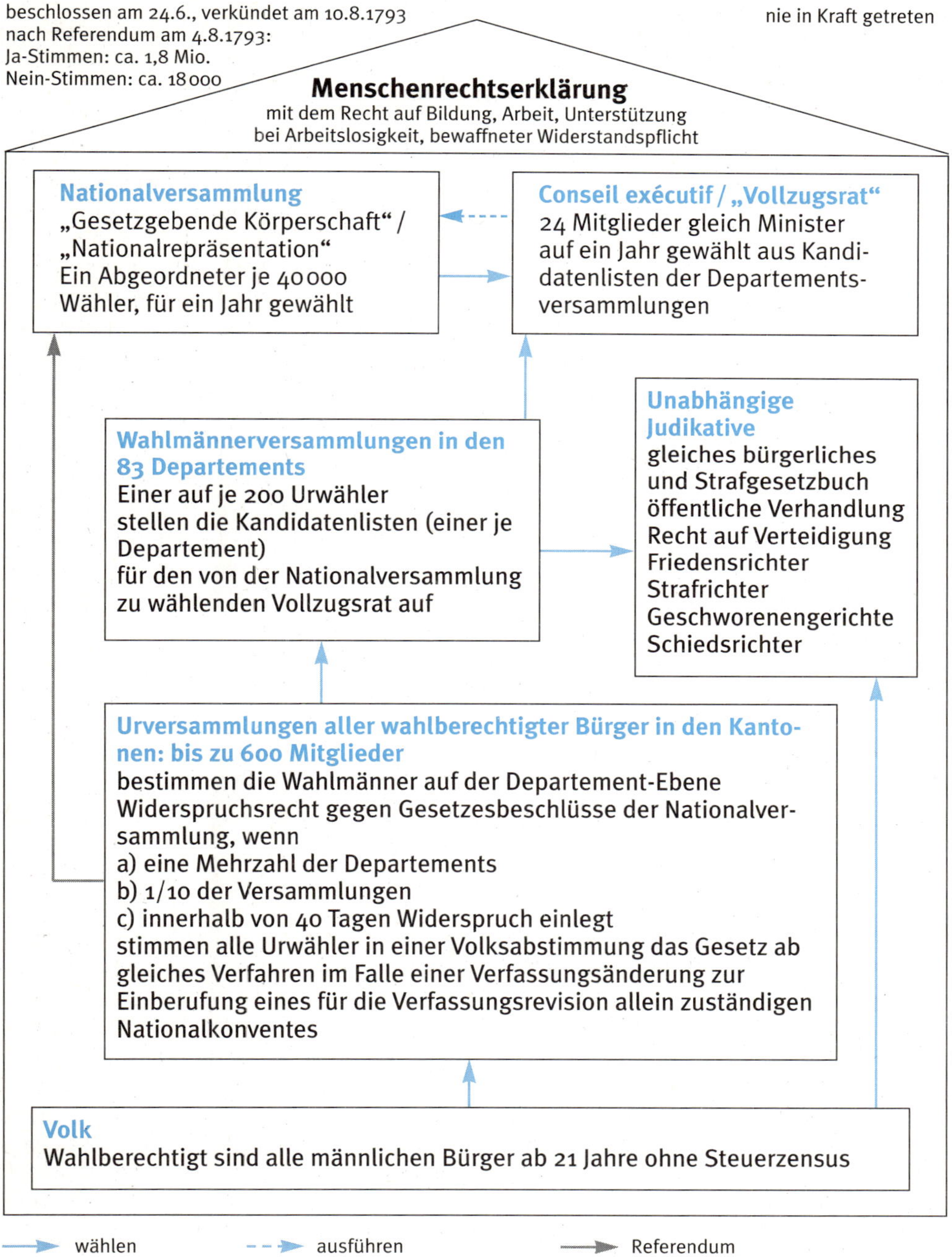

Charakteristika der Verfassung von 1793

Suret-Canale, J.: Die historische Bedeutung der Verfassung von 1793 (in: Kossok, M./Kross, E., a. a. O., Bd. 1, S. 81–96)

Von den vier Revolutionsverfassungen (1791, 1793, 1795, 1799) kam die der Jakobiner von 1793 den „Prinzipien von 1789“ am nächsten.
Im Kern war sie die alte Verfassung von 1791 ohne Ludwig XVI. und mit dem nun allgemeinen Wahlrecht.
Eine erweiterte Erklärung der Menschen- und Bürgerrechte wurde vorangestellt. Zu den Rechten gehörte nun auch das auf Bildung, Arbeit und staatliche Unterstützung in Notlagen.
Betont wurde das Prinzip der Volkssouveränität (Artikel 7–10) und der Gleichheit bzw. der egalitären Demokratie. Sie bildeten das Fundament dieser republikanischen Verfassung.
Neu war das in Artikel 1 festgeschriebene Staatsziel des allgemeinen Glücks.
Insgesamt sicherte die Verfassung der Ein-Kammer-Legislative (Artikel 21–61), deren Abgeordnete nur für ein Jahr gewählt sind, ein Übergewicht vor dem Vollzugsrat, der Exekutive (Artikel 62–84), deren 24 Mitglieder je zur Hälfte nach einem halben Jahr neu gewählt werden. Damit wurde allerdings die strikte Gewaltenteilung zugunsten der Legislative unterlaufen.

Vgl. S. 129

Die Judikative (Artikel 85–100) beruht auf dem einheitlichen, für die ganze Republik verbindlichen bürgerlichen und Strafgesetzbuch.

Bestimmungen der Verfassung von 1793

Quelle: Lautemann/Schlenke (Hg.), a. a. O., Bd. IV, S. 364–370

Besonders umstritten in der Vorbereitung waren folgende Bestimmungen der Verfassung:
Artikel 1–3: Ziel der Gesellschaft, Staatszweck ist das allgemeine Glück. Aufgabe der Regierung ist, die unveräußerlichen Naturrechte Gleichheit, Freiheit, Sicherheit und Eigentum der von Natur und vor dem Gesetz gleichen Menschen zu garantieren.

„pursuit of happiness“ der amerikanischen Unabhängigkeitserklärung

Artikel 19: Eigentumsrecht: Enteignungen sind nur bei gesetzlich festgestellter, öffentlicher Notwendigkeit zulässig und gerecht zu entschädigen.
Artikel 20: Steuern dürfen nur zum allgemeinen Nutzen erhoben werden. Die Bürger kontrollieren Festsetzung und Verwendung.
Artikel 30: Öffentliche Dienste sind zeitlich begrenzt und verstehen sich als Verpflichtung, nicht als Belohnung.
Artikel 35: Widerstand als Pflicht: Verletzt die Regierung die in den Artikeln 1–3 definierten Grundrechte des

Volkes, ist nicht nur Widerstand, sondern „der Aufstand das heiligste seiner Rechte und die unerlässlichste seiner Pflichten“.
Artikel 107–114: Militär: Die Republik unterhält auch in Friedenszeiten besoldete Land- und Seestreitkräfte. Dabei sind „alle Franzosen Soldaten“ und unterliegen einer Wehrpflicht. „Es gibt keinen Generalissimus.“
Artikel 118–121: Beziehungen zu anderen Nationen: „Das französische Volk ist der Freund und natürliche Verbündete aller freien Völker.“

4 Bürgerkrieg in den Départements: Aufstände brutal unterdrückt

4.1 Ursachen, Träger, Ergebnis des Bürgerkrieges

Ursachen

Die seit Frühjahr 1793 in ganz Frankreich aufflammenden Aufstände gegen den Zentralismus und Kollektivismus der jakobinischen Pariser Zentralregierung und ihre Statthalter in den Departements verstärkten ältere, „sektionäre Bewegungen“ (Soboul). Hunger- und Teuerungsunruhen gab es immer wieder auch im Ancien Régime. Derartige Revolten radikalisierten sich unter dem Eindruck der Kriegslasten und der bedrückenden ökonomischen Lage. Aufgestaute soziale Spannungen, die die Revolution (z.B. durch den Nationalgüter-Verkauf) noch geschürt hatte, entluden sich gewaltsam. Zwangsmaßnahmen der Terreur-Regierung schließlich, wie zuerst das Rekrutierungsgesetz vom 24.2.1793, brachten vielerorts das Fass zum Überlaufen.

Träger

60 der 83 Departements befanden sich im Herbst 1793 im Aufstand gegen die Zentralregierung. Die Revolutionsanhänger kontrollierten zumeist die größeren Städte und deren näheres Umland. Träger der Aufstände waren vor allem die tief religiöse bäuerliche Landbevölkerung, Royalisten, Aristokraten, eingeschleuste Emigranten, Katholiken und eidverweigernde Priester, aber auch die im Kampf um die politische Vorherrschaft Unterlegenen, wie die Feuillants und die Girondisten.

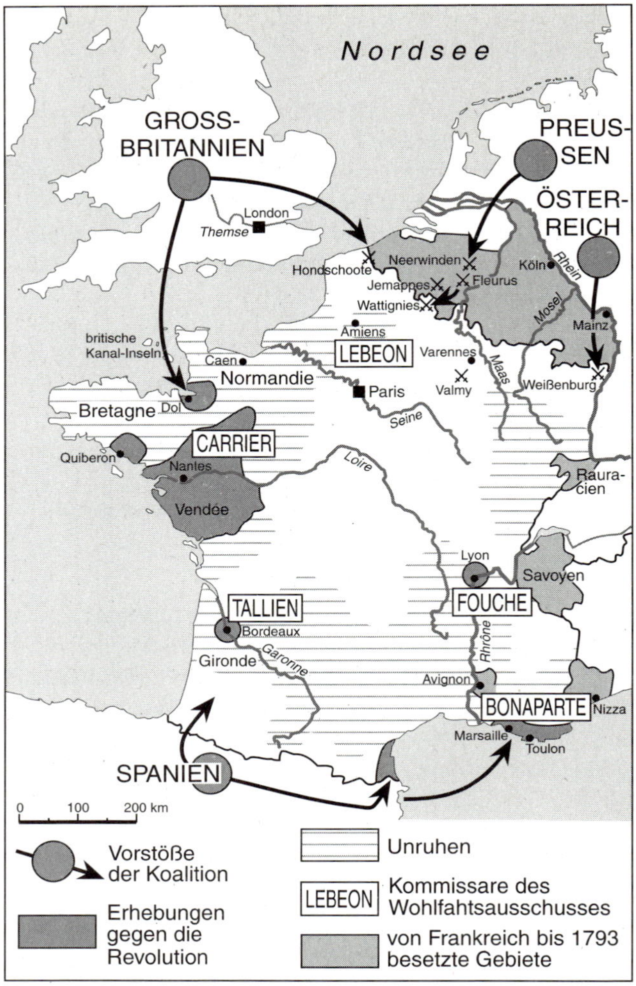

Die Krise der Revolution im Sommer 1793

Ergebnis

Anfang 1794 waren die bis 1796 vereinzelt immer wieder aufflammenden Aufstände von den massiv entsandten Konventstruppen und -kommissaren mit z. T. extrem brutaler Gewalt unter Kontrolle gebracht. Die Aufstandsmotive waren damit bis auf den Wegfall der systematischen Terreur jedoch nicht beseitigt. Seit 1795 kam es in den ehemaligen Aufstandsgebieten überall zu Rachefeldzügen gegen die am 27.7.1794 gestürzten Jakobiner.

„Weißer Terror“

4.2 Aufständische Vendéens, Föderalisten, Chouans

Die Vendée

Die seit März 1793 erfolgreichen Aufstände der in den „großen katholischen und königlichen Armeen“ zusammengeschlossenen Bauern der westfranzösischen Vendée waren am gefährlichsten für die „jakobinische Kriegsdiktatur“ (Fehrenbach). Adlige übernahmen das Oberkommando, organisierten royalistische Zivilverwaltungen. Zu den prominentesten Anführern gehörte Chaumette, hingerichtet am 13.4.1794. Republikanhänger, revolutionstreue Priester und Nationalgardisten wurden gejagt und getötet. Am 1.8.1793 beschloss der Konvent die Zerstörung der Vendée. Konventstruppen setzten sie bis zur endgültigen Niederlage der „Armee der Banditen“ am 23.12.1793 bei Savenay um. Die „Colonnes infernales“ des Generals Turreau besorgten den Rest des Rachefeldzuges bis in den Mai 1794.

Die Föderalisten

Die Aufstände der Föderalisten im Gefolge der Entmachtung der Konvents-Girondisten konzentrierten sich im Sommer 1793 um deren Hochburgen: Marseille, Toulon, Caen, Toulouse, Bordeaux, Nantes und Lyon, dem Zentrum des Bürgerkrieges in Südfrankreich. Sie wurden von Konventstruppen grausam gerächt. Da das „nationale Rasiermesser“, die Guillotine, überlastet war, wurden Tausende in „Füsilladen“ vor selbstgeschaufelte Gräber gestellt und, aneinander gefesselt, mit Kanonen niedergeschossen, in Nantes ca. 2 500 Männer, Frauen und Kinder in der Loire ertränkt.

Berüchtigt wurde die Rache an Lyon, das am 29.5.1793 die jakobinische Stadtregierung gestürzt und Bürgermeister Chalier am 17.7.1793 hingerichtet hatte. Es ergab sich Anfang Oktober nach 66-tägiger Belagerung. Bis April 1794 wurden 1962 Todesurteile vollstreckt. Aufgrund eines Konventsbeschlusses vom 9.10.1793 wurden die Viertel der Wohlhabenden dem Erdboden gleichgemacht. Lyon sollte fortan „Befreite Stadt“; Marseille „Stadt ohne Namen“ heißen.

Die Chouans

In Teilen der Normandie, der Bretagne, in Maine und im Anjou konzentrierten sich seit 1794 bis in den Sommer 1796 die Aufstände der Chouannerie mit ihrem Zentrum Poitou. Die Chouannerie bevorzugte die Guerilla-Taktik (Sabotage, Anschläge gegen Nationalgüter-Käufer, konstitutionelle Priester, republikanische Beamte und Lebensmittel-Konvois). In der Bretagne bemühte sich der ehemalige adlige Josef de Puisaye als Anführer erfolgreich um allerdings eher halbherzige englische Unterstützung. Einmarschieren wollte England zwar nicht, steuerte jedoch Emigranten und Waffen bei.

Der Name stammte von frz. „chathuant“: „Käuzchen“, dem Erkennungssignal des Anführers Jean Cotterau, der bzw. dessen aufständische Banden von daher den Namen: Jean „Chouan“ bzw. „Chouannerie“ hatten.

30.7.1795: bei Quiberon/Bretagne gelandetes bewaffnetes Emigranten-Corps besiegt

Der Konvent gewann seit Sommer 1794 hier die Oberhand mittels einer neuen Strategie. Vernichtungsfeldzüge à la Vendée wurden eingestellt, statt dessen mittels Konzessionen und Amnestien das Gros der Landbevölkerung vom militanten Kern der Chouans getrennt, der militärisch ausgeschaltet wurde.
Seit Sommer 1796 verebbten diese Aufstände.

5 Bilanz der Notstandsdiktatur des Wohlfahrtsausschusses

Palmer, R., a. a. O., spricht sich für die Charakterisierung „Kollektivdiktatur" der gemeinsam und dem Konvent verantwortlichen Ausschussmitglieder aus: Robespierre sei mehr oder weniger ihr ideologisches Aushängeschild gewesen, habe z. B. eher wenige der zahlreichen Anweisungen mit unterschrieben.

Gemäß ihrer Hauptaufgabe, alle inneren und äußeren Feinde der Revolution abzuwehren, verbuchte die „jakobinische Wohlfahrtsdiktatur" (Voss) nach gut einem Jahr einen Erfolg. Der existenziell bedrohliche Ausnahmezustand der Revolution war Anfang 1794 de facto überwunden.
Auf militärischem Gebiet war die Invasion abgewehrt, die Österreichischen Niederlande zurückerobert (26.6.1794). Der Krieg verlief expansiv. Die Aufstände in den Départements waren niedergeschlagen.
Auf ökonomischem Gebiet linderten die zwangswirtschaftlichen Dekrete die schlimmsten sozialen Nöte und bewahrten die Revolution – um den Preis der exorbitanten Assignaten-Inflation, Zwangsanleihen, Sondersteuern, Konfiskationen in den besetzten Gebieten – zumindest vor dem finanziellen Kollaps.

Damit hätte die provisorische Revolutionsregierung sich auf einen Friedensvertrag konzentrieren, die Revolution innenpolitisch parallel stabilisieren und zugunsten der in der Verfassung von 1793 vorgesehenen zurücktreten können. Stattdessen verschärfte sich die Tugend-und-Terror-Diktatur.

Die Hinrichtung des Volkshelden von 1793 Robespierre am 28.7.1794 symbolisierte das Scheitern der Notstandsdiktatur. Gründe dafür waren u. a.:
- die Entfremdung von der politischen Machtbasis: dem Volk;
- die massive Dechristianisierungskampagne;
- unzureichende sozialpolitische Ausgleichsmaßnahmen;
- der versäumte, rechtzeitige Wechsel vom zunehmend sinnlos werdenden Terror zu einer Integrations-, Ausgleichs- bzw. Friedensschluss-Politik.

Der Weg zur Diktatur Robespierres

Zu Robespierres Grundsatzreden vor dem Konvent zur Politik des Wohlfahrtsausschusses:
25.12.1793: Über die Prinzipien der Revolutionsregierung

Konvent und der Ausschuss bekamen das eigentliche innenpolitische Problem, die politische Integration vor allem der durch Krieg und Not radikalisierten, polarisierten Sansculotten-Basis, nicht in den Griff. Deren außerparla-

mentarische Lobby seit dem 10.8.1792: Pariser Commune, Komitees, Clubs, Roux, Hébert u.a. setzten sich mit ihren radikalen Forderungen nach Besitzumschichtungen durch.
Dieser versuchte zunächst die Gratwanderung zwischen den Extremen der politischen Parteiungen im Volk, auf das er sich stützte, zwischen Terror und Tugend (= die Position Robespierres).
Die scheiterte an Intrigen und Flügelkämpfen zu Gunsten des Terrors, entfremdeten die Robespierristen der Basis und den Verbündeten, die das Schafott bestiegen.
Schließlich war Robespierre seit dem 5.4.1794 als unberechenbarer Diktator isoliert.

5.2.1794: Über die Prinzipien der politischen Moral
7.5.1794: Über die Beziehung der religiösen und moralischen Ideen zu den republikanischen Prinzipien und die Nationalfeste
(vgl. Labica, G., a. a. O., S. 65–72)

Kollektivdiktator Bürger Robespierre

Nach dem Sieg über den äußeren Feind am 18.3.1794 bei Neerwinden konnten sich die drei Parteiungen („Fraktionen") im Jakobinerclub: um Hébert, Robespierre und Danton „wieder zanken" (Danton):
Danton und die „Nachsichtigen" („indulgents" / „citras") verfolgten nach dem notwendigen Terror eine mäßigende Rekonziliationspolitik der inneren Befriedung.
Hébert und die „Ultras" des Cordeliers-Clubs dagegen agitierten neben der konsequenten Dechristianisierung für radikalere sozialpolitische Maßnahmen. Seit dem 12.2.1794 bekämpften sie offen die Revolutionsregierung.
Die Gruppe um Robespierre war für eine Fortsetzung des Terrors, da die Gefahr für die Republik noch nicht gebannt war. Sie bekämpfte die Links- und Rechtsopposition als Gefahr für das Vaterland.
Flügelkämpfe ersetzten eine konsequente, auf Stabilisierung und Friedensschluss ausgerichtete Integrationspolitik. Deren Ergebnis war: Robespierre entmachtete mit der Links- und Rechtsopposition im Ausschuss die Straße, die seit dem Tuileriensturm „die bürgerliche Revolution aus der Bahn geworfen hatte" (Furet, Schulin) durch die Hinrichtung ihrer Volkstribunen.

Mit über 150 000 Mitgliedern in ca. 2 000 Filiationen erreichte der Jakobiner-Club (vgl. S. 58 f.) seine größte Dichte von Sommer 1793 bis Frühjahr 1794.

Die gegenseitigen Angriffe wurden öffentlich geführt, besonders in den Zeitungen des Dantonisten Desmoulins „Le Vieux Cordeliers" (seit Dezember 1793) und Héberts gefüchtetem „Hetzblatt" „Le Père Duchesne", das eine Auflage bis zu 600 000 Exemplaren erzielte, da es kostenlos in der Armee verteilt wurde.

Die Germinal-Prozesse

24.3.1794: Hinrichtung der Hébertisten
Die vom Ausschuss-Robespierristen Saint-Just durchgesetzten Ventôse-Dekrete nahmen den militant radikalsozialen „Enragés" den politischen Wind aus den Segeln. Hébert, Cloots, Desfieux und die Führungsgruppe der Cordeliers wurden am 14.3.1794 vor dem Versuch, eine

Ventôse-Dekrete:
26.2./3.3.1794: Konfiskationen des Besitzes der Verdächtigen zugunsten bedürftiger Patrioten

10.2.1794: Selbstmord des Anführers der radikalsozialen „Enragés", des „Roten Priesters" Jacques Roux

Quelle zum Prozess gegen die Dantonisten vgl. Lautemann/Schlenke (Hg.), a. a. O., Bd. IV, S. 431 f.

„Danton und Desmoulins machten das Tribunal zum Theater. Büchner brauchte kaum noch etwas hinzuzufügen... Auf die Frage nach seinem Wohnort antwortete Danton: ‚... Bald wird sie im Nichts sein.' Desmoulins antwortete auf die Frage nach seinem Alter: ‚33 Jahre... Das kritische Alter der Patrioten'." (zit. n. Schulin, E., a. a. O., S. 222)

erneute Volkserhebung zu organisieren, verhaftet, wegen einer angeblichen Verschwörung mit dem Ausland verurteilt und am 24.3.1794 hingerichtet.

5.4.1794: Hinrichtung der Dantonisten

Die nachsichtigen Citras um Danton (Philippeaux, Desmoulins, Delacroix u.a.), die die Revolution wieder auf einen gemäßigteren Kurs hatten bringen wollen, wurden am 5.4.1794 als „korrupte Terroristen" hingerichtet.

Ergebnis: Mit der Straße entmachtete der Ausschuss sich selbst. Die Jakobiner entzogen sich die Basis ihrer politischen Macht. Nach den Germinal-Prozessen und den Dekreten vom 22. Prairial II/10.6.1794 diente der sechswöchige große Terror nur noch der Machterhaltung der Revolutionsregierung.

Der Konvent bzw. der Ausschuss sicherte sich nach der Befreiung vom Druck der Straße umgehend ab:
27.3.1794: Auflösung der Pariser Revolutionsarmeen
10.5.1794: Säuberung der Pariser Commune von „Anarchisten"

Zit. n. Reichardt, R. (Hg.), a. a. O., S. 71

Einzelheiten zum Nationalfest am 8.6.1794 mit der Apotheose des höchsten Wesens im Konventsbericht des Cheforganisators der Veranstaltung des Revolutionsmalers David, in: Lautemann/Schlenke (Hg.), a. a. O., Bd. IV, S. 388–390, vgl. dazu auch: Schulin, E.; a. a. O., S. 223 f.

Augenzeugenberichte zum 8./9. Thermidor II (26./27.7.1794): Lautemann/Schlenke (Hg.), a. a. O., Bd. IV, S. 437 f.

„Die Revolution frisst ihre eigenen Kinder." Vergniaud, am 31.10.1793 hingerichteter Girondist

Der 9. Thermidor II des Maximilien Robespierre

Die Notstandsdiktatur verlor nach dem Sieg über die Österreicher bei Fleurus am 26.6.1794 endgültig Berechtigung, Sinn und die politische Unterstützung der Basis. Die Terreur hatte „das Bündnis zwischen Verfassungsrevolution und städtischer Volksrevolution zerstört". Versuche, es z. B. mittels eines einigenden, säkularisierten religiösen Ersatz-„Kultes des höchsten Wesens" wiederherzustellen, scheiterten.

Ein Attentat auf Robespierre am 23.5.1794 misslang. Seit Juni 1794 nahm er nicht mehr an den Ausschusssitzungen teil, sondern klagte „korrupte Terroristen" pauschal nur noch im Konvent an. Niemand schien mehr vor dem Terreur-Apparat sicher. Die Abgeordneten packte das kalte Grausen, wer aus ihren Reihen wohl der Nächste sein würde. Am 9. Thermidor II (27.7.1794) ließen seine Gegner, die „Thermidorianer", Robespierre im Konvent verhaften. Ein Befreiungsversuch einiger weniger Sansculotten-Sektionen im Rathaus wurde von Konventstruppen vereitelt ebenso wie der Selbstmordversuch Robespierres. Mit seiner Hinrichtung ohne Verhandlung, ohne Urteil am 28.7.1794 endete die jakobinische Schreckensherrschaft. 21 Anhänger wurden am 28.7., weitere 81 an den folgenden Tagen hingerichtet.

6 Bilanz der jakobinischen Terreur-Herrschaft

An der Beurteilung der dramatischsten und radikalsten Phase, der Jakobiner-Schreckensherrschaft vom 17.9.1793 bis zum 27.7.1794, scheiden sich die Geister von Befürwortern und Gegnern der Revolution.

Gegner lassen vor allem die Statistiken der Terreur im krassen Widerspruch zu den Revolutionsidealen der Menschenrechtserklärung sprechen.

War es ein Bürgerkrieg oder ein Völkermord? Die Historiker Furet und Richet charakterisieren die Terreur als „kanalisierten Bürgerkrieg“.

Secher spricht von einem „frankofranzösischen Genozid“. Weiter noch geht Chaunu, der in der Terreur den ersten ideologischen Völkermord sieht, dem im 20. Jahrhundert zahlreiche gefolgt seien.

Diesen Vergleich lehnt Schulin ab: Solche „Verbindungskonstruktionen“ durch „historische Einordnung“ seien als Relativierungsversuche für Verbrechen des Nationalsozialismus oder Stalinismus z.B. „bekannt und verdächtig“. Die Terreur sei zwar ein Bürgerkrieg gewesen, jedoch – trotz Ansätzen dazu in der Vendée – kein systematischer Völkermord.

Die Befürworter seit Danton, Robespierre, Soboul u.a. in der Moderne, begründen dagegen die schließlich erfolgreiche staatspolitische Notwendigkeit des Terrors als politische Methode der Notstandsdiktatur auf Zeit: Die Existenzkrise der Revolution 1793 ließ keine andere Wahl, um ein Scheitern der Revolution zu verhindern.

Fazit: Zeitgenössische Stellungnahmen stellten schon vor dem 27.7.1794 fest, dass die Jakobinerherrschaft seit dem 10.8.1792 die erfolgreiche Verfassungsrevolution aus der Bahn geworfen hatte. Deren Symbolfiguren waren bis auf wenige Ausnahmen tot. Die Revolution hatte zwar die Existenzkrise überstanden, war aber – nach Saint-Justs Worten – in der Terreur „erstarrt“: „… alle Prinzipien sind verblasst; es bleiben nur rote Mützen, die die Intrige trägt.“

Aspekte und Beurteilungen in: Reinalter, H.: Die Französische Revolution und Mitteleuropa. Erscheinungsformen und Wirkungen des Jakobinismus. Seine Gesellschaftstheorien und politischen Vorstellungen. Frankfurt/Main 1988

„Die Schreckensherrschaft war nicht einfach nur als Mittel gedacht, die Führung zu behalten, sondern als Bürgerkriegsersatz in höchst kritischer Zeit, als kanalisierter, kontrollierter Bürgerkrieg.“
(zit. n. Schulin, E., a. a. O., S. 212)

Triumph der Moderne. Alle Macht den Kleinbürgern! 1989 (Endart)

6 „Alle Prinzipien verblasst“: das Direktorium und Napoleon 1795–1799

Ausführlich Schulin, a. a. O., S. 234–249

Direktorium: Epoche benannt nach dem kollektiven Staatsoberhaupt, den fünf Direktoren, vgl. S. 149

Historiker charakterisieren Nach-Thermidor und Directoire (frz.: Direktorium) 1795–1799 überwiegend negativ. Sie schildern es als eine Verfallszeit, die „entzauberte Revolution“ (Reichardt), deren „Höhepunkt überschritten“ (Voss) war oder ablehnend als eine Schein-Republik materialistischer, korrupter, machtversessener, politisch konzeptionsloser Besitzbürger (Soboul aus der franko-sozialistischen Perspektive).

Labica, a. a. O., sieht diese Zeit als Gegenrevolution (nun der Besitzbürger) in der Revolution. Furet/Richet: „Aschenputtel der Geschichtsschreibung“; kaum erforscht Soboul/Markov: „Republik der Eigentümer“

Ergebnisse der Constituante (vgl. S. 80 f.) u. a.:
- *individuelle Freiheiten der Staatsbürger und deren Gleichheit vor dem Gesetz*
- *keine Wirtschaftslenkung*
- *in der Verfassung verankerte Gewaltenteilung*
- *breite Zensusdemokratie*
- *dezentralisierter Verwaltungsaufbau*

Das zweite Jahrfünft der Französischen Revolution beginnt mit dem Sturz Robespierres am 27.7.1794 und endet mit dem Staatsstreich Napoleons am 9./10.11.1799. Er erklärt die Revolution mit der Verkündung der auf ihn maßgeschneiderten, republikanisch verbrämten Konsulatsverfassung am 15.12.1799 für beendet.

Drei Phasen sind zu unterscheiden:

1. Phase: Der Nachthermidor (28.7.1794–26.10.1795): Bis zum In-Kraft-Treten der Direktorialverfassung am 26.10.1795 regiert das am 21.9.1792 zusammengetretene Parlament weiter, nun als der „Thermidorianer-Konvent“ mit einer Plaine-Mehrheit der gemäßigten bürgerlichen Mitte. Die Palastrevolutionäre, die Robespierre am 9. Thermidor II gestürzt hatten, die Thermidorianer um den neuen starken Mann Barras, besetzen alle wichtigen Staatsämter und demontieren den Jakobiner-Staat.

2. Phase: 1. Direktorium (4.11.1795–4.9.1797/Fructidor-Staatsstreich): Die besitzbürgerliche Plaine-Konventsmehrheit mit der fünfköpfigen Exekutive, dem Direktorium, erlangt keine innenpolitische Stabilität. Das Direktorium hält sich mit Staatsstreichen, unterstützt von der Armee, an der Macht. Aufgrund der katastrophalen Wirtschaftslage und verfassungswidriger Wahlmanipulationen infolge der Zwei-Drittel-Dekrete verliert das demokratisch-repräsentative System die Akzeptanz im Volk.

Die Politik des Direktoriums bleibt entschieden anti-royalistisch und anti-klerikal, insofern revolutionär. Ziel nach dem Ende der jakobinischen Terror-Herrschaft ist die Vollendung der Constituante-Ergebnisse von Ende 1791 auf dem Fundament der Republik.

3. Phase: 2. und 3. Direktorium (4.9.1797–9.11.1799/Brumaire-Staatsstreich Napoleons): Bei der innenpolitischen Gratwanderung zwischen Skylla (Jakobiner-Diktatur mit Dirigismus und Terreur) und Charybdis (Restauration der absolutistisch-klerikalen Monarchie) gerät das autoritäre Direktoren-Regime in Abhängigkeit der im Expansivkrieg wieder erfolgreichen Militärs und wird schließlich von Napoleon gestürzt.

Fazit: Thermidorianern und dem Direktorium gelang es nicht, die Ergebnisse der Revolution in einer funktionierenden demokratisch-repräsentativen Republik gesellschaftlich zu verankern. Die große Revolution von 1789 endete 1799 in einer verbrämten Militärdiktatur.

Als ausschlaggebend für das Scheitern des Direktorialregimes werden sechs Ursachen genannt:

1. Bankrott der Ideale: Nach der Terreur 1794 und mit der Niederschlagung des Germinal- und Prairial-Aufstandes 1795 und der „Verschwörung der Gleichen" Babeufs 1796 versandete endgültig der Elan der Volksrevolution; aber in einem korrupten Regime auch der Idealismus der alten, großbürgerlichen Girondisten oder der gemäßigten Feuillants. Egoistische Einzel- und Gruppeninteressen dominierten in allen politischen Lagern.
2. Nicht zu bewältigendes Erbe: Die Politik der durch die Absegnung der Terreur kompromittierten neuen Machthaber blieb vergangenheitsorientiert. Provisorische Maßnahmen, die Hypotheken der Constituante und erst recht der Revolutionsregierung verhinderten nach wie vor das Funktionieren der bürgerlichen Republik. Ursache war vor allem der anhaltende Krieg. Ohne die populäre Armee und ihre Generäle konnte sich die Regierung bereits seit dem mit Bonapartes Hilfe niedergeschlagenen rechts-royalistischen Vendémiaire-Aufstand 1795 nicht halten.
3. Die bis ca. 1797 katastrophale Wirtschaftssituation: Zwei sehr strenge Winter und Missernten 1794 und 1795 sowie die an der Constituante orientierten, gegen den jakobinischen Dirigismus wieder eingeführten, wirtschaftlichen Deregulierungs- und Reprivatisierungsmaßnahmen führten zu den schon im Ancien Régime bekannten Phänomenen: Warenknappheit, Schwarzmärkte, Assignateninflation, Kaufkraftschwund, Spekulantentum, Massenelend. Letzte Aufstände (Germinal und Prairial 1795) infolge der Not, von der Regierung niedergeschlagen mit anschließender Repression, waren die Folge.
4. Keine „Helden" (Soboul)/konzeptionslose Politiker: Die Parlamentsmehrheit war mit der Aufarbeitung der bzw. ihrer Vergangenheit beschäftigt. Die großen Helden: Mirabeau, Danton, Marat, Robespierre, Brissot, Saint-Just, Fabre d'Eglantine u. v. a. m. waren tot. Zwischen Robespierre und Napoleon hat das Direktorium

Die High Society im Paris des Directoire traf sich in den Salons, regierende Politiker z. B. bei Direktor Barrus im Luxemburg-Palast oder bei Sieyès in der Rue du Rocher. Tonangebend waren die Salons der Frauen: der von Mme. de Staël, Mme. de Recamier, der Freundin von Benjamin Constant, oder der von Joséphine Beauharnais – im Palais de Beauharnais logiert heute die Deutsche Botschaft in Paris –, eine der einflussreichen Freundinnen des Direktors Barras, die dann Napoleon heiratete. Ungekrönte Königin der Directoire-Gesellschaft war jedoch Mme. Tallien. Ihr unangemeldetes Erscheinen in einem der Salons war gefürchtet.

Staatsstreiche gegen rechts und links (vgl. S. 151 ff.):
5.10.1795: royalistischer Vendémiaire-Aufstand mit Hilfe Bonapartes niedergeschlagen
4.9.1797: anti-royalistischer Fructidor-Staatsstreich mit Unterstützung der Generäle Hoche und Augereau
11.5.1798: Floréal-Staatsstreich: jakobinische Abgeordnete aus der Legislative entfernt
9./10.11.1799: 18. Brumaire-Staatsstreich: Direktorium abgesetzt, Napoleon Erster Konsul

keine populären Führungspersönlichkeiten hervorgebracht.

5. Republik auf tönernen Füßen: Volk und Volksvertretung lebten „in Scheidung" (Furet/Richet): Im bis Oktober 1795 gewählten Konvent beherrschten nach Robespierres Sturz Machtkämpfe unter den Thermidorianern statt politischer Programme die Debatten. „Jede Gruppe dachte nur an die Macht." (Furet/Richet). Das Direktorium konnte sich nicht mit verfassungsgemäßen Mitteln gegen die politischen Extreme, die eher größere Gefahr von rechts (stets komplottverdächtige Royalisten) und links („terroristische" Jakobiner) durchsetzen.
   Die am 22. und 31.8.1795 von ihnen für den neu zu wählenden Konvent beschlossenen Zwei-Drittel-Dekrete spalteten Volk und Volksvertreter. Sie diskreditierten die Glaubwürdigkeit des repräsentativen Systems fundamental.
6. Krieg und funktionierende Republik unvereinbar: Verfassungsgeschichtlich war das Direktorium der erste, allerdings gescheiterte Versuch in der Geschichte Frankreichs, eine Republik auf das normale Funktionieren demokratischer, repräsentativer Institutionen zu gründen. Bestätigt wurde nur die Erfahrung von 1793: Permanenter Krieg und eine funktionierende Republik waren unvereinbar.

Paris im Spätsommer 1795 – Beobachtungen eines Schweizers: „... Die Hauptstadt der Welt wirkt wie ein einziger Trödelmarkt... Wie soll ich Ihnen, mein Herr, die ganze Buntheit, die ganze Gegensätzlichkeit schildern...?
Übertrieben aufgeputzte Frauen, die am Arm echter Sansculotten daherkommen; ... alte Abbés, die den Rest ihres Haares im Nacken hochgebunden haben; abgedankte Militärpersonen; ... Greise, die ihr ganzes Leben lang an allen Komfort gewöhnt waren und sich jetzt mühsam zu Fuß fortbringen müssen; ihre reich gewordenen einstigen Pächter oder Diener..., zum Abschluss eines Millionengeschäfts unterwegs, ...
Und inmitten so schauerlicher Szenen erblickt man nach wie vor so viel Luxus..."
(zit. n. Müller, U. F. [Hg.], a. a. O., S. 303–308)

1 Luxus und Elend, Aufstände und Staatsstreiche: 1794/95–1799

Die großen Zeiten der Revolution waren nach Robespierres Sturz endgültig vorbei. Der Krieg und „die Hammerschläge des Terrors" (Marx) hatten die Ideale von 1789 gewaltsam ernüchtert, die Massenbasis der Volksrevolution zerschlagen, Hunderttausende das Leben gekostet, die Gesellschaft tief gespalten. Dabei war die Revolution noch immer vom Scheitern bedroht. Die schärfer sich auswirkenden Hypotheken nach fünf Jahren Revolution: Krieg und Bürgerkriege, katastrophale Wirtschaftslage, leere Staatskassen und Massenelend boten weder den Thermidorianern 1794/95 noch dem Direktoralregime 1795–1799 Erfolg versprechende Chancen, die Revolution in einer funktionierenden bürgerlichen Republik zu konsolidieren und sie damit zu beenden.

1.1 Die Gesellschaft des Directoire

Der politische Umschwung nach dem Sturz Robespierres lässt sich deutlich an einigen kultur- bzw. sittengeschichtlichen Phänomenen ablesen, wie sie die Polizeiberichte jener Zeit notieren.

„Entjakobinisierung" (Furet / Richet)

Die rote Jakobiner-Mütze und die Marseillaise wurden verboten und verschwanden aus der Öffentlichkeit. Das sansculottische Duzen Fremder galt als ungehörig. Auf den Straßen grüßten sich zwar immer noch der „Bürger" und die „Bürgerin", privat jedoch wieder als „Monsieur" und „Madame". Der Terminus „Sansculotte" – noch 1793 ein Ehrentitel – war insgesamt negativ besetzt. Die Entfernung der Büste des Revolutionshelden Marat aus dem Pantheon am 8.2.1795 dokumentierte symbolisch das Ende des politischen Sansculottismus.
Schlägertrupps der „Jeunesse dorée" des ehemaligen Terreur-Konventskommissars für Marseille, Fréron, machten Jagd auf linke (Neo-)Jakobiner.
In den wiedereröffnenden Salons der neuen Machthaber dagegen regierten statt leidenschaftlicher Debatten um die Ideale von 1789 oder jakobinische Tugendkataloge von 1793 Geldgeschäfte, Vergnügungen und politische Klüngelwirtschaft. Der Salon von Madame Tallien war tonangebend bis zum antikisierenden Mode- und Einrichtungsstil. Hier verkehrten vor allem frühere Feuillants und Girondisten. Die ehemalige Marquise de Fontenay selbst wurde als eine Art „republikanische Königin" (Furet/Richet) verehrt.

Gespaltene Gesellschaft

Nach Robespierres Sturz brach sich zunächst die allgemeine Überlebensfreude Bahn. Man tanzte in den Straßen, sogar auf Friedhöfen. Öffentliche Vergnügungsetablissements wie das „Tivoli" des ehemaligen Generalsteuerpächters Boutin eröffneten zahlreich. Ins „Vauxhall" zog es besonders Arbeiterinnen aus dem Marais-Viertel; in den „Hannoverschen Pavillon" neureiche Jugendliche der Dorée. Skurrile Feste in der Hauptstadt der „Republik der Eigentümer" (Markov/Soboul) wie der „Ball der Überlebenden" waren gut besucht. Gab es am Morgen danach auf Lebensmittelkarten kein Brot beim Bäcker wegen Mehlmangels, kaufte die solventere Partygesellschaft bei

Muscadin der Jeunesse dorée (= „Stutzer" der goldenen Jugend), so genannt nach seiner typischen Kleidung: Koteletten, langer Gehrock, hochgeschlagener Kragen
Die Muscadins kamen besonders aus den wohlhabenden Pariser Oberschichten. Dazu stießen zahlreiche Bohemiens, Deserteure, Vagabunden. Mit Schlagstöcken ausgerüstet terrorisierten sie – organisiert von Fréron und Tallien, geduldet von den Thermidorianern – Jakobiner, wo sie sie fanden: in Lokalen, Theatern, auf der Straße.

demselben Kuchen zu Hartgeld-Schwarzmarktpreisen. Verschwenderischer Luxus der „goldenen Million" (Babeuf über die Profiteure des neuen Regimes: Bankiers wie Ouvrard, Heereslieferanten, Spekulanten) bei gleichzeitigem Massenelend widerspiegelten eine nach fünf Jahren Revolution zutiefst – und nicht nur in Arm (peuple sansculotte) und Reich (peuple dorée) – gespaltene Gesellschaft.

1.2 Die Thermidorianer 1794 / 95

Politische Gruppierungen nach dem 27.7.1794

Führende Thermidorianer: Tallien, Barras, Merlin de Thionville, Legendre, Thuriot, Lecointre

Die „letzten Getreuen" (Furet) der Bergpartei um Duhem, Ramps, Levasseur

In Paris hielt sich als Überbleibsel der Massenbasis der Volksrevolution eine neo-hébertistische Linke (die Ultras von 1794), politisch stark vertreten in der Section Muséum und im „Wählerclub". Sie strebte die Wiederherstellung der Commune-Herrschaft auf der Basis der Verfassung von 1793 an. Ihr angeschlossen war eine jakobinische Restgruppierung um Carrier u.a., die noch in ca. zehn Sektionen und über drei eigene Zeitungen agierte.

Auf der Rechten prominente ehemalige Girondisten um Boissy d'Anglas

Konservative Republikaner und Anhänger der konstitutionellen Monarchie bildeten die zahlen- und einflussmäßig stärkste politische Gruppierung nach dem 27.7.1794. Sie agitierten mit breiter Unterstützung ihrer subventionierten Presse und besonders der gewalttätigen Jeunesse dorée Frérons heftig gegen die Jakobiner.

Im Nationalkonvent sorgten sich die meisten Abgeordneten nach dem Ende der Terreur vor allem um das eigene politische Überleben und die Sicherung erreichter Besitzstände. Die Thermidorianer besetzten alle wichtigen Staatsämter und regierten in häufig wechselnden Konstellationen quer durch die alten politischen Lager.

Die im 19. Jh. ausdifferenzierten Begriffe „konservativ" oder „liberal" entstehen in diesen Jahren. Unter „liberal" wurde seit 1794/95 jedoch lediglich die Ablehnung der absolutistisch-klerikalen Monarchie verstanden, während „Konservative" – in deutlicher Abgrenzung zu Jakobinern – die Etablierung der auf Besitz und Bildung sich stützenden bürgerlichen Sozialordnung anstrebten.

Die kompromittierten Montagnards verloren ihre Vormachtstellung und „stiegen zur Ebene herab", d.h. kamen zum größten Teil bei den Gemäßigten unter. Die neue Rechte konservativer Republikaner und konstitutioneller Monarchisten um Tallien, Fréron und Boissy d'Anglas kam nur auf gut 150 Stimmen. Sie verfolgte ihr Ziel: Teilhabe an der Macht der Mehrheit der überwiegend großbürgerlichen Mitte besonders über die Presse, die Jeunesse dorée und den Clichy-Club (November 1794–September 1797). Mit deren Hilfe gewannen sie Einfluss in den jakobinischen Sektionen und erreichten die Schließung des Jakobiner-Clubs am 12.11.1794.

Umbau des Jakobiner-Staates

Zu den einzelnen Beschlüssen des Thermidorianer-Konventes vgl. S. 112f.

Der Thermidorianer-Konvent baute mit Hilfe der bis 1797 wieder unzensierten Presse nach und nach Instrumente und Strukturen des Terreur-Regimes ab: Jakobiner, Sansculotten und Terreur-Verantwortliche wurden seit September 1794 in ganz Frankreich blutig verfolgt (weißer Terror).

Terreur-Gesetze wurden aufgehoben, Institutionen der Revolutionsregierung wie der Wohlfahrtsausschuss, deren Mitglieder nacheinander demissionierten, und das Revolutionstribunal (31.5.1795) schrittweise entmachtet und schließlich aufgelöst (Dekrete vom 24. und 31.8.1795). Galionsfiguren des Terrors wie z. B. Collot, Billaud, Amar, Vadier und Barère wurden zur Verantwortung gezogen und nach dem Germinal-Aufstand 1795 nach Guayana deportiert oder guillotiniert (Fouquier, Carrier).

Bereits am 26.8.1794 erhob der Abgeordnete Lecointre Anklage vor dem Konvent gegen die prominenten „Terroristen" – wie sie nun hießen – Barère, Billaud-Varenne, Collot d'Herbois (aus dem Wohlfahrtsausschuss) und Vadier, Amar und David (aus dem Sicherheitsausschuss), die Drahtzieher beim Sturz Robespierres waren.
Die Angeklagten wurden nach dem Germinal-Aufstand ohne Urteil nach Guayana deportiert. Carrier allerdings, der allmächtige Proconsul der Terreur in Nantes, wurde am 13.10.1795 hingerichtet ebenso wie bereits der Chefankläger des Pariser Revolutionstribunals Fouquier-Tinville zusammen mit 14 seiner Richter am 7.5.1795.

Die meisten politischen Gefangenen kamen seit dem 5.8.1794 frei. Haftbefehle waren fortan zu begründen. 73 vertriebene Gironde-Abgeordnete kehrten am 8.12.1794 in den Konvent zurück.

Kirche und Staat wurden getrennt, die Religionsausübung am 21.2.1795 freigegeben. Nach dem Teilamnestie-Gesetz vom 1.10.1795 kehrte ein Teil der Emigranten zurück.

Jakobiner-Hochburgen wie der Club (12.11.1794 nach geduldeten Überfällen der Jeunesse dorée) oder die Volksgesellschaften (23.8.1795) wurden aufgelöst.

Aus dem Abschiedsbrief von Fouquier-Tinville an seine Frau vom 12.11.1794:
„Dieses ganze abstoßende Geschimpfe, all diese widerwärtigen Titulierungen ‚Scheusal', ‚Verschwörer', ‚blutrünstiger Tiger', die völlig aus der Luft gegriffen sind …"
(zit. n. Markov, W./Midell, K. u. M. [Hg.], a. a. O., S. 311)

Der Abschaffung der Maximum-Gesetze (24.12.1794) folgten Reprivatisierungen und weitere wirtschaftliche Liberalisierungsmaßnahmen. Am 3.3.1795 wurde die Börse wiedereröffnet.

Dennoch ist hervorzuheben, dass der Abbau des Jakobiner-Staates keineswegs abrupt und konsequent vor sich ging. Die neuen besitzbürgerlichen Machthaber bedienten sich der alten Strukturen und oft des alten Personals.

Das Ende der Volksrevolution im Nachthermidor: Germinal- und Prairial-Aufstand 1795

Nach dem sehr strengen Winter 1794/95 erlebte die Volksrevolution im Germinal- und Prairial-Aufstand 1795 eine kurze Renaissance, da die Thermidorianer die katastrophale Wirtschaftslage nicht in den Griff bekamen. Die Papiergeld-Währung brach nach der Abschaffung der Maximum-Gesetze und der ökonomischen Re-Liberalisierung vollständig zusammen. Die sie ersetzenden Territorialmandate, für die die letzten Nationalgüter zu

Zum Assignaten-Verfall vgl. S. 65

Hungerdemonstrationen vor dem Konvent, 17.3.1795 – ein Sprecher der Sektionen Finèstre und Observatoire beschreibt die Lage vor den Schranken des Konvents: „Uns fehlt das Brot; wir sind bald soweit, dass wir alle Opfer bedauern, die wir für die Revolution gebracht haben…" (zit. n. Lautemann/Schlenke, a.a.O., Bd. IV, S. 447)

Schleuderpreisen die Besitzer wechselten, waren ebenfalls rasch wertlos. Die Preise für jetzt frei gehandelte Lebensmittel und Heizmaterial stiegen ins Unerschwingliche, die Inflation galoppierte. Brot gab es auf Karten, Gemüse nur selten, die Reis-Ersatzrationen reichten nicht aus. Es kam zu Versorgungsengpässen auf den fast leeren Märkten. Daneben blühte der Schwarzhandel. Die Polizeiberichte registrierten Hunger, Erfrierungen, Selbstmorde, Seuchen, Kriminalität und Empörung in den Armen-Vierteln. Das brachte den Jakobinern kurzzeitig noch einmal politischen Rückenwind.

Der Germinal-Aufstand (12. Germinal III/1.4.1795):
Die sozialen Spannungen entluden sich in Paris nach dem bekannten Muster der Sansculotten-Journées seit dem Sturm auf die Bastille in einer jetzt allerdings nur noch kurzen Revolte der von der desolaten Wirtschaftslage am schlimmsten Betroffenen: kleiner Handwerker, Arbeiter, Ladenbesitzer, Lohnempfänger aus den Vororten.
Verlauf: Nach einer Sitzung im Tempel der Vernunft (vormals Nôtre-Dame) wird der Marsch auf den Konvent beschlossen. Vor den Tuilerien belagert die aufgebrachte Menge den Konvent, während eine Delegation im Tagungssaal vier Stunden lang von Präsident Boissy d'Anglas lediglich entgegengenommene Petitionen vorträgt. Bis zum Abend wird die Revolte von regierungstreuen Bataillonen gewaltlos zerstreut. Sie klingt in den folgenden Tagen nach Verhängung des Belagerungszustandes und der Entwaffnung von ca. 1 600 militanten Sansculotten ab, ohne dass die Aufständischen etwas erreicht hätten. Acht mit den Aufständischen sympathisierende Montagnards-Abgeordnete lassen die Thermidorianer verhaften.

Der Prairial-Aufstand (1.–3. Prairial III/20.–23.5.1795):
Ähnlich sang- und klanglos scheiterte die letzte größere Journée der Pariser Volksrevolution: der Prairial-Aufstand.
„Brot und die Verfassung von 1793!" – „Brot oder Tod!" lauteten die Parolen der noch einmal ca. 40 000 Aufständischen vornehmlich aus den Pariser Vororten, den Sektionen in Ost-Paris sowie traditionell der Stadtmitte.
Verlauf: 1. Prairial: Nach der Sitzungseröffnung gegen 11 Uhr wird der Konvent besetzt. Im Laufe des Tages werden die Forderungen vorgetragen: Freilassung der nach dem Germinal verhafteten Patrioten und Abgeordneten, Verhaftung von fünf Konventsmitgliedern und konkrete Maßnahmen zur Verbesserung der Versorgungslage.

Aus der Erklärung der Aufständischen vom 1. Prairial III:
„In der Erwägung, dass die Regierung das Volk auf unmenschliche Weise Hungers sterben lässt und die Versprechungen, die sie ohne Unterlass wiederholt, Lug und Trug sind;… beschließt das Volk wie folgt:
Artikel 1: Unverzüglich werden noch heute die Bürger und Bürgerinnen von Paris in Massen zum Nationalkonvent ziehen, um von ihm zu fordern:
1. Brot;
2. die Absetzung der Revolutionsregierung, in der jede Partei reihum

Im Verlauf der hitzigen Debatten wird der Abgeordnete Féraud erschossen. Nach dem Eintreffen von zwei Bataillonen der Nationalgarde (erstmalig wieder in Paris seit Ludwigs XVI. Order im Juni 1789) gegen Mitternacht fliehen die meisten Besetzer. Die Menge zerstreut sich.
2./3. Prairial: Unterhändler der Thermidorianer bringen die Aufstände in den Vororten durch eine geschickte Taktik zum Erliegen: Abgeordnete werden zum „Fraternisieren" geschickt, versprechen eine verbesserte Versorgung. Sofortige Repressionsmaßnahmen der Regierung waren die Folge. Mit Unterstützung der Jeunesse dorée wird der Faubourg Saint-Antoine als Brutstätte der Volkserhebungen seit dem 14. Juli 1789 entmachtet. Die Mitglieder der alten Konvents-Ausschüsse – bis auf den Armee-Reformer und „Vater des Sieges" Carnot – sowie vierzehn sympathisierende Montagnards-Abgeordnete werden abgeurteilt. Insgesamt ergehen nach der Verhaftungswelle vor einem Standgericht 77 Urteile, davon 36 Todesurteile. Die Nationalgarden und vor allem die Pariser Sektionen als die Unruheherde par excellence werden vollständig „gesäubert": 1200 Sansculotten verhaftet, 1700 entwaffnet, womit ihnen die Bürgerrechte entzogen waren. Alle Staatsbürger mussten ihre Piken abgeben.

ihre Macht dazu missbraucht hat, das Volk zugrunde zu richten, auszuhungern und zu unterjochen;
3. die sofortige Ausrufung und In-Kraft-Setzung der demokratischen Verfassung von 1793;
...
Art. 10: Die Losung des Volkes lautet: Brot und die demokratische Verfassung von 1793..."
(zit. n. Markov, W./Midell, K. u. M. [Hg.], a. a. O., S. 316 f.)

Das Ergebnis der Aufstände (Ende der Volksrevolution): Den letzten „Strohfeuern" (Soboul/Markov) der Volksrevolution fehlte trotz genauerer Vorplanung die Koordination und Konsequenz in der Durchführung sowie das über die Forderung nach Existenzsicherung hinausgehende, konkret formulierte politische Ziel. Nach ihrer raschen Niederschlagung besorgen die Repressionen das Ende der Pariser Journées gründlich.
Ideengut und Elan der Volksrevolution repräsentierte danach zwar noch der jakobinische Pantheon-Club (16.11.1795–28.2.1796), die Keimzelle der „Verschwörung der Gleichen" Gracchus Babeufs im Jahr 1796. Mit dessen Hinrichtung am 27.5.1797 erlischt sie bis zur Juli-Revolution 1830 bzw. 1848.

Die Zwei-Drittel-Dekrete vom 22./31.8.1795

Für die anstehenden Konventsneuwahlen sicherte die Plaine-Mehrheit der „Immerwährenden" die bürgerlich-republikanische Machtposition ab. Zwei Drittel der neuen Abgeordneten des am 26.10.1795 auseinandergehenden Konvents mussten gemäß den am 22. und 31.8.1795 verabschiedeten Dekreten aus dem alten übernommen wer-

Stellvertretend für viele bemerkte Mme. de Staël, die Tochter Neckers, zu den Zwei-Drittel-Dekreten: Diese hätten den stillschweigend geschlossenen Vertrag zwischen dem Konvent und den anständigen Menschen gebrochen.

den oder vom neuen durch Zuwahl ergänzt („kooptiert") werden. Das demokratisch-repräsentative System war damit im Volk diskreditiert. Spätere Wahlmanipulationen bzw. die direktoralen Staatsstreiche erfolgten auf der Grundlage dieses undemokratischen Sündenfalls des Regimes.

Der Vendémiaire-Aufstand (5.10.1795 / 13. Vendémiaire IV)

In einer Volksabstimmung vom 6.–23. 9. 1795 mit 167 758 gegen 95 373 Stimmen bestätigt

Ursache: Die Zwei-Drittel-Dekrete lösten vor allem auf dem rechts vom Konvent stehenden politischen Spektrum eine heftig agitierende Oppositon aus. So genannte „Royalisten": u.a. aussichtsreiche, jedoch leer ausgegangene Abgeordnete, Journalisten und vor allem die Jeunesse dorée, mobilisierten die Sektionen der wohlhabenderen Besitzbürger gegen die Jakobiner und die „immerwährenden" Abgeordneten, die ihrerseits krisenverschärfend Unterstützung auf der Linken suchten.
Verlauf: Ca. 20000 bewaffnete Bürger wollen den in den Tuilerien tagenden Konvent stürzen, der nur ca. 5000 Mann aus kleinbürgerlichen Vierteln zur Verteidigung unter der Leitung des Konventsabgeordneten Barras aufbieten kann. Bonaparte, dem Barras das Verteidigungskommando überträgt, gelingt umgehend die rasche Niederschlagung des Aufstandes.
Ergebnisse: Mit dem ersten entscheidenden Auftritt des Militärs Bonaparte in der Innenpolitik verpflichtet dieser sich die durch sein Eingreifen stabilisierten Machthaber, namentlich Barras. Mit einem weiteren Karrieresprung erweitert er seine Machtbefugnisse zunächst im außenpolitischen Bereich.

Ernennung zum Generalstabschef durch Barras und am 2.3.1796, zum Oberbefehlshaber des am 10.4.1796 beginnenden Italienfeldzuges

Innenpolitisch bekommen die Jakobiner wieder politischen Rückenwind. Die Neuwahlen zum Konvent, der am 26.10.1795 auseinandergeht, verlaufen nach einer Generalamnestie ruhig.

1.3 „République bourgeoise": Direktorialverfassung vom 23.9.1795

Die dritte Revolutionsverfassung fand – zumindest im bürgerlichen Lager – breite Zustimmung. Als maßgeblicher Urheber hatte sich Konvents-Präsident Boissy d'Anglas am 23.6.1795 in den Debatten über den Geist der Verfassung geäußert: „Ihr müsst das Eigentum der Reichen garantieren ... Die staatsbürgerliche Gleichheit, das ist alles, was ein vernünftiger Mensch verlangen kann

Die Direktorialverfassung 1795–1799

verkündet am 23.9.1795 – Ergebnis des Volksentscheides über die Verfassung:
Ja: 914853, Nein: 41832; über die Zwei-Drittel-Dekrete: Ja: 167758, Nein: 95373

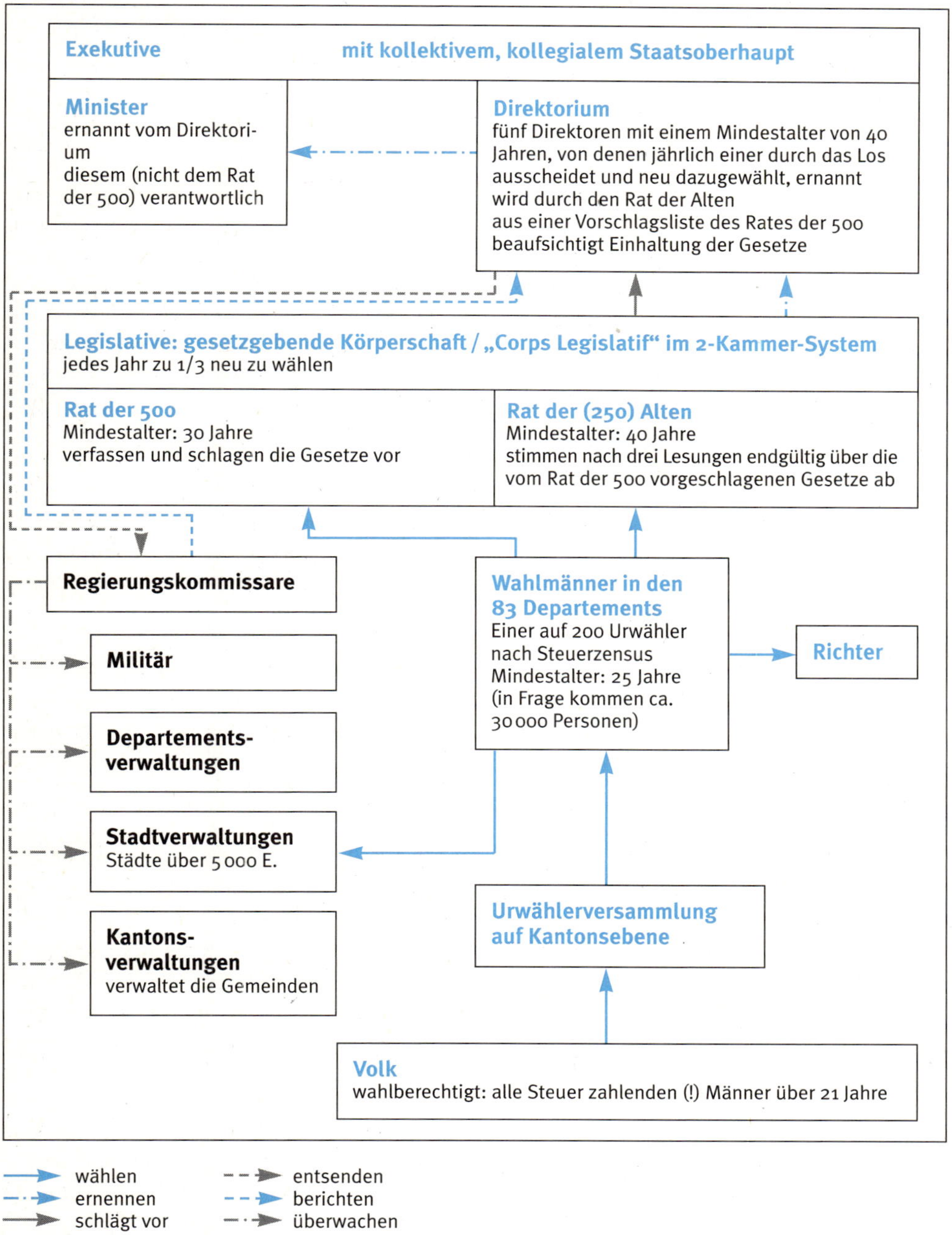

… Die absolute Gleichheit ist ein Hirngespinst." Die Verfassung von 1795 sollte die einer „Republik der Eigentümer" (Soboul) sein. Artikel 1 der neuen Verfassung definierte entsprechend: „Die Rechte des Menschen in Gesellschaft sind: Freiheit, Gleichheit, Sicherheit und Eigentum."

Charakteristika und Bestimmungen der Verfassung von 1795

Die am 2.8.1795 von Boissy d'Anglas vorgelegte Verfassung sollte eigentlich versöhnen. Mit der Verankerung aufgeklärter Prinzipien von 1789, wie z.B. der Sicherung individueller Freiheiten, der kollektiven Förderung der Leistungsfähigsten, der rationalen Einrichtung des gesellschaftlichen Lebens mittels der Gewaltenteilung setzte sie die revolutionäre Verfassungstradition fort. Neu war neben der Auflistung der Menschenrechte eine der Pflichten des Staatsbürgers.
Zu den wichtigsten Zielen gehörte:

- Eine Rückkehr zu den Prinzipien von 1789, wie sie in der Constituante-Verfassung von 1791 ihren Niederschlag gefunden hatten: mit indirektem Wahlmodus, einem erweiterten Zensuswahlrecht und einem Mindestalter der Gewählten.
- Eine Parlamentsdiktatur oder die eines Einzelnen (ob König oder Robespierre) unmöglich zu machen.
- Den Einfluss der „Anarchisten" und „Terroristen", d.h. der jakobinischen Sansculotten des Jahres 1793 ein für alle Mal auszuschalten.

Diese Ziele wurden in der Verfassung folgendermaßen verankert:
Zwei-Kammer-Legislative mit zwei permanent tagenden gesetzgebenden Versammlungen: dem Rat der 500, der die Gesetzesvorschläge einbringt und dem Rat der (250) Alten, mit dessen Zustimmung sie rechtskräftig werden.
Die Exekutive, bestehend aus dem fünfköpfigen Direktorium als kollektives Staatsoberhaupt, verfügte über erhebliche Machtbefugnisse. Es war für die äußere und innere Sicherheit verantwortlich sowie Oberbefehlshaber der Armee. Für den Fall des „Vaterlandes in Gefahr" konnte es für zwei Tage Sondermaßnahmen verfügen. Die von ihm ernannten und nur ihm, jedoch nicht dem Parlament verantwortlichen Minister waren reine Verwaltungsbeamte.

Aus dem jährlich ein Direktor per Losentscheid ausschied und ein neuer – auf Vorschlag des Rates der 500, ernannt vom Rat der Alten – vom Konvent zugewählt wurde

Kritik weiterer wichtiger Einzelbestimmungen

Verfassungshistoriker heben in der kritischen Würdigung der Verfassung vor allem vier Schwachpunkte hervor, die Instabilität und das Abgleiten in ein autoritäres Regime vorprogrammierten:
Alljährliche Neuwahlen eines Drittels der Abgeordneten des Corps Législatif sowie eines Direktors führten zu sehr geringen Wahlbeteiligungen sowie zu personeller und politischer Instabilität und verhinderten die Durchsetzung langfristiger Konzepte wegen stets unsicherer Mehrheiten.
Legislative und Exekutive arbeiteten aneinander vorbei.
Zentralistische Kontrollmechanismen (Artikel 196) – entgegen der angestrebten Re-Dezentralisierung –, wie z.B. die frei gewählte Lokalbehörden überwachenden Direktoriumskommissare, zeugten vom Misstrauen gegenüber den demokratischen Institutionen.
Die seit der Hinrichtung Ludwigs XVI. am 21.1.1793 verfasssungsmäßig vakante Position einer leitenden Zentralgewalt im Staate blieb unbesetzt.

Die Direktoren

Alle fünf als Politiker des Directoire noch am ehesten herausragenden Männer des ersten Direktoriums waren „Königsmörder". Starker Mann blieb bis zum Staatsstreich Napoleons, dem er an die Macht verhalf, der ehemals adlige Vicomte de Barras, zuständig für Polizei und Inneres. Im Triumvirat des ersten Direktoriums bis 1797 mit La Revellière und Reubell bestimmte er den politischen Kurs. Barras wird geschildert als ein Verfechter des revolutionären Frankreich, durchaus öffentlichkeitsbewusster Politiker mit Hofhaltungs-Allüren, jedoch korrupt und zahlreichen Affären nicht abgeneigt.
Direktor Jean-François Reubell, zuständig für Diplomatie, Finanzen und Justiz, war wie Barras am Terror beteiligt. Sein Justizminister wurde Merlin de Douai, der Carnot nach dem Fructidor-Staatsstreich 1797 als Direktor ersetzte. Reubell war als Thermidorianer-Vertrauter nach dem Vendémiaire-Aufstand aufgestiegen. Barras und Reubell galten innerhalb des Gremiums als die republikanischen Linken.
Direktor Louis-Marie La Revellière-Lepeaux, zuständig für Schulwesen, Künste und Gewerbe, war der Mann der Gemäßigten im Konvent. Der verfolgte Girondist tat sich besonders durch eine nachdrücklich betriebene Annexi-

Direktor Barras

Zusammensetzung des Direktoriums 1795–1799 und des Provisorischen Konsulates

	Inneres / Polizei	Diplomatie / Finanzen / Justiz	Schulen / Künste / Gewerbe	Krieg / Armee	Marine / Kolonien
Vendémiaire-Staatsstreich: 5.10.1795 31.10.1795–	Barras	Reubell	La Revellière-Lepeaux	Carnot	Letourneur
6.5.–4.9.1797	Barras	Reubell	La Revellière-L.	Carnot	Barthélemy
Fructidor-Staatsstreich: 4.9.1797 8.9.1797–11.5.1798	Barras	Reubell	La Revellière-L.	Merlin de Douai	de Neufchâteau
Floréal-Staatsstreich: 11.5.1798 15.5.1798–25.5.1799	Barras	Reubell	La Revellière-L.	Merlin de Douai	Treilhard
25.5.1799–17.6.1799	Barras	Sieyès	La Revellière-L.	Merlin de Douai	Treilhard
Prairial-Staatsstreich: 18.6.1799 17.–20.6., 9.11.1799	Barras	Sieyès	Ducos (ab 19.6.1799)	Moulin (ab 20.6.1799)	Gohier (ab 17.6.1799)
Brumaire-Staatsstreich 9.11.1799 9.11.–24.12.1799	Provisorisches Konsulat: Napoléon Bonaparte	Sieyès	Ducos		

onspolitik im Expansivkrieg seit 1796 hervor und stand für einen kompromisslosen Anti-Klerikalismus.
Die Rechte innerhalb des Direktoriums repräsentierte Direktor Lazare Carnot, der „Vater des Sieges" von 1793 und Armee-Reformator, zuständig für das Kriegsressort. Zwar als Jakobiner ins Direktorium gewählt, entpuppte sich das ehemalige Mitglied des Wohlfahrtsausschusses als Konservativer, der z.B. gegen die Eroberungsfeldzüge unter dem Deckmantel der „natürlichen Grenzen" Frankreichs stimmte. Direktor Charles Letourneur, zuständig für das Marine-Ressort, entwickelte neben Carnot kein auffallendes Profil.

1.4 Das Direktorium 1795–1799: Staatsstreiche gegen rechts und links

Verschärfte innenpolitische Konflikte und gesellschaftliche Kontraste prägten das Direktorium. Ein letzter, radikaler Aufstandsversuch der sansculottischen Volksrevolution scheiterte 1796.
Staatsstreiche des regierenden Direktoriums bzw. des Parlamentes (Prairial 1799) erfolgten gegen unerwünschte Wahlergebnisse drohender rechter, royalistischer (Vendémiaire 1795/Fructidor 1797) oder linker, neo-jakobinischer (Floréal 1798) Mehrheiten mit anschließenden Repressionen gegen die unterlegene Partei.
Die Rückkehr eines Monarchen oder eines Robespierre war das Schreckgespenst, das die lavierende Politik des Direktoriums motivierte. Sie war gegen die Extreme einer royalistischen Restauration auf der Rechten bzw. eines jakobinischen Terreur-Staates auf der Linken gerichtet. Sie mündete in bloßer autoritärer, pseudo-demokratischer Machterhaltung. Aussöhnungsversuche und Konsolidierungsbemühungen scheiterten am Fehlen eines fundierten politischen Konzepts zur Beendigung der Revolution. Die katastrophale wirtschaftliche Lage, Krieg und Bürgerkrieg mitsamt den gesellschaftlichen Spaltungen nach fünf Jahren Revolution destabilisierten das Direktoren-Regime zunehmend. In dieses Vakuum der durch Korruption und pseudo-legitime Manipulationen zwecks Machterhaltung im Volk diskreditierten „Republik der Professoren und Generäle" (Furet/Richet) stieß als einziger noch funktionierender, populärer Macht- und Ordnungsfaktor im Staate die Armee. Die schleichende Machtübernahme der Militärs gipfelte im Putsch eines noch in der Verfassung von 1793 ausdrücklich ausgeschlossenen „Generalissimus": Napoleons am 9./10.11.1799 (18. Brumaire VII).

s. S. 96 oben

Babeufs „Verschwörung der Gleichen" 1796

Den ersten modernen europäischen Kommunisten und Vorläufer von Marx und Engels sehen sozialistisch orientierte Historiker wie Soboul, Markov u.a. im Journalisten François-Noël Babeuf, der sich nach dem Vorbild der römischen Agrarreformer-Brüder im 2. Jh. v. Chr. programmatisch „Gracchus" nannte. In seiner Zeitung „Tribun du Peuple" polemisierte er gegen Thermidorianer und Direktorium, Neureiche und Spekulanten. Die egalitären, allerdings noch rein auf den Agrarsektor beschränkten Forderungen der „Gleichen" nach Umverteilung und Sozialisie-

Aus dem „Manifest der Plebejer" vom 30.11.1795:
„... Wir werden die Grenzen des Eigentums festsetzen. Wir werden beweisen, dass Grund und Boden nicht Einzelnen, sondern allen gehört.... Dass das einzige Mittel, dies (jeden unabhängig zu machen, d. A.) zu erreichen, darin besteht, die gemeinschaftliche Verwaltung einzuführen, das Sondereigentum aufzuheben..., eine Lebensmittelverwaltung, die über alle Individuen

und Sachen Buch führt und die Letzteren in peinlichster Genauigkeit verteilt...“
(zit. n. Ripper, W.: Weltgeschichte im Aufriss. Bd. 2: Von den bürgerlichen Revolutionen bis zum Imperialismus. Frankfurt/Main, Berlin, München. [3]1978, S. 73 f.)

rung von Grundeigentum und Produktionsmitteln veröffentlichte der Volkstribun in seiner 35. Ausgabe am 30.11.1795 im „Manifest der Plebejer“. Am 30.3.1796 bildet sich ein Aufstandskomitee unter Babeuf mit dem Ziel, das Direktorium zu stürzen und statt dessen wieder eine Jakobiner-Regierung auf dem Boden der Verfassung von 1793 zu installieren. Doch wird die Verschwörung aufgedeckt, Babeuf mit Anhängern am 10.5.1796 – einem Tag vor dem geplanten Aufstand – verhaftet und am 27.5.1797 hingerichtet. Danach hielt sich die Basiskultur der sansculottischen Volksrevolution nur noch in einigen „Widerstandsnestern“ im Untergrund.

Der Staatsstreich vom 18. Fructidor V (4.9.1797)

Vgl. S. 93

Politischer Hintergrund: Gefährlicher als die Angriffe von links waren für das Direktorium die von rechts. Das bewiesen die am 21.7.1795 nach dem bei Quiberon niedergekämpften Landungsunternehmen hingerichteten Royalisten.
Innenpolitisch konnten sich die Direktoren immer weniger auf eine gesicherte, gemäßigte Mehrheit im Rat der 500 stützen. Bereits mit den Märzwahlen 1796 setzte der katastrophale Trend ein. Zunehmend setzten sich revolutionsfeindliche Männer der Rechten als Abgeordnete durch. Dieser drohenden Übermacht kam das Triumvirat mit einem regierungsinternen Putsch zuvor.
Verlauf: Die turnusgemäßen Neuwahlen eines Drittels der Abgeordneten beider Kammern und damit auch eines Direktors im Frühjahr 1797 fielen erneut sehr royalistisch aus: Von den 250 neu zu wählenden Abgeordneten waren 216 alte Thermidorianer. Elf setzten sich durch, die Monarchisten gewannen 182 dazu. Folglich wurde der ausscheidende Direktor Letourneur durch einen ausgewiesenen Royalisten ersetzt: Barthélemy, der sich mit Carnot gegen Barras, Reubell und La Revellière auf der Linken zusammentat. Zur Machtfrage wird die nach der Fortsetzung des Krieges, wie die drei linken Direktoren es befürworteten, oder ein rascher Friedensschluss, wie ihn die beiden rechten verfochten. Mit Hilfe der Generäle, besonders des in Italien siegenden Napoleon, führt das Triumvirat den regierungsinternen Staatsstreich gegen rechts durch. Unter dem Vorwurf der Konspiration mit den Bourbonen werden Carnot und Barthélemy zusammen mit 53 unliebsamen Abgeordneten der Rechten nach Guayana verbannt – Carnot durfte fliehen – und durch die neuen Direktoren de Douai und de Neufchâteau ersetzt.

Paris wurde von der Armee besetzt. General Augereau leitete im Auftrag Napoleons die Aktion.

Ergebnis: Die Wahlergebnisse werden in 49 Departements für ungültig erklärt. Royalistische Aufstände in der Provinz folgen. Ausnahmegesetze werden erlassen und 160 Todesurteile vollstreckt.

Der Staatsstreich vom 22. Floréal VI (11.5.1798)

Politischer Hintergrund: Nach der Ausschaltung der royalistischen Parlaments-Opposition konnte sich das seit dem 4.9.1797 regierende 2. Direktorium zunächst zwar stabilisieren. Dank der Kriegserfolge und der damit verbundenen Entlastung der Staatskasse auch durch den am 30.9.1797 erklärten Zwei-Drittel-Bankrott (alle Staatsschulden wurden nur noch zu einem Drittel getilgt) gelang es, die wirtschaftliche Situation zu verbessern. Eine neue Steuerverwaltung mit Berufsbeamten für ein neues Steuersystem vornehmlich indirekter Steuern brachte endlich Ordnung in die zerrütteten Staatsfinanzen. Halten konnte sich das unpopuläre Regime jedoch nur mit undemokratischen, autoritären, quasi-diktatorischen Mitteln: Pressezensur, Absetzung von Richtern, kirchenfeindlichen Repressionen, einem polizeilichen Überwachungsapparat und Verhängung des Ausnahmezustands nach Bedarf.
Verlauf: Um bei den im Frühjahr 1798 anstehenden Teil-Wahlen befürchtete royalistische Mehrheiten zu verhindern, lancierte das Direktorium seinerseits systematisch ihm genehme Kandidaten. Als unerwünschter Nebeneffekt zogen nach den Frühjahrswahlen gefährlich viele Neo-Jakobiner in die Wahlversammlungen ein. Daraufhin erzwangen die Direktoren in einer staatsstreichähnlichen Maßnahme eine „Überprüfung" der Neugewählten durch die alteingesessenen Abgeordneten.
Ergebnis: Die Wahl von 106 direktoriumsfeindlichen Deputierten wurde annulliert, „floréalisiert". An ihrer Stelle platzierten die Direktoren koschere Kandidaten oder ließen die Sitze ganz einfach vakant. Neuer Direktor anstelle des ausscheidenden de Neufchâteau wurde das ehemalige Wohlfahrtsausschuss-Mitglied Treilhard.
Folge: Auf dem Hintergrund militärischer Niederlagen Frankreichs nach dem Beginn des 2. Koalitionskrieges am 12.3.1799 schlägt das innenpolitische Stimmungspendel zunächst wieder zugunsten der Neo-Jakobiner aus.

Hervorzuheben sind bildungspolitische Errungenschaften des Directoire:
Die Durchsetzung der allgemeinen Schulpflicht wurde forciert. In den Departements-Hauptstädten wurden Zentralschulen für den Sekundarbereich gegründet, an denen z. B. bereits Naturwissenschaften, Geschichte oder Englisch unterrichtet wurde.
1794 entstand die Ecole Normale für die Lehrer-Ausbildung, 1795 die Ecole Polytechnique für die der Ingenieure.
Das Archivwesen wurde nach bis heute gültigen Regelungen reorganisiert und systematisiert.
Das moderne Museum wurde „erfunden": Der Louvre wurde verstaatlicht, öffentliche Museen gegründet.
Die 1792 geschlossenen Akademien wurden koordiniert und im Institut de France zusammengefasst. Dessen Mitglied zu sein, gehört noch heute zu den obersten Zielen des gebildeten französischen Staatsbürgers.
Zu Revolution und Erziehung vgl.: Marie-Christine Kok-Escalle: La Révolution française et l'éducation, in: La Révolution Autrement. Textes réunis par Ruud Meijer. Groningen: C.R.I.N. (21) 1989, S. 63–73

2 Auf dem Weg zum Cäsarismus: permanenter Krieg 1795–1799

2.1 Permanenter Krieg 1795–1799

Feldzüge	Friedensschlüsse	Ergebnisse	Tochterrepubliken
1794/95 Schlussphase des 1. Koalitionskrieges	**5.4.1795: Basel**	**Preußen scheidet aus der 1. Koalition aus** 22.5.1795: Spanien	
	16.5.1795: Den Haag	Preis für die Neutralität Norddeutschlands: Abtretung des linken Rheinufers an Frankreich vereinbart; Hauptgegner bleiben Österreich und England	16.5.1795: **Batavische Republik** (Holland) 1.10.1795: **Österreichische Niederlande** annektiert
10.4.1796/97 Italienfeldzug Napoleons	**18.4.1797: Vorfriede zu Leoben**	Österreich zieht sich aus Oberitalien zurück; die italienischen Staaten werden zu separaten Friedensschlüssen bewegt	31.12.1796: **Cispadanische Republik** (Norditalien) 6.6.1797: **Ligurische Republik** (Genua) **Republik Lucca**
	17.10.1797: Campo Formio Ende des 1. Koalitionskrieges	**Österreich scheidet aus der 1. Koalition aus:** tritt die Lombardei und die Österreichischen Niederlande für Venedig an Frankreich ab;	29.6.1797: **Cisalpinische Republik** (Mailand) 9.2.1798: **Helvetische Republik** (Schweiz), Genf und Mühlhausen annektiert
	1797–1799: Kongress zu Rastatt	Österreich tritt das linke Rheinufer ab; (Reichstag stimmt am 3.3.1798 zu)	15.2.1798: **Römische Republik** (Kirchenstaat)
24.12.1798–1802 2. Koaltionskrieg gegen Frankreich Verbündete: Russland (bis 22.10.1799), Türkei, England, Österreich	Friedensschlüsse von Lunéville (1801) und Amiens (1802 mit England)		23.1.1799: **Parthenopäische Republik** (Neapel)

2.2 Der Krieg 1795–1799: Napoleons Italien- und Ägyptenfeldzug – Tochterrepubliken gegründet – Entstehung der 2. Koalition

So negativ die innenpolitische Bilanz der Politik des Direktoriums ausfällt, außenpolitisch wurde es durch die Eroberungen vor allem während des Italienfeldzuges Napoleons 1796/97 stabilisiert. Dagegen vermochten es Frankreichs Kriegsgegner wie schon 1793 nicht, die innenpolitische Instabilität der Revolution für ihre Zwecke zu nutzen.

Expansivkrieg seit 1796

Das erste Direktorium betrieb die Fortsetzung des Krieges, da es den Friedensschluss als ersten Schritt zu einer monarchischen Restauration fürchtete. Der seit 1792 gegen die 1. Koalition geführte Defensivkrieg verlief nach der Wende bei Fleurus 1794 wieder expansiv, zumindest bis 1799, dem Beginn des 2. Koalitionskrieges gegen Frankreich (Österreich, Russland, Türkei, England).

Zum Kriegsverlauf 1792–1795 vgl. S. 98 ff.

Napoleons Italienfeldzug 1796 / 97

Politischer Hintergrund: Nachdem Preußen (und mit ihm ein Großteil der deutschen Kleinstaaten) nach dem Basler Frieden vom 5.4.1795 aus der 1. Koalition ausgeschieden war, um bei der 3. Polnischen Teilung nicht zu kurz zu kommen, verblieben noch Österreich (und die von ihm abhängigen Staaten Süddeutschlands und Italiens) und vor allem England als Hauptkriegsgegner. Die bereits 1794/95 von General Pichegru eroberte Republik der Vereinigten Niederlande wurde am 16.5.1795 in die Batavische Republik, den ersten mit Frankreich verbündeten Vasallenstaat, umgewandelt und ausgepresst.

26.10.1795: dritte, vollständige Aufteilung Polens zwischen Preußen, Österreich und Russland

Verlauf: Der mit ca. 40000 Mann am 10.4.1796 begonnene Italienfeldzug unter dem Oberbefehl Napoleons, zunächst gegen Piemonteser und Österreicher in Oberitalien, brachte trotz zahlenmäßiger Unterlegenheit dank einer überlegenen Strategie rasche Erfolge (Eroberung von Mantua, Mailand, Venedig, Kirchenstaat). Dabei handel-

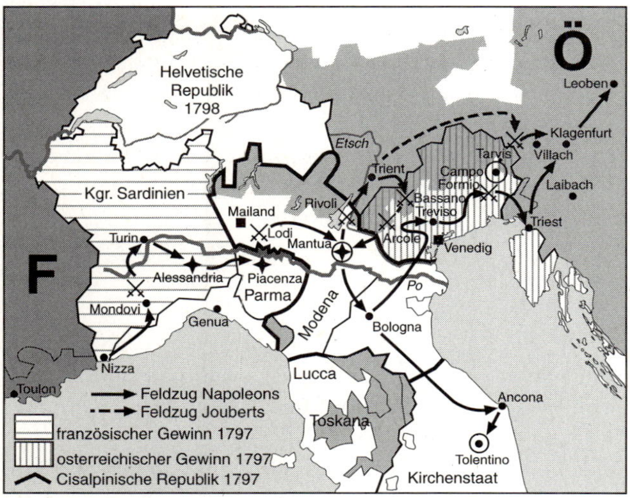

Der Feldzug in Oberitalien 1797

te Napoleon auch gegen Instruktionen des Pariser Direktoriums, konnte sich die Eigenmächtigkeiten allerdings leisten, da er (nach Abzug diverser Unkosten) Millionensummen aus den eroberten Gebieten nach Paris überwies. Zudem waren die Direktoren wie bereits im Vendémiaire 1795 so auch beim Fructidor-Staatsstreich 1797 auf Napoleons tatkräftige Unterstützung angewiesen.

Ergebnis: Der Friedensschluss von Campo Formio am 17.10.1797 schloss den Italien-Feldzug glanzvoll ab: Norditalien wurde komplett im Sinne Napoleons umgestaltet. Frankreich erhielt auch die linksrheinischen Gebiete des Reiches, das auf dem – allerdings im Sand verlaufenden – Kongress zu Rastatt (1797–1799) endgültige Regelungen und territoriale Entschädigungen für betroffene Fürsten beschließen sollte.

1796 / 97: Italienische Tochterrepubliken gegründet

Seit 1795 ernährte der Krieg sich selbst und spülte durch die radikale Ausplünderung der eroberten Gebiete, wo zwangsweise Satellitenstaaten von Napoleons Gnaden, „Tochter-“, „Schwester-Republiken“, gegründet wurden, hochwillkommenes Kapital in das Mutterland der Revolution. Gemäß dem Konvents-Dekret vom 15.12.1792 erhielten die Tochterrepubliken die revolutionäre Gesetzgebung, mit Gewährsleuten Napoleons an der Spitze. Die Habsburger-Monarchie, Verlierer des 1. Koalitionskrieges, hatte, nachdem Bonaparte Anfang April 1797 100 Kilometer vor Wien stand, am 18.4.1797 den Vorfrieden von Leoben, schließlich den Friedensschluss bei Campo Formio am 17.10.1797 unterzeichnet. Aus den österreichischen Verlusten entstanden die Ligurische (6.6.1797) und Cisalpinische (29.6.1797) Republik. Venedig, von Napoleon vorausschauend als Tauschobjekt für das von Österreich abgetretene Mailand erobert, hörte auf, als selbstständiger Staat zu existieren.

Am 9.2.1798 folgte nach geschürten Aufständen die Gründung der Helvetischen Republik aus der Schweizer Eidgenossenschaft.

Der Kirchenstaat wurde Anfang Februar 1798 erobert, der Papst vertrieben und am 15.2.1798 die Römische Republik ausgerufen, schließlich die Parthenopäische Republik (Neapel) am 23.1.1799.

Widerstände in den Satellitenstaaten, besonders der Bauern, gegen die französischen Besatzer wurden sofort unterdrückt. Nach den ersten Niederlagen Frankreichs gegen

Stendhal in der „Kartause von Parma“ über die Italienarmee in Mailand:
„Am 15. Mai 1796 hielt der General Bonaparte seinen Einzug in Mailand an der Spitze jener jugendlich ungestümen Armee, die unlängst über die Brücke von Lodi vorgestürmt war und der Welt gezeigt hatte, dass nach so vielen Jahrhunderten Cäsar und Alexander einen Nachfolger gefunden hatten … Am gleichen Tage wurde die Erhebung einer Kriegssteuer in der Höhe von sechs Millionen, die für die Bedürfnisse der französischen Armee auferlegt wurde, öffentlich bekannt gegeben. Diese hatte zwar unlängst sechs Schlachten gewonnen und zwanzig Provinzen erobert, hatte dafür aber keine Hosen, keine Kleider und keine Hüte … Bald darauf folgten noch zahlreiche andere Kontributionen. Die französischen Soldaten lachten und sangen tagaus, tagein. Sie waren samt und sonders noch nicht fünfundzwanzig, und ihr Oberbefehlshaber, der noch nicht siebenundzwanzig Jahre alt war, galt als der älteste Mann der ganzen Armee.“
(zit. n. Müller, U. F. [Hg.], a. a. O., S. 317–219)

die 2. Koalition seit dem 12.3.1799 lösten sich die italienischen Tochterrepubliken auf.

Napoleons Ägypten-Expedition 1798 / 99

Der Italienfeldzug steigerte Napoleons Popularität und die seiner Armeen erheblich. Die Direktoren waren von den Militärs innenpolitisch als stabilisierender Macht- und Ordnungsfaktor abhängig, da sie ihnen außenpolitisch Erfolg bescherten. Daher unterstützten sie auch einen Ägypten-Feldzug Napoleons – auf Initiative des seit 1797 amtierenden Außenministers Talleyrand. Ziel war einerseits, Napoleon nicht zu mächtig werden zu lassen; andererseits, England als letzten Kriegsgegner nach dem Ausscheiden Österreichs zunächst über den strategischen Schlüssel Ägypten durch die spätere Eroberung Indiens zu schwächen und auszuschalten. Der Feldzug begann mit ca. 38 000 Soldaten und mehr als 300 Schiffen am 19.5.1798 in Toulon.

Kommentar der Zeitung „Messager des relations extérieure" vom 16.10.1799 anlässlich der Rückkehr Napoleons aus Ägypten: „Alle Welt erwartet Napoleon mit Ungeduld, weil er jedermann die Hoffnung wiedergibt. Man glaubt, dass seine Ankunft an dem Gewaltverfahren, das man seit einiger Zeit eingeführt hat, etwas ändern kann… Bonaparte hat bewiesen, dass man den Sieg mit Mäßigung und Frieden mit Menschlichkeit paaren kann. Man glaubt, dass der Ruhm, der Frieden und das Glück in seinem Gefolge sein werden."
(zit. n. Lautemann /Schlenke, a. a. O., Bd. IV, S. 536)

Anders als in wissenschaftlicher Hinsicht war die Ägypten-Expedition in militärischer Hinsicht jedoch ein Desaster. Nach Eroberungen der Franzosen (11.6.1798: Malta, ganz Oberägyptens 1.2.1799) vernichtete der britische Admiral Nelson deren Flotte am 1.8.1798 bei Aboukir fast völlig. Napoleon überstellte General Kléber die Truppen und kehrte wenig ruhmvoll auf Umwegen am 14.10.1799 in das Paris nach dem Prairial-Staatsstreich 1799 zurück; gerade rechtzeitig für Staatsstreich-Pläne des auf die politische Bühne zurückgekehrten neuen Direktors Sièyes, der Napoleon dafür brauchte.

s. S. 159

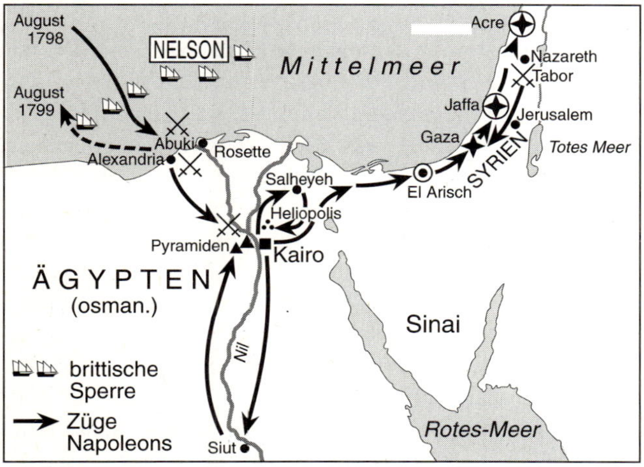

Napoleons Ägyptenfeldzug 1798 / 99

Der Erste Konsul überschreitet die Alpen, 1800 (Jaques-Louis David)

Krieg gegen die 2.Koalition (1799–1802)

Die durch den Ägypten-Feldzug offenkundig gewordenen Hegemonialbestrebungen Frankreichs riefen erneut Österreich, Russlands Zaren Paul I. (1796–1801) sowie die Türkei auf den Plan und trieben sie in die Arme Englands. Am 16.11.1798 stand die 2. Koalition der Kriegsgegner Frankreichs, aus der der Zar jedoch am 22.10.1799 nach dem Sieg des Revolutionsgenerals Masséna bei Zürich im Streit mit Österreich und England ausschied. Am 12.3.1799 erklärte das Direktorium offiziell den bis zum Frieden von Amiens (1802) geführten Krieg gegen die 2. Koalition, der Frankreichs militärische Situation zunächst wieder bedrohlich erscheinen ließ. In Süddeutschland unterlag General Jourdan, die Ägypten-Expedition scheiterte, die italienischen Tochterrepubliken lösten sich nach dem Einmarsch österreichischer und russischer Truppen auf.

3 König der Revolution? Der 18. Brumaire Napoleon Bonapartes

Daten zur Vita Napoleons bis 1799:
geboren am 15.8.1769 in Ajaccio/Korsika
gestorben 5.5.1821 in Longwood/Sankt Helena
Besuch der Militärschulen von Brienne (1779–1784) und Paris (1784/85)
Artillerie-Leutnant (1785)
unterstützte die korsische Unabhängigkeitsbewegung
Mitglied der Bergpartei (1793)
Brigadegeneral (1794)
nach dem Sturz Robespierres für kurze Zeit verhaftet und aus der Armee entlassen
nach der Niederschlagung des royalistischen Vendémiaire-Aufstandes (5.10.1795) im Auftrag des Direktoriums Oberbefehlshaber der Italien-Armeen (2.3.1796)
von 1796–1809 verheiratet mit Josephine de Beauharnais
Oberbefehlshaber der England- (1797) und Ägypten-Armeen (1798)
nach dem Brumaire-Staatsstreich (9.11.1799)
seit dem 15.12.1799 Erster Konsul
1802 auf Lebenszeit
2.12.1804 Kaiser der Franzosen

3.1 Der Staatsstreich vom 30. Prairial VII (18.6.1799)

Politischer Hintergrund: Wie seit Kriegsbeginn 1792 verschärften die außenpolitischen Krisen nach militärischen Niederlagen auch im Frühjahr 1799 die innenpolitischen. Das nach dem Floréal-Coup 1798 nur noch scheinparlamentarisch regierende 2. Direktorium erstickte jeden Widerstand gegen sein Regime bereits im Keim. Die Drittel-Wahlen im Frühjahr 1799 bescherten dem Direktorium, das nun auch außenpolitisch auf schwachem Fuß stand, eine sehr kritische, radikalere Abgeordnetenmehrheit. Somit stand – fast schon obligatorisch – der nächste Staatsstreich ins Haus, den das Direktorium am 30. Prairial VII (18.6.1799) unter der Ägide des dem ausscheidenden Direktor Reubell nachfolgenden Sieyès durchführte.
Verlauf: Die Direktoren Treilhard (Nachfolger: Gohier), Merlin de Douai (Nachfolger: General Moulin) und La Revellière (Nachfolger: Roger Ducos) werden zwischen dem 17. und 20.6.1799 zugunsten der profilschwachen, jedoch Sieyès genehmen Direktoren zum Rücktritt gezwungen. Im 3. Direktorium dokumentiert sich mit General Moulin als Direktor und Bernadotte als neuem Kriegs-

minister deutlich der Einfluss der Militärs. Das Revirement, mit Unterstützung jakobinisch gesonnener Abgeordneter zustande gekommen, stärkt diesen den Rücken. Im Juli 1799 kann kurzfristig sogar der Jakobiner-Club wieder eröffnen.
Der radikalisierte Rat der 500 steuert unter dem Eindruck der bedrohlichen militärischen Lage erneut unpopuläre, an 1793 erinnernde Zwangsmaßnahmen an: Sondersteuern für „Reiche", ein „großes Aufgebot" von fünf Jahrgängen ohne Freikaufsmöglichkeit sowie ein Geiselgesetz. Diese Pläne entfachten den heftigen Widerstand des kriegs- und revolutionsmüden Bürgertums, das sich nach zehn Jahren Revolution nach Ruhe und Ordnung, Freiheit und Sicherheit und einer sie gewährleistenden Autorität sehnte.

3.2 Der Staatsstreich vom 18. Brumaire VII (9.11.1799)

Politischer Hintergrund: Sieyès als neuer starker Mann des 3. Direktoriums strebte seit längerem eine grundsätzliche Verfassungsänderung an, um die gemäßigte Linie gegen den verstärkt wieder aufflammenden radikalen Jakobinismus und Royalismus zu verankern und die Regierung, die sich von einer Drittel-Wahl zur nächsten putschte und rettete, wieder funktionstüchtig zu machen.

Augenzeugenberichte und Pressekommentare zu Vorgeschichte, politischer Stimmung, Ereignissen des „Brumaire" in: Müller, U. F. (Hg.), a. a. O., S. 337–344

Dazu bedurfte sie der Armee als akzeptiertem Macht- und Ordnungsfaktor, repräsentiert durch einen populären General. Jourdan, Hoche und Moreau wurden in Betracht gezogen, zogen aber zugunsten des bei weitem populärsten Revolutionsgenerals Napoleon zurück, der am 17.10.1799 von seinem gescheiterten Ägypten-Feldzug zum Empfang des Direktoriums in Paris eintraf.

s. S. 157

Verlauf: Sieyès weiht hinter den Kulissen in den Putsch-Plan ein: Napoleon, im Direktorium Ducos, die meisten Minister (Innenminister Cambacérès, Polizeiminister Fouché gegen eventuelle Aufstände) sowie eine Abgeordneten-Mehrheit beider Kammern.
9.11.1799: Der erste Teil des Staatsstreichs gelang plangemäß. Napoleon wird Kommandant der Pariser Truppen, um einem angeblich bevorstehenden Umsturz zu begegnen. Die Kammern werden zu einer Sondersitzung nach St. Cloud bei Paris einberufen. Sieyès und Ducos treten verabredungsgemäß zurück, der ausgebootete Barras verzichtet auf Widerstand, während Gohier und Moulin unter Hausarrest gestellt werden.

10.11.1799: Der zweite Teil des Putschplans: Die Zustimmung des Corps Législatif zu einer provisorischen Regierung der drei Konsulen Napoleon Bonaparte, Ducos und Sieyès mit anschließender Absegnung der Verfassungsänderung wäre dagegen fast misslungen.
In den in St. Cloud tagenden Ratsversammlungen erhebt sich Widerstand der jakobinisch Gesonnenen und Gemäßigten gegen die geplante Verfassungsänderung. Es drohe gar kein Umsturz. Während der einschüchternden Rede des ungeübten Parlamentariers Napoleon eskaliert die Lage. Napoleon droht als möglicher Diktator verhaftet zu werden. Sein Bruder, Ratspräsident (seit 23.10.1799) Lucien Bonaparte, rettet die Situation und den Putsch. Er unterbricht die Sitzung, von draußen herbeigerufene Soldaten treiben die Abgeordneten auseinander, von denen ca. 100 des Nachts wieder erscheinen, um dem Putsch einen legalen Anstrich zu geben.

Zu den Artikeln der Konsulatsverfassung vgl. Lautemann/Schlenke (Hg.), a. a. O., Bd. IV, S. 538 ff.

Ergebnis: Beschlossen wird die förmliche Auflösung des Direktoriums und die Einsetzung eines provisorischen Exekutivausschusses dreier Konsuln: Bonaparte – Ducos – Sieyès, der zusammen mit den vom Corps Législatif zu wählenden Ausschüssen eine neue Verfassung nach Sieyès' Plan ausarbeiten soll. Die Kommissionen tagten vom 11.–24.12.1799.

4 „Revolution beendet": Konsulatsverfassung vom 15. Dezember 1799

Proklamation der Konsuln zur amtlichen Beendigung der Revolution vom 15.12.1799:
„Franzosen, es wird euch eine Verfassung vorgelegt. Sie setzt den Ungewissheiten, die die provisorische Regierung in den auswärtigen Beziehungen, in der inneren und in der militärischen Lage der Republik aufkommen ließ, ein Ende... Die Verfassung gründet sich auf die wahren Prinzipien der parlamentarischen Regierung und auf die geheiligten Rechte des Eigentums, der Gleichheit und der Freiheit. Die Gewalten, die sie einsetzt, werden stark und dauerhaft sein... Bürger, die Revolution ist den Grundsätzen, von denen sie ihren Ausgang nahm, fest verbunden; sie ist beendet."
(zit. n. Markov, W./Midell, K. u. M. [Hg.], a. a. O., S. 330 f.)

Die vierte und letzte Revolutionsverfassung: die Konsulatsverfassung von 1799 – verkündet bereits am 15.12., in Kraft getreten am 25.12.1799, bestätigt in einer Volksabstimmung 1800 mit 3 Mio. Ja- gegen 1562 Nein-Stimmen bei ca. 4 Mio. Nicht-Abstimmenden – bewies, dass sich Sieyès als Drahtzieher des Brumaire-Coups gründlich verrechnet hatte. Er trat mit Ducos zurück. Napoleon, ein Generalissimus, personifizierte die seit dem 21.1.1793 vakante Zentralgewalt. Die provisorische Regierung wurde offiziell mit Bonaparte als auf zehn Jahre gewähltem Erstem Konsul, Cambacérès und Lebrun als Mit-Konsuln. Bis 1815 blieb Napoleon der entscheidende Politiker Frankreichs. Mit der Verkündung der neuen Verfassung am 15.12.1799 machte Napoleon denn auch den Epochenwechsel in der ihm eigenen Art unmissverständlich klar:

„Bürger! Die Revolution hält an den Grundsätzen, die an ihrem Beginn standen, fest. Sie ist beendet!“

Charakter und wichtigste Bestimmungen der Konsulatsverfassung von 1799

Cäsarismus: Die durch pseudo-demokratisch-plebiszitär-scheinparlamentarische Elemente verbrämte Militärdiktatur entsprach im Wesentlichen dem Charakter der neuen Verfassung von 1799.
Charakteristisch ist ferner die nach zehn Jahren turbulenter Revolution deutliche Stärkung der Exekutive auf Kosten der beiden anderen Gewalten. De facto war die Gewaltenteilung damit aufgehoben.
Das Staatswesen war komplett auf die zentrale Entscheidungsinstanz, den Ersten Konsul, d.h. Napoleon zugeschnitten. Seine Mitkonsuln Cambacérès und Lebrun berieten und vertraten ihn pro forma, konnten gegen den Willen des Ersten Konsuls jedoch nichts bewirken.
Der Erste Konsul ist Staatsoberhaupt mit dem Recht zur Gesetzesinitiative, das von ihm ausgewählte, im Staatsrat platzierte Persönlichkeiten der Parlamentskammer zur Absegnung erläutern. Napoleon ist Oberbefehlshaber, erklärt Krieg und Frieden, schließt Verträge ab, ernennt entscheidende Funktionsträger der Republik direkt. Auch die straff gegliederte Verwaltung und – seit dem Konkordat mit dem Papst 1801 – sogar der Klerus unterstanden seinem Befehl. Seine Minister zeichnen Napoleons Beschlüsse lediglich gegen.
Letztlich stand jeder entscheidende Funktionsträger direkt oder indirekt unter der Kontrolle Napoleons, des neuen „Königs der Revolution“.
Die zwei Kammern der Legislative: der Corps Législatif sowie das Tribunat hatten de facto nichts zu sagen. Von der unabhängigen dritten Gewalt (Judikative) blieben lediglich die nicht von Napoleon bestimmten Richter des obersten Kassationsgerichtshofes und die Friedensrichter übrig.
Wahlmodus: Das scheindemokratische Wahlrecht wurde wieder auf alle Bürger über 21 Jahre ausgedehnt. Ca. 7 Mio. wahlberechtigte Bürger erstellen so in einem ersten Schritt ein Namensverzeichnis von ca. 700 000 Bürgern, aus denen die Gemeindebeamten bestimmt werden. Diese wählen aus einem im zweiten Schritt erstellten Departementsverzeichnis mit ca. 70 000 Namen alle Departementsbeamten. Die Departementsbeamten erstellen im

Joseph Görres, ein deutscher Journalist aus Koblenz, der 1799 geschäftlich in Paris ist, zieht in einem Bericht an seine Mitbürger „Resultate meiner Sendung nach Paris“ Bilanz: „... Bonaparte war auf den Flügeln seines Glückes aus Ägypten zurückgekehrt; er vereinigte alles, was ihn bei dieser Stimmung zum Retter aus der bedrängten Krise qualifizierte ... Auf ihn also ... war der achtzehnte Brumaire berechnet ... Es gehörte Mut dazu, unter den Verhältnissen, wie sie in Frankreich bestanden, an die Spitze dieses Staates zu treten. Innere Zerrüttung, Vendéekrieg, Andrang der Koalition, Schwierigkeit aller Parteien, allgemeines Misstrauen, zerstörte Finanzen, desorganisierte Armeen, das waren die Legate, die das abtretende Direktorium ihm überließ ... So war denn nun die Revolution geendigt ...“ (zit. n. Müller, U. F. [Hg.], a. a. O., S. 346–47)

Die Konsulats-Verfassung von 1799

Änderungen: 3.8.1802 und 18.5.1804

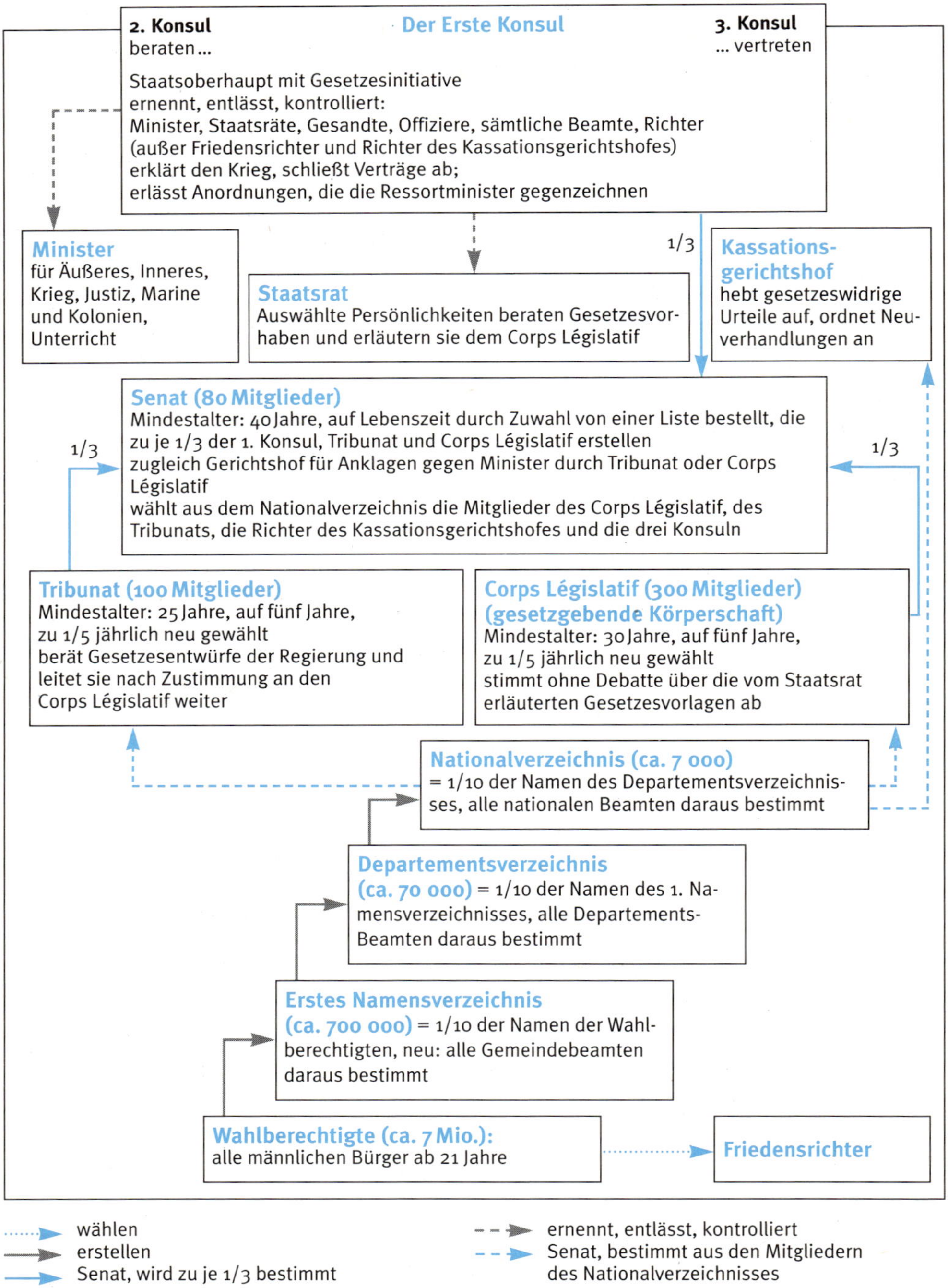

dritten Schritt das ca. 7000 Namen umfassende Nationalverzeichnis, aus dem die nationalen Beamten bestimmt werden.
Der Senat (80 Mitglieder, auf Lebenszeit zu je einem Drittel vom Ersten Konsul und den beiden Parlamentskammern bestimmt) wählt aus dem Nationalverzeichnis die Mitglieder der Parlamentskammern aus sowie die Richter des Kassationsgerichtshofes und die drei Konsuln.

Das wahre Gesicht der Verfassung von 1799 zeigte sich bereits 1802, als Napoleon auf dem Höhepunkt seiner Popularität in Frankreich nach dem Friedensschluss von Amiens mit den Engländern sich als alleiniger Konsul auf Lebenszeit plebiszitär bestätigen ließ.

1804 krönt sich Napoleon elf Jahre nach der Hinrichtung seines „armen Onkels“ Ludwig XVI. zum Kaiser der Franzosen.

7 Auswirkungen der Französischen Revolution im 19. Jahrhundert

Zu Folgen der Revolution und Historiker-Urteilen vgl. Krauß, H. (Hg.), a.a.O.

Immanuel Kant über die politische Langzeitwirkung der Französischen Revolution in „Der Streit der Fakultäten" (1798): „Ein solches Phänomen der Menschheitsgeschichte vergisst sich nicht mehr, weil es eine Anlage und ein Vermögen in der menschlichen Natur zum Besseren aufgedeckt hat, dergleichen kein Politiker aus dem bisherigen Lauf der Dinge herausgeklügelt hätte... Aber, wenn der bei dieser Gelegenheit beabsichtigte Zweck auch jetzt nicht erreicht würde, wenn die Revolution, oder Reform, der Verfassung eines Volkes gegen das Ende doch fehlschlüge, oder, nachdem diese einige Zeit gewähret hatte, doch wiederum alles ins vorige Gleis zurückgebracht würde (wie Politiker jetzt wahrsagen), so verliert jene philosophische Vorhersagung doch nichts von ihrer Kraft. Denn jene Begebenheit ist zu groß, zu sehr mit dem Interesse der Menschheit verwebt, und ihrem Einflusse nach, auf die Welt in allen ihren Teilen zu ausgebreitet, als dass sie nicht den Völkern, bei irgendeiner Veranlassung günstiger Umstände, in Erinnerung gebracht und zu Wiederholung neuer Versuche dieser Art werden sollte."
(zit. n. Schulin, E., a.a.O., S. 250)

Zu ihren Grundsätzen war die Revolution mit einem Generalissimus an der Spitze des Staates jedenfalls nicht zurückgekehrt. Im Gegenteil, das republikanisch-scheindemokratisch verbrämte Militärkaisertum Napoleons seit 1804 war alles andere als das verfassungspolitische Ziel der Männer und Frauen von 1789. Napoleon vermied eine Rückkehr zur extremen Demokratie des Jahres 1793, gleichzeitig aber auch die Wiederherstellung des Ancien Régime. Dabei ließ er die Ergebnisse der Revolution unangetastet und versöhnte so, garantiert durch die Sicherheit und Autorität seines Regimes, die Interessen der unterschiedlichsten Parteien der Revolution.

Beendet war die große Revolution mit der Inthronisierung des faktisch allein herrschenden Ersten Konsuls am 15.12.1799 schon gar nicht, allenfalls pro forma.

Davon zeugen nicht nur Kants philosophisches Fazit, sondern vor allem die Auswirkungen im 19. Jahrhundert und bis in die Gegenwart. Revolution oder Restauration? Das war die politische Frage, die auf dem Boden der Industriellen Revolution mit der Entstehung des „vierten Standes" der Proletarier, stetig an Schärfe gewann. Wie der dritte Stand von 1789 forderte dieser im Verlauf des 19. Jhs. immer drängender politische Mitbestimmungsrechte, bürgerliche Freiheiten, tatsächliche Gleichheit, staatliche Ausgleichsmaßnahmen ein, z.B. zwischen negativen Folgen wirtschaftlicher Freiheit zugunsten einer sozialeren Demokratie.

Von den zahlreichen historischen Entwicklungslinien und Ereignissen können in diesem Rahmen nur einige wichtige Auswirkungen der Französischen Revolution im 19. Jh. und darüber hinaus erwähnt werden.

Der moderne bürgerlich-kapitalistische Verfassungsstaat setzt sich durch

„Die Revolution als Modernisierungskrise?", vgl. Fehrenbach, E., a.a.O., S. 143–151

Allgemein gilt das Jahr 1789 als der Beginn der europäischen Moderne. Die feudalmonarchistische Gesellschaftsordnung des Ancien Régime existierte nicht mehr. Statt deren hatten sich die Grundlagen des modernen bürgerlich-kapitalistischen Verfassungsstaates durchgesetzt. Die alte Aristokratie des 2. Standes hatte ihre Privilegien und führende gesellschaftliche Stellung vollständig eingebüßt. Kirche und Staat waren getrennt. Die Bauern waren von abhängigen Feudalen zu frei wirtschaftenden Kleinpächtern oder Landbesitzern geworden. Die Abschaffung des Zunftwesens begünstigte die im Rahmen der Industriellen Revolution forcierte Herstellung eines nationalen Marktes. Provinzielle und lokale Vorrechte waren aufgehoben. Die Wandlung des feudalen, agrarisch geprägten Staates zum agrarkapitalistischen war besonders auffällig in der Landwirtschaft. Frankreich ist nach den gewaltigen Besitzumschichtungen des Nationalgüterverkaufs im 19. Jh. das Land der kleinen Pächter und persönlich freien Bauern, die nun für einen freien Markt gegen Konkurrenten produzieren. Die europäische Dimension dieser Folge der Revolution wird an den Preußischen „Reformen von oben" der Freiherren vom Stein und von Hardenberg besonders deutlich. Ihr Ziel war die Umsetzung revolutionärer Freiheitsgrundsätze in Preußen, um einen gewaltsamen Umsturz wie in Frankreich zu verhindern.

Auswirkungen der Industriellen Revolution im 19. Jh., z. B.: Bevölkerungswachstum, Landflucht
Veränderte landwirtschaftliche Produktionsbedingungen: verbesserte Anbaumethoden, Zuchtauswahl, Kunstdüngung, Maschineneinsatz
Neue Maschinen für die industriellen Massengüterproduktion in Fabriken: Dampfmaschinen, mechanische Webstühle
Verkehrstechnische Erschließung durch die Eisenbahn

Die bürgerlich-kapitalistische Wirtschaftsordnung setzte sich insgesamt im 19. Jh. durch. Sie stützt sich auf die Prinzipien der Französischen Revolution: Freiheit des Handels, freie Bahn den Tüchtigen, individuelle (Gewerbe-) Freiheit der Staatsbürger/innen, Chancengleichheit, einheitliche Normen.

Die neue bürgerliche Gesellschaftsordnung basierte auf den mehr oder weniger realisierten Prinzipien und Idealen von 1789: Vernunftbestimmtheit, Volkssouveränität, demokratische Mitbestimmungs- und Selbstverwaltungsrechte der Staatsbürger bzw. Kommunen, Gleichheit vor einem für alle gültigen Gesetz, Sicherung des Eigentums. Alle modernen europäischen Verfassungen seit 1791 bis zum Grundgesetz orientierten sich über den „Steinbruch" (Krauß) der Revolutionsverfassungen hinaus an der Erklärung der Menschen- und Bürgerrechte.

Revolutionäre Gesellschaftstheorien von Marx, Rosa Luxemburg, Lenin, Stalin / Trotzki, Mao Ze-dong

Zu Ausdifferenzierungen des Begriffs „Revolution" und Revolutionstheorien vgl. Brunner, O./Conze, W./Koselleck, R., a.a.O., S. 653–788

Besonders die radikalsoziale Entwicklungslinie der Französischen Revolution der Jahre 1792–1795 blieb das große Vorbild für alle größeren und kleineren Revolutionen des Jahrhunderts bis zur russischen Oktoberrevolution 1917 oder der in den so genannten Schwellenländern der Neuzeit. Prominent orientierten sich die Vordenker der kommunistischen Bewegung seit dem Erscheinen des

Zur „sozialen Interpretation" der Französischen Revolution: Cobban, A.: Social Interpretation, a.a.O.
Zur sozialistischen Interpretation: Jaurès, J., a.a.O.

Kommunistischen Manifestes 1848 und ihre sozialistischen Nachfolger bei der Lösung der „Arbeiter-" bzw. „Sozialen Frage" im 19. Jahrhundert daran. Wie alle bürgerlich-liberalen Revolutionen seit 1688 hatte auch die Französische nach der Theorie von Marx und Engels nur die Funktion, der kapitalistischen Produktionsweise beim notwendigen Übergang vom Feudalismus zum Kapitalismus jeweils bessere Entwicklungsbedingungen zu verschaffen. Die neuen Klassen- und Machtverhältnisse, in denen bürgerliche Unternehmer über die besitz- und rechtlosen Proletarier herrschen, müssen noch durch eine abschließend notwendige, soziale Revolution, auch gewaltsam, korrigiert werden. Dann erst wäre die „Herrschaft des Menschen über den Menschen" – konsequent im Sinne der Volksrevolutionäre des Jahres 1793 – beendet.
Für Rosa Luxemburg kann diese soziale Revolution nur als Massenbewegung, ausgelöst durch Generalstreiks, erfolgreich sein. Dagegen verzichtete Lenin bei der trotz des in Russland 1917 noch unvollständig entwickelten Kapitalismus erfolgreich eingeleiteten Oktoberrevolution auf die Organisation einer Massenpartei zugunsten seiner berufsrevolutionären bolschewistischen Kaderpartei. Sein Nachfolger Stalin wollte die „Revolution in einem Lande" beschränken, wogegen sein Konkurrent Trotzki das Konzept einer „permanenten Revolution" setzte, die in einer Welt-Revolution mündet. Mao Ze-dong schließlich verfolgte mit seiner Strategie der „Umzingelung der Städte durch das Land" konsequenter als Stalin die Entwicklungslinie einer bäuerlichen Revolution – unter Vernachlässigung des in China in der ersten Hälfte des 20. Jhs. kaum entwickelten Industrieproletariats – als Motor des gesellschaftlichen Umsturzes.

Zu Auswirkungen auf Deutschland im 19. Jh. ausführlich: Bemmerlein, G., a.a.O.

Unmittelbare Auswirkungen auf Deutschland: Heiliges Römisches Reich aufgelöst, preußische Reformen

Seit 1802 ist Napoleon Erster Konsul auf Lebenszeit, seit dem 2.12.1804 neuer Kaiser der Franzosen mit einer eigenen kaiserlichen Familie und ihm treu ergebenen Beamtenschaft (Notablen). Der republikanische Monarch ordnete mit Hilfe seiner Armeen die politischen Verhältnisse in Europa komplett neu auf sich um. Das Ancien Régime verschwand in den Niederlanden, der Schweiz, in Spanien, den italienischen und deutschen Staaten und mittelbar oder unmittelbar auch in den anderen Ländern Europas. Für das Deutsche Reich resultierte das in der Auflösung

des „Heiligen Römischen Reiches Deutscher Nation“ 955 Jahre nach dessen Gründung. Die politische Flurbereinigung der deutschen Staaten im Sinne Napoleons begann mit der Anerkennung der französischen Rheingrenze durch die deutschen Fürsten 1801. 1803 wird sie mit der Säkularisation, der Übergabe geistlicher Herrschaftsgebiete an weltliche Fürsten, fortgesetzt. Ihren Abschluss findet sie 1806. Die deutschen Fürsten treten am 1.8.1806 aus dem Reichsverband aus, schließen sich im von Napoleon militärisch und politisch abhängigen Rheinbund zusammen und erklären den französischen Militärkaiser zu ihrem Schutzherrn. Daraufhin verzichtet der deutsche Kaiser Franz II. auf den Titel und zieht sich als österreichischer Kaiser Franz I. nach Wien zurück.
Die Napoleonischen Kriege gegen die dritte europäische Koalition verlaufen bis 1812 siegreich für die ganz Europa umgestaltende französische Armee. Den Russlandfeldzug 1812 jedoch überleben von 500 000 Soldaten nur knapp 5 000. Die Sieger der Völkerschlacht bei Leipzig im Oktober 1813 restaurieren auf dem Wiener Kongress 1814/15 die Bourbonen-Monarchie in Frankreich und schließen mit ihr Frieden. Der Rheinbund löst sich auf. Frankreichs Grenzen von 1792 werden anerkannt. In Europa sollen die vornapoleonischen Verhältnisse wiederhergestellt („restauriert“) werden. Napoleon wird nach einer kurzen Rückkehr aus der Verbannung von der Insel Elba im Juni 1815 bei Waterloo endgültig geschlagen und auf die Insel St. Helena im Süd-Atlantik deportiert, wo er 1821 stirbt.

„Challenge and response“: Revolution und/oder Restauration im 19. Jahrhundert

Ausführlich zur Epoche das Handbuch der Geschichte, Bd. 5, Schieder, Th. (Hg.) a.a.O.

Freiheit, „unité“ (Einheit) und Gleichheit wirkten als die grundsätzlichen politischen Leitideen der Französischen Revolution im 19. Jh. fort, allerdings im Wesentlichen unter dem Deckmantel des Nationalismus. Dieser wurde als Gegenkraft zu Napoleons Herrschaft zur bestimmenden Ideologie im 19. Jh., anfangs als ideeller Motor der Freiheitskriege, dann z.B. für den griechischen Unabhängigkeitskrieg, die italienische Nationalbewegung oder auch verbunden mit den Forderungen der liberalen Bewegung nach einem einheitlichen Verfassungsstaat in Deutschland. Revolutionen finden in Paris zwar 1830, 1848 und 1871 noch einmal nach dem Vorbild der städtischen Pariser Volksrevolutionen von 1789–1795 statt und entfalten in ganz Europa beträchtlichen Enthusiasmus; sie scheitern jedoch letztlich bzw. werden niedergeschlagen. Die restaurierten Monarchen akzeptieren eine gar soziale Demokratie und Verfassungsstaatlichkeit nur widerwillig oder in Ansätzen.

Einige wichtige Eckdaten dieses vielschichtigen Prozesses:

Revolution und/oder	**Restauration im 19. Jh.**
Preußische Reformen von oben der Freiherren vom Stein und Hardenberg: Abschaffung der bäuerlichen Leibeigenschaft, Bodenreform: Adel verliert Vorrecht auf Besitz von Grund und Boden, Stadtbevölkerungen erhalten durch die Wahl eines städtischen Rates Selbstverwaltungsrechte, Heeresreform: Prügelstrafe abgeschafft, Leistungsprinzip für Beförderungen, Zunftwesen abgeschafft, Neugliederung des Schulwesen, bürgerliche Gleichberechtigung für Juden Untertanen wollen Bürger werden: Liberale Bewegungen fordern im Namen der Aufklärung für jedes deutsche Land eine Verfassung, dass der Fürst nicht über dem Volk stehe, Abschaffung der Zensur, Geschworenengerichte, Wahlrecht 1817: Wartburgfest: Studenten feiern im Namen der Freiheit in nationaler Begeisterung das Andenken der Reformation und der Leipziger Völkerschlacht. Seit 1818: Deutsche Fürsten in Bayern, Baden, Württemberg, Hessen, Hannover geben Verfassungen.	1815: Wiener Kongress: die Sieger über Napoleon (Österreich, England, Russland, Preußen, Schweden) gestalten Europa nach dem System Metternich politisch neu: Wiederherstellung („Restauration") der vor-napoleonischen Rechts-, Verfassungs- und Gesellschaftsordnung nach dem Legitimitätsprinzip Bourbonen-Monarchie in Frankreich mit Ludwig XVIII., Bruder Ludwigs XVI., wiederhergestellt. Gründung der Heiligen Allianz mit dem Ziel, Europa vor Revolutionen zu schützen 1817: Karlsbader Beschlüsse: radikale Studenten werden inhaftiert, liberale Professoren verlieren ihr Amt, eine Zensur wird wieder eingeführt. Die demokratischen Freiheitsrechte bleiben in der Praxis stark eingeschränkt.
1821/22: Freiheitskrieg der Griechen 1827: Unabhängig vom Sultan mit der Unterstützung Großbritanniens, Frankreichs, Russlands 1830: Juli-Revolution in Paris: Höhepunkt des Konfliktes zwischen der bourbonischen Restauration und der liberalen Kammermehrheit Karl X. wird gestürzt; revolutionäre, verfassungsstaatliche Bestrebungen erhalten in ganz Europa neuen Auftrieb. 1834: Gründung des deutschen Zollvereins: Freihandel auf einem entbürokratisierten nationalen Markt als Ziel 1844: Aufstand der schlesischen Weber	

Revolution und/oder	Restauration im 19. Jh.
1848: Februar-Revolution in Paris/März in Wien und Berlin: In Paris fordern Demonstranten die Änderung des Klassenwahlrechts. Der König dankt freiwillig ab: die provisorische Regierung ruft die Republik aus und das allgemeine Wahlrecht für ca. 9 Mio. Franzosen, erhebt radikalere Forderungen nach Enteignung, Umverteilung des Eigentums. In Wien muss Metternich fliehen. Alle Völker der österreich-ungarischen Monarchie fordern Freiheit, Unabhängigkeit und eine Verfassung. Der Kaiser verspricht eine Verfassung. In Berlin kommt es zu Straßenkämpfen. 1848: Marx propagiert im Kommunistischen Manifest den gewaltsamen Umsturz der bürgerlich-kapitalistischen Gesellschaftsordnung durch den mit der Industriellen Revolution neu entstandenen, politisch machtlosen „vierten Stand": das Proletariat. Abgeordnete der deutschen Länderparlamente in der Frankfurter Paulskirchen-Versammlung verkünden Grundrechte des deutschen Volkes.	Revolution von 1848 in Frankreich von der von Besitzbürgern dominierten Nationalversammlung unterdrückt Der preußische König Friedrich Wilhelm IV. lehnt die Kaiserkrone aus den Händen der Paulskirchen-Versammlung ab und greift zu Repressionsmaßnahmen. Volkserhebungen in Westfalen, Baden werden gewaltsam niedergeschlagen.
1861: Bäuerliche Leibeigenschaft in Russland abgeschafft 1863: Der erste Allgemeine Deutsche Arbeiterverein (ADAV) von Ferdinand Lassalle gegründet Risorgimento in Italien (1815–1870): 1831 gründet G. Manzini die „Giovane Italia" mit dem Programm eines vereinten, republikanischen Italien und organisiert 1833–1845 – allerdings fehlschlagende – Aufstände zur Durchsetzung dieses Ziels. Die italienische Nationalbewegung mit Cavour und Garibaldi kulminiert nach zahlreichen Niederlagen gegen bourbonisch-französische und österreichische Truppen in der Gründung des Königreichs Italien am 17.3.1861 mit allerdings stark eingeschränkten demokratischen Rechten.	In Frankreich regiert seit 1852 20 Jahre Kaiser Napoleon III., ein Neffe Bonapartes: Frankreich wird wieder bürgerliche Republik, die Presse ist frei. Parteien- und Arbeitervereinigungen sind erlaubt.
1871: Aufstand der Pariser Commune für die Anerkennung der Republik und die Selbstverwaltung von Paris nach dem Vorbild der Pariser Commune insurrectionelle von 1793	Von der Zentralregierung niedergeschlagen, 20 000 Todesurteile, 36 000 Communards kamen vor Gericht, ca. 10 000 Verurteilungen zu Zwangsarbeit, Verbannung, Gefängnis 1878: Der autoritär regierende Reichskanzler Bismarck will mit dem „Sozialistengesetz" die Arbeiterbewegung im Kaiserreich schwächen, scheitert jedoch.

Metzger, A.: Phänomenologie der Revolution. Frankfurt/Main 1979
Zur „Weltwirkung" vgl. die Artikel in Kossok, M./Kross, E. (Hg.), a.a.O.

Speziell zu mentalen Veränderungen und solchen in der politischen Alltagskultur vgl. Vovelle, M., a.a.O.

Zum aktuellen Forschungsstand anlässlich der 200-Jahr-Feiern unter der Fragestellung „Die Französische Revolution – zufälliges oder notwendiges Ereignis?", vgl. Schmitt, E./Reichardt, R. (Hg.), a.a.O.

Auswirkungen der Französischen Revolution bis in die Gegenwart

So vielfältig und selbstverständlich sind – abgesehen von den geographischen, gesellschaftspolitischen, mentalen Veränderungen – die zahlreichen Auswirkungen in Politik, Kultur und Alltag der Moderne geworden, die direkt oder indirekt in der Französischen Revolution wurzeln, dass hier nur an einige erinnert werden soll, z. B.:

- das Frauenwahlrecht in Deutschland seit 1917, in der Schweiz seit 1971; eine der Forderungen einer der ersten Frauenbewegungen, der „Gesellschaft revolutionärer Republikanerinnen" von 1793;
- staatliche Museen seit der Übernahme des Pariser Louvre;
- Erweiterung des klassischen literarischen oder auch des Repertoires der Theater um „Volksstücke";
- Entstehung der heute verwendeten politischen Begrifflichkeit: rechts und links – konservativ und liberal – fortschrittlich und reaktionär in den Parlamenten der Revolution;
- die nationalen, „revolutionären" Unabhängigkeitsbewegungen des 20. Jhs.;
- die Nachwirkungen der streng auf einfache, geometrische Formen reduzierten Revolutionsarchitektur;
- die durchgesetzte allgemeine Schulbildung, Ehescheidung, das allgemeingültige, einheitliche Maßsystem von Kilo und Meter, das Duzen Fremder, der Text der Münzumschriften, die allgemeine Wehrpflicht.

Diese und viele andere Auswirkungen zeugen von der historischen Tragweite der großen Französischen Revolution von 1789, die, gemessen an den aufgeklärten Idealen von 1789 und der Erklärung der Menschen- und Bürgerrechte, ganz im Sinne Immanuel Kants, nichts von ihrer Kraft verloren hat.

Chronik

	Paris	Provinz	Außenpolitik	Kultur
1756–1763			Siebenjähriger Krieg	
1772				Encyclopédie abgeschlossen
1774	Thronbesteigung Ludwigs XVI.			
1775–1786	1775 Hungersnot und Pariser „Mehlkrieg" 1785 „Halsbandaffäre", Reformministerien Turgot, Calonne, de Brienne, Necker scheitern		1778 Kriegseintritt Frankreichs gegen England aufseiten der USA 1783 Friedens-, 1786 Handelsvertrag England – Frankreich	† Voltaire, † Rousseau 1784 „Figaros Hochzeit"
1787	22.2. Eröffnung / Mai: Auflösung der 1. Notablenversammlung Auseinandersetzungen zwischen Regierung, dem Pariser und zahlreichen Provinzparlamenten wegen der Reformedikte de Briennes			Umfangreiche Flugschriftenliteratur
1788	Mai–Juli Höhepunkt des Konfliktes zwischen Regierung und Parlamenten	Landesweite Opposition gegen „ministeriellen Despotismus" – Unruhen 13.7.: Unwetter vernichten in Nord- und Ostfrankreich einen Großteil der Ernte		5.7.: Zensur de facto aufgehoben
	8.8.: Einberufung der Generalstände (zum erstenMal seit 1614) für 1789 durch Brienne, organisiert von Necker 6.11.–12.12.: 2. Notablenversammlung Opposition des 1. und 2. Standes gegen die Forderungen des Tiers	21.7.: Einberufung der General- und der Provinzialstände der Dauphiné gefordert mit Abstimmung nach Köpfen, gleicher Anzahl von Sitzen für Klerus, Adel, 3. Stand		Ab Nov.: Flugschriftenkampagne des 3. Standes: Abbé de Sieyès: (Jan.) „Was ist der 3. Stand?" Rabaut Saint-Etienne: „Betrachtungen über Rechte und Pflichten des 3. Standes"

	Paris	Provinz	Außenpolitik	Kultur
	27.12.: Verdoppelung der Mandatszahl des 3. Standes	Sommer schwere Missernte Ab Nov.: Inflation der Getreidepreise – Depression in der Gewerbewirtschaft – extrem kalter Winter		
1789	28.4.: Fabriken des Pariser Manufakturbesitzers Réveillon von aufgebrachten Arbeitern nach Lohnkürzungen gestürmt Wahlen zu den Generalständen, Cahiers de doléances 5.5.: Eröffnung der Generalstände in Versailles 17.6.: 3. Stand erklärt sich zur Nationalversammlung 20.6.: Ballhausschwur 6.7.: ca. 30 000 Soldaten von der Krone um Paris zusammengezogen 11.7.: Necker entlassen 12.7.: Unruhen in Paris, Aufstellung einer Bürgergarde 14.7.: Erstürmung der Bastille 22.7.: Der Pariser Intendant Berthier ermordet 4./5.8.: Abschaffung der Privilegien und des Feudalsystems 26.8.: Menschen- und Bürgerrechte erklärt	Ab April: nicht mehr abreißende Unruhen – Verweigerung der Feudalabgaben und Steuern – Getreideteuerung Ende Juli: „Grande peur" Bauernaufstände und „Krieg gegen die Schlösser" Archive und Grundherrensitze gestürmt und vernichtet Munizipalrevolution		12.7.: 1. Ausgabe der „Révolutions de Paris" erschienen 17.7.: Graf v. Artois, jüngster Bruder des Königs, emigriert 12.9.: 1. Ausgabe des „L'Ami du Peuple" von Marat 24.11.: 1. Ausgabe des „Moniteur Universel" des Verlegers Panckoucke

	Paris	Provinz	Außenpolitik	Kultur
	5./6.10.: Frauen und Nationalgardisten holen die königliche Familie nach Paris 2.11.: Verstaatlichung der Kirchengüter („Nationalgüter“)			
1790	1.4.: „Livre rouge“ – Verzeichnis der vom König gezahlten Pensionen publiziert 27.4.: Gründung des Cordeliers-Clubs 14.5.: Gesetz zu den Verkaufsmodalitäten für die Nationalgüter 19.6.: Abschaffung aller Adelstitel 12.7.: Zivilstandsverfassung des Klerus 6.9.: Parlements abgeschafft 31.10.: Aufhebung der Binnenzölle 2.11.: Verfassungseid des Klerus beschlossen	Winter:Bauernunruhen gegen Grundherren halten an Zehnt- und Feudalabgaben-Zahlungen verweigert 13.–18.6. Nîmes: blutige Auseinandersetzungen zwischen Revolutionsanhängern und Gegnern Winter: Pro-royalistische Massenversammlungen von Bauern; royalistisches Komplott in Lyon; Aufstände wegen weiterbestehender Feudalabgaben	Nov.: Revolution in den Österreichischen Niederlanden gescheitert	13.2.: Klöster aufgehoben 1.6.: 1. Ausgabe des „Ami du Roi“ 14.7.: Föderationsfest in Paris
1791	2.3.: Zünfte aufgehoben 14.6.: Lex le Chapelier Zusammenschlüsse und Streiks von Lohnarbeitern verboten 20./21.6.: Flucht der königlichen Familie nach Varennes entdeckt Ludwig XVI. in Paris suspendiert (15.7.: wieder eingesetzt) 16.7.: Jakobiner-Club uneins: Gründung des Feuillants-Clubs	Unruhen und Schlosserstürmungen treten verstärkt auf 21.8.: Sklavenaufstand in Saint-Domingue (Haiti) – Tee und Zucker im Winter in Frankreich knapp	23.2.: Prinz v. Condé beginnt in Worms mit dem Aufbau einer Emigranten-Armee Juli: Graf de Provence emigriert Koblenz Emigrantenzentrum 27.8.: Deklaration von Pillnitz 12.9.: Vatikan-Besitz Avignon französisch	5.4.: Mirabeau pantheonisiert 11.7.: Voltaire pantheonisiert Sept.: „Erklärung der Rechte der Frau und Bürgerin“ durch Olympe de Gouges

	Paris	Provinz	Außenpolitik	Kultur
	17.7.: Marsfeld-Massaker antirevolutionäre Demonstration von La Fayettes Nationalgarde gewaltsam aufgelöst Aug.: Wahl von 745 Abgeordneten zur Assemblée Nationale Législative – Modus: indirekt, Zensus (1.10.: zusammengetreten) 3.9.: Verfassung von 1791 verabschiedet 14.9.: Ludwig XVI. leistet den Eid auf die Verfassung 27.9.: Juden in Frankreich bürgerlich gleichberechtigt			
1792	9.2.: Emigranten-Besitz beschlagnahmt ab 27.5.: Eidverweigernde Priester werden deportiert 13.6.: Girondisten-Minister von Ludwig XVI. entlassen 20.6.: Antiroyale Sansculotten-Demonstration in den Tuilerien 11.7.: „Vaterland in Gefahr“ erklärt 3.8.: Absetzung des Königs von 47 der 48 Pariser Sektionen gefordert 10.8.: Sturm auf die Tuilerien 13.8.: Königliche Familie im Temple gefangengesetzt 25.8.: Feudalrechte ohne Rechtstitelnachweis entschädigungslos abgeschafft	Winter: landesweite Teuerungsunruhen März: regional verschärft gegen Schlösser, Geldverleiher, Anwälte Plünderungen ab 8.7.: Föderierte Bataillone treffen in Paris ein	6.2.: Bündnis Preußen – Österreich 20.4.: Kriegserklärung an Österreich 25.7.: Manifest des Herzogs von Braunschweig 23.8.: Longwy von alliierten Invasionstruppen erobert 2.9.: Verdun kapituliert 20.9.: Kanonade von Valmy Okt.: Mainz, Worms, Speyer, Frankfurt erobert 6.11.: Franzosen siegen bei Jemappes 27.11.: Savoyen von Frankreich annektiert	ab 25.4.: Verwendung der Guillotine bei Hinrichtungen „Marseillaise“ von Rouget de Lisle verfasst 21.9.: Ehescheidung eingeführt 23.10.: Gründung des Mainzer Jakobiner-Clubs

	Paris	Provinz	Außenpolitik	Kultur
	2.–5.9.: Septembermorde 3.–15.9.: Wahlen zum Nationalkonvent Modus: allgemeines Wahlrecht 21./22.9.: Königtum abgeschafft – Frankreich Republik 11.12.: Prozessbeginn Ludwigs XVI. vor dem Konvent – Todesurteil 15.12.: Revolutionäre Gesetzgebung in den besetzten Gebieten beschlossen			
1793	21.1.: Ludwig XVI. guillotiniert 10.3.: Revolutionstribunal 21.3.: Revolutionskomitees 6.4.: Wohlfahrtsausschuss eingerichtet 6.5.: „1." oder „kleines" Maximum: Höchstpreise für Getreide 31.5.–2.6.: Sansculotten-Demonstrationen erzwingen Ausschluss der girondistischen Abgeordneten aus dem Konvent 25.6.: Petition von Jacques Roux: „Manifest der Enragés" 27.6.: Börse geschlossen 13.7.: Marat von Charlotte Corday ermordet 17.7.: Endgültige, entschädigungslose Abschaffung der Feudalabgaben beschlossen	10./11.3.: Gegenrevolutionäre Aufstände in der Bretagne und Vendée 29.5.: Antijakobinische Föderalisten übernehmen in Lyon die Macht Juni: Antijakobinische „Föderalistische Revolte" in weiten Teilen Frankreichs Juli: Föderalisten übernehmen die Macht in Toulon 1.8.: Vernichtungskrieg gegen die Vendée beschlossen 25.8.: Föderalisten in Marseille besiegt Okt.: Lyon von Regierungstruppen zurückerobert; Massaker an Föderalisten	13.1.: 2. Teilung Polens 1.2.: England und den Niederlanden den Krieg erklärt März: General Dumouriez unterliegt bei Neerwinden (4.4.: läuft zu den Österreichern über) 23.7.: Preußen erobern Mainz zurück	3.4.: Kokarde zu tragen ist für Franzosen Pflicht 10.5.: „Gesellschaft revolutionärer Republikanerinnen" gegründet 1.8.: metrisches System eingeführt 5.10.: Fabre d'Eglantines Revolutionskalender gebilligt 2.11.: Gleichberechtigung unehelicher Kinder 10.11.: „Fest der Vernunft" in Nôtre-Dame 5.12.: 1. Ausgabe von Camille Desmoulins „Vieux Cordelier" 25.12.: allgemeine Schulpflicht eingeführt

	Paris	Provinz	Außenpolitik	Kultur
	26.7.: Todesstrafe für Schieber, Schwarzhändler, Hamsterer 27.7.: Zuwahl Robespierres in den Wohlfahrtsausschuss 10.8.: „Jakobiner-Verfassung“ von 1793 (angenommen 24.6. – nach Volksabstimmung 14.7.–4.8.) verkündet (nie in Kraft getreten) 23.8.: Levée en masse 17.9.: Beginn der Terreur: „Gesetz über die Verdächtigen“ 10.10.: „Regierung bis zum Frieden revolutionär“ 16.10.: Marie-Antoinette, 30.10.: Girondisten hingerichtet	17.10.: Vendée-Aufstand nach der Niederlage bei Cholet gescheitert 19.12.: Reste der Vendée-Armee bei Savenay vernichtet		
1794	4.2.: Sklaverei abgeschafft 26.2. / 3.3.: „Ventôse-Dekrete“: Besitz der „Verdächtigen“ zugunsten armer „Patrioten“ beschlagnahmt Hinrichtungswellen 24.3.: Hébertisten 5.4.: Dantonisten 8.5.: 27 ehemalige Steuerpächter 23. / 24.5.: Attentate auf Collot d'Herbois und Robespierre Grande terreur 10.6.: „Gesetz vom 22. Prairial“ 27.7.: Robespierre gestürzt 5.8.: politische Gefangene freigelassen		Frieden mit Großherzogtum Toskana März–Dez.: Aufstand der Polen unter Kosciuszko gegen russische Besatzungsmacht 26.6.: Österreicher unterliegen bei Fleurus Österreichische Niederlande französisch seit Dez.: Holland von den Franzosen erobert: Gründung der Batavischen Republik (16.5.1795)	14.4.: Rousseau pantheonisiert 8.6.: Fest des höchsten Wesens 30.10.: Ecole normale supérieure gegründet

	Paris	Provinz	Außenpolitik	Kultur
	12.11.: Jakobiner-Club geschlossen 24.12.: Maximum-Gesetze abgeschafft			
1795	1.4.: Germinal-Aufstand Sansculotten fordern „Brot und die Verfassung von 1793“ 20.–23.5.: Prairial-Aufstand (letzte große „Journée“) gescheitert 31.5.: Revolutionstribunal abgeschafft Volksgesellschaften aufgelöst 23.9.: Direktorial-Verfassung von 1795 nach Referendum verkündet 5.10.: Vendémiaire-Aufstand von Royalisten mit Hilfe Napoleon Bonapartes niedergeschlagen	Mai: „Weißer Terror“ gegen Jakobiner in Südfrankreich Juni: Emigrantencorps in Quiberon (Südbretagne) gelandet (zurückerobert Juli) 21.7.: gefangene Emigranten hingerichtet	5.4.: Friede zu Basel zwischen Frankreich und Preußen 24.6.: Comte de Provence erklärt sich in Verona zum König als Ludwig XVIII. 1.10.: Österreichische Niederlande von Frankreich annektiert	21.2.: Freie Religionsausübung und Trennung von Kirche und Staat 30.11.: „Manifest der Plebejer“ in Nr. 35 von Babeufs „Tribun du Peuple“
1796	18.3.: Aufgabe der Assignaten-Währung – andauernde Inflation 10.5.: Babeuf und „die Gleichen“ verhaftet (hingerichtet 27.5.96)	Febr.–Juni: royalistische Aufstände in der Vendée und der Bretagne („Chouans“) niedergeschlagen	2.3.: Napoleon Oberbefehlshaber der Italien-Armeen (Feldzug beginnt 10.4.) 9.7.: Cisalpinische Republik in Mailand gegründet	8.2.: Marats Überreste aus dem Pantheon entfernt
1797	März / April: Wahlsieg der Gegenrevolutionäre und Konservativen 4.9.: Staatsstreich vom 18. Fructidor des „Triumvirats“ der Direktoren Barras, Reubell, La Révellière gegen die konservativ-royalistische Parlamentsmehrheit		2.2.: Mantua kapituliert, österreichische Gegenoffensive gescheitert 7.4.: Waffenstillstand Frankreich-Österreich 17.10.: Friede zu Campo Formio mit Österreich	ab 9.1.: Theophilantropie-Kult setzt sich nicht durch

	Paris	Provinz	Außenpolitik	Kultur
1798	April: Wahlsieg der Neojakobiner 11.5.: Staatsstreich vom 22. Floréal Jakobinische Abgeordnete aus dem Parlament entfernt		5.2.: Rom von französischen Truppen besetzt März: Gründung der Helvetischen Republik 19.5. Ägypten-Expedition Napoleons beginnt 22.7.: Kairo besetzt 1.8.: Nelson zerstört die französische Flotte bei Aboukir	
1799	März: Wahlsieg der Neojakobiner 18.6.: Staatsstreich des Rates der 500: 3 Direktoren müssen gehen 28.6.: Zwangsanleihe auf das Vermögen Wohlhabender beschlossen 9.10.: Napoleon Bonaparte aus Ägypten zurückgekehrt 9./10.11. (18. Brumaire): Staatsstreich Napoleons 11.11.: 3 Konsuln (Bonaparte, Lebrun, Sieyès) gewählt 15.12.: Konsulatsverfassung des Jahres VII verkündet Bonaparte de facto alleinherrschender 1. Konsul Revolution von Napoleon für beendet erklärt	Aug.: Royalistische Aufstände bei Toulouse unterdrückt Okt.: Erneut „Chouannerie"-Erhebungen in der Vendée und der Bretagne	seit 13.3.: 2. Koalitionskrieg gegen Frankreich beginnt 23.1.: Königreich Neapel in die Parthenopäische Republik umgewandelt 15.8.: Italien nach der Niederlage bei Novi von den Franzosen aufgegeben	

Literaturhinweise

Weit mehr als einhunderttausend Titel umfasste eine nie vollständige Bibliographie der Französischen Revolution zu allen ihren Details. Die Auswahl dieser Literaurhinweise erfolgte unter dem Gesichtspunkt der Bedürfnisse des Adressatenkreises. Die aufgeführten Werke geben umfangreiche spezielle Literaturhinweise zum vertieften Studium z. B., sind in den Bibliotheken leicht zugänglich oder auch zu einem erschwinglichen Preis zu erwerben.

Alle im Text verkürzt zitierten Werke beziehen sich auf die hier aufgeführten Titel.

Bibliographien / Lexikale Nachschlagewerke

Annales historiques de la Révolution Française (Zeitschrift, ab 1924)

Bibliographie annuelle de l'histoire de France. Paris 1956 (neueste Literatur zur französischen Geschichte mit ca. zwei Jahren Rückstand)

Brunner, Otto/Conze, Werner/Koselleck, Reinhart: Geschichtliche Grundbegriffe. Bd. 5: Revolution, Rebellion, Aufruhr, Bürgerkrieg. Stuttgart (Klett-Cotta), S. 653–788 (zu den verschiedenen Bedeutungen und Differenzierungen des Revolutionsbegriffs)

L'Evêque, Jean-Jacques/Belot, Victor R.: Guide de la Révolution française. Paris (Editions Horay) 1986

Jeschonnek, Bernd: Revolution in Frankreich 1789–1799: Ein Lexikon. Köln 1989

Kinder, Hermann/Hilgemann, Werner: dtv-Atlas zur Weltgeschichte. Bd. 2: Von der Französischen Revolution bis zur Gegenwart. München (dtv), [10]1975

Kirchberger, Joe H.: Die Französische Revolution. Eine Chronik in Daten und Zitaten. Bergisch Gladbach (Lübbe) 1988

Péronnet, Michel: Les 50 mots clefs de la révolution française. Toulouse (Editions Privat) 1983

Quellensammlungen

Archives Parlementaires de 1787 à 1860. Première série (1787–1799). Hg. v. J. Mavidal und E. Laurent. Bd. 1 ff. Paris 1867 ff.

Lautemann, Wolfgang/Schlenke, Manfred (Hg.): Geschichte in Quellen. Bd. 4: Amerikanische und Französische Revolution. Bearbeitet von W. Lautemann. München (Bayerischer Schulbuch-Verlag) 1981

Ausgewähle Quellentexte / Augenzeugenberichte / Anschauungsmaterial

Editions de la Réunion des musées nationaux (Ed.): La Révolution Française et l'Europe 1789–1799. Première Partie: L'Europe à la veille de la Révolution. Paris 1989

ders.: La Révolution Française et l'Europe 1789–1799. Deuxième Partie: L'événement révolutionnaire. Paris 1989

ders.: La Révolution Française et l'Europe 1789–1799. Troisième Partie: La Révolution Créatrice. Paris 1989

Grab, Walter (Hg.): Die Französische Revolution. Eine Dokumentation. München 1973

Markov, Walter: Revolution im Zeugenstand. Frankreich 1789–1799. Bd. 1: Aussagen und Analysen. Leipzig (Philipp Reclam jun.) 1982

Markov, Walter/Middell, Katharina und Matthias (Hg.): Die Französische Revolution. Bilder und Berichte 1789–1799. Mit 220 zeitgenössischen Abbildungen. Berlin (Propyläen) 1982

Müller, Ulrich Friedrich (Hg.): Die Französische Revolution 1789–1799. Ein Lesebuch. München und Zürich (Piper), [2]1989

Pernoud, Georges/Plaissier, Sabine (Hg.): Die Französische Revolution in Augenzeugenberichten. Düsseldorf (Karl Rauch) 1962

Staatliche Kunsthalle Berlin (Hg.): 1789–1989. Zweihundert Jahre Französische Revolution. Ausstellungskatalog. Berlin (Freunde der Staatlichen Kunsthalle e.V.) 1989

Klassiker der Revolutionsgeschichtsschreibung

Aulard, Alphonse: Politische Geschichte der Französischen Revolution. (Deutsche Übersetzung des zuerst 1901 in Paris erschienenen Originaltitels „Histoire politique de la Révolution Française“) München/Leipzig 1924

Furet, Francois/Richet, Denis: Die Französische Revolution. Frankfurt/Main (Fischer) 1987 (TB Wissenschaft Nr. 7371)

Jaurès, Jean: Histoire socialiste de la Révolution Française. Hg. von Albert Soboul in 7 Bdn. Paris 1968–1973 (Neuausgabe der 4-bändigen Originalausgabe Paris 1901–1904)

Lefebvre, Georges: La Révolution Française. Paris, 6. von Albert Soboul bearbeitete Aufl. 1968

Mathiez, Albert: La Révolution Française. Paris (Librairie Armand Collin) 1922–1924

Markov, Walter/Soboul, Albert: 1789. Die Große Revolution der Franzosen. Berlin (Akademie), [2]1975

Soboul, Albert: Die Große Französische Revolution. Frankfurt/Köln, [2]1976

Tocqueville, Alexis de: L'Ancien Régime et la Révolution (zuerst erschienen 1856, deutsche Übersetzung von Theodor Oelckers. Hg. von Jacob P. Mayer: Der alte Staat und die Revolution. München (dtv Nr. 2204) 1978. (eröffnet vor allem das historische Verständnis der Epoche, ohne detaillierte Ereignisdarstellung)

Vovelle, Michel: Die Französische Revolution – Soziale Bewegung und Umbruch der Mentalitäten. Aus dem Französischen von Peter Schöttler. München und Wien (Oldenbourg) 1982 (Reichardt, R./ Schmitt, E. [Hg.]: Ancien Régime und Revolution Bd. 7)

Übersichtliche Gesamtdarstellungen

Fehrenbach, Elisabeth: Vom Ancien Régime zum Wiener Kongress. München und Wien (Oldenbourg) 1981 (Oldenburg Grundriss der Geschichte Bd. 12)

Reichardt, Rolf (Hg.): Die Französische Revolution. Mit 39 Abbildungen. Freiburg und Würzburg (Ploetz) 1988

Schieder, Theodor (Hg.): Handbuch der europäischen Geschichte. Bd. 5: 1789–1870. Stuttgart 1981

Schmitt, Eberhard: Einführung in die Geschichte der Französischen Revolution. München, [2]1980

Schulin, Ernst: Die Französische Revolution. München (C. H. Beck) 1988 (Geschichte der Geschichtsschreibung der Französischen Revolution, S. 22–51)

Soboul, Albert: Kurze Geschichte der Französischen Revolution. Berlin (Wagenbach TB Nr. 23) 1989

Überblicksdarstellungen im Rahmen einer französischen Geschichte

Erbe, Michael: Geschichte Frankreichs von der Großen Revolution bis zur Dritten Republik: 1799–1884. Stuttgart, Berlin, Köln, Mainz (Kohlhammer) 1982

Sieburg, Heinz-Otto: Geschichte Frankreichs. Stuttgart, Berlin, Köln (Kohlhammer), 4. überarb. und erw. Aufl. 1989

Voss, Jürgen: Geschichte Frankreichs II: Von der frühneuzeitlichen Monarchie zur

Ersten Republik 1500–1800. München (C.H. Beck) 1980

Ausgewählte Aspekte der Revolution mit weiteren Literaturhinweisen zu Spezialgebieten dort

Bemmerlein, Georg: Abiturwissen Deutschland im 19. Jahrhundert. Stuttgart (Klett), [13]2000 (besonders für die Auswirkungen der Revolution auf Deutschland)

Brandel, Fernand/Labrousse, Ernest: Histoire économiques et sociale de la France. 3 Bde. Paris 1976

ders.: Wirtschaft und Gesellschaft in Frankreich im Zeitalter der Industrialisierung 1789–1880. Bd. 1. Frankfurt/Main 1986 (wirtschaftsgeschichtliche Statistiken und Entwicklungslinien)

Chaussinaud- Nogaret, Guy: La noblesse au XVIIIe siècle. De la féodalité aux lumière. Paris 1976

Cobban, Alfred: Social Interpretation of the French Revolution. Cambridge (Univ. Press) 1964

ders.: The Myth of the French Revolution. London 1955

Doyle, William: Origins of the French Revolution. Oxford 1980

Egret, J.: La Pré-Révolution Française (1787–1788). Paris 1962

Furet, Francois: Penser la Révolution française. Paris 1978

Grab, Walter: Leben und Werk deutscher Jakobiner. Stuttgart 1973

Göbel, Walter: Abiturwissen Die Supermächte USA und Sowjetunion. Stuttgart (Klett) [4]1999

Hartig, Irmgard A. (Hg.): George Lefebvre, Albert Soboul u.a. Geburt der bürgerlichen Gesellschaft: 1789. Frankfurt/Main (Suhrkamp) 1979 (es 937)

Handy, Amy (Hg.): Revolution in fashion. European Clothing 1715–1815. New York 1990

Hinrichs, Ernst: Ancien Régime und Revolution. Studien zur Verfassungsgeschichte Frankreichs zwischen 1589 und 1789. Frankfurt/Main (Suhrkamp) 1989 (stw 758)

Kossok, Manfred/Kross, Editha (Hg.): 1789 – Weltwirkung einer großen Revolution. 2 Bde. Berlin (Akademie) 1989 (internationale Dimension, Artikel zu verschiedensten Aspekten der Revolution vornehmlich osteuropäischer Fachwissenschaftler/innen überwiegend aus der marxistisch-sozialistischen Perspektive)

Krauß, Henning (Hg.): Folgen der Französischen Revolution. Frankfurt/Main (Suhrkamp) 1989 (es 1579, Neue Folge Bd. 579)

Michelet, Jules: Die Frauen der Revolution. Herausgegeben und übersetzt von Gisela Etzel. Frankfurt/Main (Insel) 1984

Porter, Roy: Kleine Geschichte der Aufklärung. Berlin (Wagenbach) 1991

Reinalter, Helmut: Die Französische Revolution und Mitteleuropa. Erscheinungsformen und Wirkungen des Jakobinismus. Seine Gesellschaftstheorien und politischen Vorstellungen. Frankfurt/Main (Suhrkamp) 1988

ders.: Die Französische Revolution: Forschung – Geschichte – Wirkung. Frankfurt/Main, Bern, New York, Paris (Lang) 1991

ders.: Schriftenreihe der Internationalen Forschungsstelle. Demokratische Bewegungen in Mitteleuropa 1770–1850. Bd. 2

Scheinfuß, Katharina (Hg.): Von Brutus zu Marat. Kunst im Nationalkonvent 1789–1795. Bd. 1: Reden und Dekrete. Dresden (Verlag der Kunst) 1973

Schmitt, Eberhard (Hg.): Die Französische Revolution. Anlässe und langfristige Ursachen. Darmstadt (Wiss. Buchgesellschaft) 1973

Schmitt, Eberhard/Reichhardt, Rolf (Hg.): Die Französische Revolution – zufälliges oder notwendiges Ereignis? Akten des internationalen Symposions an der Universität Bamberg vom 4.–7.6.1979. 3 Bde. München und Wien (Oldenbourg) 1983

Soboul, Albert: Französische Revolution und Volksbewegung: die Sansculotten. Hg. von Walter Markov. Frankfurt/Main (Suhrkamp) 1978 (es 960)

Suchanek-Fröhlich, Stefan: Kulturgeschichte Frankreichs. Stuttgart 1966

Ziebura, Gilbert/Haupt, Heinz-Gerhard (Hg.): Wirtschaft und Gesellschaft in Frankreich seit 1789. Köln 1975 (Neue wissenschaftliche Bibliothek Bd. 76)

Biographien

Chaussinaud-Nogaret, Guy: Mirabeau. Paris 1982. Deutsche Übersetzung von Peter Schöttler. Stuttgart (Klett) 1984

Hartig, Aglaia I.: Jean Paul Marat. Ich bin das Auge des Volkes. Ein Portrait in Reden und Schriften. Berlin (Wagenbach) 1987 (Tb Nr.148)

Labica, George: Robespierre. Eine Politik der Philosophie. Aus dem Französischen übersetzt und bearbeitet von Thomas Laugstien. Hamburg (Argument) 1994 (Argumente Sonderband N. F. Bd. 21)

Soboul, Albert: Portraits des Révolutionnaires. Paris 1986

Abbildungsnachweis

Seite 7: © Phototheque des Musées de la Ville Paris
Seite 18: Musée des Beaux Arts Lyon, Studio Basset
Seite 21, 39, 77, 103: Bibliothèque Nationale de France, Paris
Seite 31: © Giraudon, Paris
Seite 33, 40, 51, 58, 81, 105, 115 (alle Abb.), 121: AKG, Berlin
Seite 43: Musée d'Unterlinden, Colmar, O. Zimmermann
Seite 64, 88, 149, 158: bpk, Berlin
Seite 72: Musée Carnavalet, Paris
Seite 101: Musée Carnavalet, Paris
Seite 106: Musée de la Révolution Française, Vizille
Seite 110: © C. A. Ehrensvärd
Seite 111: aus: J.J. Léveque/V.R. Belot; Guide de la Révolution Française. Paris 1986 (Edition Horay)
Seite 122: Musée de l'Histoire, Montreuil
Seite 132, 155, 157: © G. Bosch, Stuttgart
Seite 137: Studio Galerie Heinz Maschmann, Hamburg
VG Bild Kunst 2000, Bonn
Seite 141: Librairie Hachette, Paris